アーツカウンシル
アームズ・レングスの現実を超えて

太下義之
OSHITA Yoshiyuki

ARTS COUNCIL

水曜社

はじめに

　本書のテーマは「アーツカウンシル」である。
　最も歴史の長い英国のアーツカウンシルの事例について、『平成18年版 文部科学白書』では「美術、演劇、音楽、文学などの団体あるいはプロジェクトに助成金を支給する公的機関」(文部科学省 2007：34) と説明されている。また、英国のアーツカウンシルは「経済的援助を行うだけでなく、芸術教育、芸術経営、スポンサー探し、企業とのパートナーシップにおいて積極的に協力しているほか、専門的な立場から地方自治体と協力して、芸術活動の活発な実現に尽力」(ibid.) する組織である。こうしたことから、「美術、演劇、音楽、文学などの振興については、アーツカウンシルが中心的な役割を果たしている」(ibid.) とされる。
　そして、このアーツカウンシルと政府との間には「一定の距離が置かれ、独立性が与えられている」(ibid.)。この関係を、「アームズ・レングスの原則」(arm's length principle) と呼ぶ。
　政府（中央政府、地方政府）が文化芸術団体等に補助金等を提供するにあたって、たとえば政府や政治家等が芸術の内容等に口出しをする等といったかたちで影響を与えてしまう事態が生じると、文化芸術の自律性の確保が阻害されてしまう懸念がある。そこで、こうした事態を回避するために、政府や政治家等が自律性の必要な分野・団体等に過度な影響を与えることのないよう、補助金を提供する文化芸術団体の選定等を専門家に委任して、いわゆる「金は出すが、口は出さない」という関係性を構築することが望ましいと考えられる。こうした適切な距離感を持った関係性のことを「アームズ・レングスの原則」と呼んでいる。現在のアーツカウンシルの運営も、この「芸術と行政が一定の距離を保ち、援助を受けながら、しかも表現の自由と独立性を維持する、という法則」(ibid.) に基づいて実施されているとされる。

近年の日本でも、「アーツカウンシル」的な組織の設立の動きが目立っている。たとえば、文化庁は2011年度から「日本版アーツカウンシル」の試行的に導入しており、2016年度からは本格実施に移行している。

　また、東京都は2012年度に常勤スタッフを配した「アーツカウンシル東京」という名称の部署を公益財団法人東京都歴史文化財団に設置している。そして、大阪府及び大阪市は共同で、2013年度に大阪府市文化振興会議の部会として「アーツカウンシル大阪」を設置した。さらに、沖縄県では「沖縄版アーツカウンシル」の設置に向けて、2012年度から公益財団法人沖縄県文化振興会にプログラム・ディレクター及びアドバイザリー・ボードを配置している。

　その他、2016年度から、文化庁が「地域版アーツカウンシル」を支援するための助成事業を開始しており、初年度には静岡県、大阪府、大分県、横浜市、新潟市の5県府市が採択され、さらに次年度には岩手県と岡山県が採択されている。この事業は2020年度の東京五輪大会の開催まで継続される予定とのことである。

　以上のように、国及び複数の地方自治体において「アーツカウンシル」を名乗る組織が設立されている。

　一方、2020年には東京でオリンピックが開催される、オリンピックでは「文化プログラム」の実施が義務付けられている。2012ロンドン五輪大会においては、史上最大規模の「文化プログラム」が実施されたが、このような「文化プログラム」を成功させた要因として、文化支援の専門組織であるアーツカウンシルの存在を指摘することができる。

　こうした状況を背景として、日本において望ましいアーツカウンシルのあり方について研究する必要性は大いに高まっていると言える。

　上述のように、アーツカウンシルの最大の特徴は、「アームズ・レングスの原則」にのっとって運営されることである。つまり、日本において既に設立された、またはこれから設立が検討されているアーツカウンシルについても、この「アームズ・レングスの法則」が絶対的な要件として検討されるものと予想される。

　だが、先行研究においては、「アームズ・レングスの原則」の必要性については謳われているものの、それをどのように実現するべきかについては研究されてこなかった。本書においては、特にこの「アームズ・レングスの原則」に着目して、望ましいアーツカウンシルのあり方について検討していくこととする。また、本書においては、実際の組織を対象とした実証的な分析を通じて、"アーム"が外部要因（たとえば政治

的な状況等）によって可変的なものであることを明らかにしていく。

　本書の構成は以下のとおりである。

　第1章は「『アーツカウンシル』とは何か」と題して、世界で最初のアーツカウンシルである英国のアーツカウンシル（アーツカウンシル・イングランド）の組織及び活動の概要を整理する。そして、英国のアーツカウンシルを参照しながら、近時の日本におけるアーツカウンシル的な取り組みを概観する。

　第2章においては、英国のアーツカウンシルの事例研究を通じて、現実には「アームズ・レングスの原則」が実践されてこなかった歴史について考察する。次いで、アーツカウンシルの提唱者である John Maynard Keynes のテキストを読み解き、後世「アームズ・レングス」の提唱者という役割が、ケインズに付与された理由を推測する。また「アームズ・レングス」は、アーツカウンシルの設立当初から掲げられた理念ではなく、設立から30年ほど後の時代に、その理論を後付けで説明する表現として登場したものであることを指摘していく。

　第3章においては、オリンピックの文化プログラムを全国で実現していくために、その文化プログラムを支援及び認定する基盤として「地域版アーツカウンシル」の存在が不可欠であることを述べる。例証として、2012年のロンドン大会の文化プログラムなどを経験したスコットランドのアーツカウンシルについて事例研究を行う。

　第4章においては、地域版アーツカウンシルに関する研究の基礎資料として、現在の日本でアーツカウンシル的組織と見なすことができる「自治体文化財団」を対象にした検討を行う。

　第5章においては、公立文化施設の課題を議会と行政の関係性から考察する。研究対象としては「滋賀県立芸術劇場びわ湖ホール」を選定する。

　第6章においては、「大学自治とアームズ・レングス」「編集の自由とアームズ・レングス」「経営ガバナンスとアームズ・レングス」「科学技術振興マネジメントとアームズ・レングス」という4つの分野から、「アーツカウンシル」におけるアームズ・レングスのあり方について考察する。

　第7章においては、ここまでの研究成果を踏まえ、アーツカウンシルの実際の活動における自由と自律がどのように確保・維持されるのかに関する具体的・実践的な制度設計についての提言を行う。

はじめに

| 目　次 | アーツカウンシル
——アームズ・レングスの現実を超えて |

はじめに ·· 3

第1章　アーツカウンシルとは何か ·· 9
1. 最初のアーツカウンシル ·· 10
2. アーツカウンシル・イングランド ···································· 11
3. アーツカウンシルとオリンピック ···································· 21
4. 日本国内のアーツカウンシル ·· 26

第2章　英国：アーツカウンシル・イングランド ············· 45
1. アームズ・レングスの原則 ·· 46
2. 「アームズ・レングス」の視点からみたアーツカウンシルの歴史 ··· 48
3. 政策進化のジレンマ ·· 54
4. 独立のジレンマ ·· 56
5. ケインズの思想 ·· 58
6. あらためてケインズに学ぶ ·· 62

第3章　英国：クリエイティブ・スコットランド ············· 67
1. スコットランドのアーツカウンシル ································ 68
2. クリエイティブ・スコットランドの概要 ························ 70
3. 歴史的変遷 ·· 72
4. アーツカウンシル・イングランドとのアームズ・レングス ··· 74
5. スコットランド政府とのアームズ・レングス ················ 75
6. 独立と関連するオリンピック文化プログラム ················ 81
7. 行政改革当局とのアームズ・レングス ···························· 82
8. 地方自治体とのアームズ・レングス ································ 88
9. クリエイティブ・スコットランドからの示唆 ················ 90

第 4 章　日本：アーツカウンシル的組織「自治体文化財団」……95
　　　　1. 自治体文化財団の現状……………………………………96
　　　　2. 歴史………………………………………………………102
　　　　3. 意義と課題………………………………………………118
　　　　4. 地域版アーツカウンシルになれるか……………………124

第 5 章　日本：びわ湖ホール……………………………………127
　　　　1. 2008 年 3 月問題…………………………………………128
　　　　2. びわ湖ホールの概要……………………………………129
　　　　3.「事件」の概要……………………………………………131
　　　　4.「事件」に関する表層的な問題…………………………132
　　　　5.「事件」に関する本質的な問題…………………………136
　　　　6. 何が議会で議論され（なかっ）たのか…………………144

第 6 章　アームズ・レングスの原則……………………………147
　　　　1. 4 つの異分野から考察する……………………………148
　　　　2. 大学自治…………………………………………………149
　　　　3. 編集の独立………………………………………………165
　　　　4. 経営ガバナンス論………………………………………173
　　　　5. 科学技術振興マネジメント……………………………178

第 7 章　日本版アーツカウンシルの確立へ向けて……………187
　　　　1. ここまでの振り返り……………………………………188
　　　　2. 地域版アーツカウンシルへの提言……………………191
　　　　3. 今後の展望………………………………………………202

　　　　参考文献一覧………………………………………………207
　　　　索引…………………………………………………………220

第1章

アーツカウンシルとは何か

1

最初のアーツカウンシル

世界で最初のアーツカウンシルは第二次世界大戦後間もない1946年に、「英国アーツカウンシル（ACGB；Arts Council of Great Britain）」として組成された。初代の会長は経済学者として著名なジョン・メイナード・ケインズ（John Maynard Keynes）であった。

英国のアーツカウンシルの最大の特徴の1つとして、「英国国王によるRoyal Charter（以下、勅許状）」を授与されて設立された、という点をあげることができる。「国王」による「勅許状」というと、たいへん物々しい手続きのように感じられるが、かつての英国においてはこれが法人を設立する唯一の方法であった。勅許状は枢密院（Privy Council）のアドバイスに基づいて国王から賦与される。現在の王室認可機関は全部で1,018機関となっており、その中にはイングランド銀行のような企業やポーツマス市のような都市もあり、最古の機関は1231年認可のケンブリッジ大学（University of Cambridge）となっている[1]。なお、アーツカウンシル・イングランドに関する現時点の勅許状は、2013年に改訂されたもので、14項目・5ページにわたっており、カウンシルの活動範囲の概要を定義している[2]。

英国のアーツカウンシルの歴史については、第2章及び第3章で詳しくたどっていくが、現在では、アーツカウンシル・イングランド（Arts Council England）、クリエイティブ・スコットランド（Creative Scotland）、アーツカウンシル・オブ・ウェールズ（Arts Council of Wales）、アーツカウンシル・北アイルランド（Arts Council of Northern Ireland）という4つの組織に分割されている。

そして、アーツカウンシルという機構は、英国だけでなく世界に普及しており、国際的なネットワークも組成されている。国際アーツカウンシル・文化機関連盟（IFACCA；International Federation of Arts Councils and Culture Agencies）[3]は、アーツカウンシルと文化省の国際的ネットワークである。2000年12月にカナダで開催された「世界文化芸術サミット（World Summit on Arts and Culture）」を機に組成された。現在は、世界の70カ国以上の団体がメンバーとなっており、事務局はオーストラリアに置かれている。

2 アーツカウンシル・イングランド

[1] アーツカウンシル・イングランドの事業

英国で最大の文化芸術支援のための組織であるアーツカウンシル・イングランド（以下、ACE）は 2010 年に、2020 年までの 10 年間にわたる戦略を策定した。そこで定められた ACE のミッションは、「あらゆる人に素晴らしい文化芸術を（Great art and culture for everyone）」である。そして、このミッションの実現のために、5 項目のゴールが設定されている（ACE 2016：11-21）。これら 5 つのゴールは図表 1 のとおりであるが、ACE の事業はいずれかのゴールに該当する内容が目的として設定されている。そして、5 つのゴールの関係性は、図表 2 のとおりである。ACE は、文化の供給のモデルが財政面でも環境面でも持続可能であるべきだと考えている。また、ACE は文化の供給において、本当に多様で、かつ現代の英国の現状を反映した、適切に熟練された労働力を望んでいる。そして、ゴール 3 及び 4 は、組織的にまたは分野ごとに、それらの状況を改善し、ACE のミッションを達成することを支援する。それゆえ、ゴール 1、2、及び 5 は、ゴール 3 及び 4 を基盤として達成されることとなる（ACE 2013：40）。

ACE のウェブサイトにおいては、2018 年度の助成配分の計画が公表されているが、それによると ACE の主要な事業は図表 3 のとおりとなっている。

これらの助成は基本的に公募であり、審査の仕組みは、「リレーションシップ・マネージャー（Relationship Manager）」と呼ばれる職員が審査する。彼らは、「助成契約書に基づいて助成先の団体の活動を定期的にモニタリングしたり、理事会に出席したり、団体からのさまざまな相談を受けたりと、専門的なスキルをもって、その活動を支えている」（大村 2016：59）。

図表1　アーツカウンシル・イングランドの5つのゴール

No.	項目	概要
Goal 1	芸術的水準の高さ ：excellence	優れた文化芸術が発展し、称賛されること
Goal 2	あらゆる人に ：for everyone	優れた文化芸術をあらゆる人が体験し、インスピレーションを受けることができること
Goal 3	レジリエンス及び持続性 ：resilience and sustainability	文化団体や芸術機関が困難に直面したとき、それに対応し、克服していく能力（レジリエンス）を有し、持続可能であること
Goal 4	文化多様性とスキル ：diversity and skills	文化団体や芸術機関を運営し、リードする人たちにおいて文化多様性が確保されており、高いスキルを有していること
Goal 5	子どもと若者 ：children and young people	全ての子どもと若者が、早い時期から文化芸術の豊かさを体験できる機会を持つこと

（出所）ACE2016（11-21）を元に著者作成

図表2　5つのゴールの関連性のイメージ

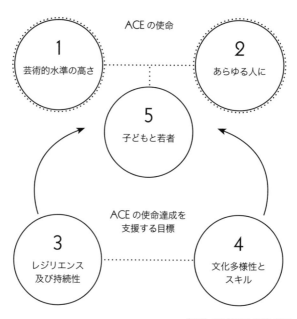

（出所）ACE2013（40）を元に筆者作成

図表3　アーツカウンシル・イングランドの主要事業

事業名	金額（百万£）	概要
ナショナル・ポートフォリオ : National Portfolio	333.0	ACEの全国戦略に基づいて、英国の代表的な芸術機関や文化施設（663団体）に3年間継続して資金提供
国営宝くじ基金による芸術支援 : Lottery funding in Grants for the Arts	70.0	さまざまな文化事業を対象とする公募型の助成。申請は通年で随時受付
戦略的資金提供 : strategic funding programme	34.7	全ての人が芸術の創造及び文化を体験できるように、機会の格差解消に資金提供
美術館・博物館 : museums	7.5	2012年度からACEを経由して資金提供（それ以前は政府が直接支援）

（資料）ACEのWeb Siteを元に筆者作成

[2] ACEの予算

　ACEは、英国の文化政策において極めて重要な役割を果たしている。

　2015年度（2015／16）の予算額は、合計7億3,352万£（1£=150円で換算すると約1,100億円）となっている。ACEを所管する文化・メディア・スポーツ省（Department for Culture, Media and Sport：DCMS）の予算は16億£であるので（DCMS 2016：11）、英国（イングランド）の文化政策におけるACEの重要性が際立っていることが理解できる。

　一方で、日本の文化庁の予算は2016年度で1,040億円であった。ただし、文化庁の予算のうち「芸術文化の振興」に充当されているのは、全体の22%にあたる約229億円であった。こうした比較からも、ACEの予算がいかに巨額であるかが理解できる。

　なお、ACEの予算のうち約37%にあたる2億6,842万£（同、約403億円）が国営宝くじから拠出されているが（ACE 2016：58）、この点については後段で詳しく見ていきたい。

図表4　アーツカウンシル・イングランドの収支（2015年度と2014年度、単位：1000£）

	2015/16	2014/15
収入		
政府からの助成金 ; Grant-in-Aid income	463,095	449,371
国営宝くじ分配基金からの配分金 ; Share of the National Lottery Distribution Fund	268,419	273,289
収益分配ファンドの投資収益 ; Investment returns on the Distribution Fund	1,095	1,101
その他の収入 ; Other income	907	1,083
収入合計	733,516	724,844
支出		
補助金の助成 ; Net Grant-in-Aid grant commitments	445,721	432,653
その他の補助金支出 ; Other Grant-in-Aid arts expenditure	4,125	2,815
宝くじ助成金 ; Net Lottery grant commitments	120,349	210,176
運営経費 ; Support costs	30,980	29,522
支出合計	601,175	675,166
投資に対する純利益（純損失）	20	(19)
当期純利益	132,361	49,659
文化遺産の評価益	17,958	1,162
確定給付年金実績による修正 （事前の数理計算上の仮定と実際の結果との差異）	2,989	(1,683)
	19,120	1,306
資金の純増減	151,481	50,965
前期から繰り越し連結余剰金	230,395	179,430
次期へ繰り越し連結余剰金	381,876	230,395

（出所）ACE2016（58）を元に筆者作成

[3] ACEの組織

　ACEの経営管理に関しては、経営・監督と業務・執行とが分離されている。

　ACEの経営・監督は、ACEの最高意思決定機関であるナショナル・カウンシル（National Council）、及びナショナル・カウンシルが責任を委任している5つの地域カウンシル、そしてその他6つの委員会及びパネルによって構成される複合的な組織形態で全体の意思決定がなされている（ACE 2016：40）。

　ナショナル・カウンシルは議長を含んで計14名の無給の評議員から構成され、評議員は文化・メディア・スポーツ省の大臣によって任命される。そして、ACE全体の権限を保持及び行使、組織の業務及び指揮についての全責任を保有し、ACEのミッション・目的・優先事項及び戦略について決定するほか、10年間にわたる戦略的枠組の達成をモニタリング、組織の計画を承認、補助金と宝くじの会計を承認、文化芸術振興及びACEのために政策提言する等の役割を担っている（ibid.）。

　5つの地域カウンシル（Five Area Council）は、ACEの政策と戦略に関するアドバイス、ナショナル・ポートフォリオ団体及び主要なパートナーのミュージアムに関する推薦と決定を担っており、会議は年5回開催される。同会議の議長はナショナル・カウンシルのメンバーも兼務しており、その他、地方自治体の文化政策担当者、アーティスト、文化芸術の実務家等、議長を含んで15名のメンバーで構成されている（ibid.）。

　業績監査委員会（Performance and Audit Committee）は、ACEの財務面のリスク、業務管理、業績管理及び投資価値（value for money）に関する評価及び助言を行う組織である。業績監査委員会は、ナショナル・カウンシルのメンバーである議長とその他4名のメンバー、ACEに所属しない社外メンバー3名の計8名で構成されている（ibid.）。

　報酬委員会（Remuneration Committee）は、ACEの上級管理者の給与及び賞与、その他の条件を決定する委員会である。委員長を含めて5名全員がナショナル・カウンシルのメンバーである（ibid.）。

　美術館基準認定委員会（Museums Accreditation Committee）は、英国における美術館とギャラリーの水準を担保するため、美術館とギャラリーからの申請に関して適格認定を判断する組織である。委員長を含めて16名から20名の委員で構成される（ibid.）。

　美術館等指定制度委員会（Designation Scheme Panel）は、美術館、図書館及びア

ーカイブからの指定制度の申請方法について決定する。そして、それらの機関の水準を担保するとともに、指定制度に関する政策提言も行う。委員長及びその他10名のメンバーで構成される（ibid.）。

英国には、相続税を納入する代わりに、重要な文化財の所有権を放棄し国家に寄付する"Acceptance in Lieu"という制度がある。文化財物納委員会（Acceptance in Lieu Panel）は、相続税の代わりに国家に寄付される文化財、または条件付免除及び差押免除（Immunity from seizure）を通じて寄付される文化財に関してアドバイスをする組織である。この委員会は、委員長を含めて、6名から24名のメンバーで構成される（ibid.）。

アーツカウンシル資料収蔵委員会（Arts Council Collection Acquisitions Committee）は、収蔵品に関する現在の取得及び処分の方針（または、収蔵品構築方針（Collections Development policy））を踏まえて、新たに追加されるACEの収蔵品に関してアドバイスをする役割を担う。この委員会は、委員長のほか、7名の委員で構成される。

図表5　アーツカウンシル・イングランドの意思決定の機構

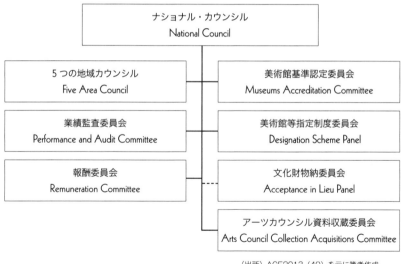

（出所）ACE2013（40）を元に筆者作成

一方で、ACEの業務・執行に関しては、理事会（Executive Board）が業務遂行の責任と権限を有している。

ナショナル・カウンシルは、ACE の戦略の実行及び実務上の問題に関する責任を理事長（Chief Executive；最高経営責任者）と理事会に委任している。理事長は、ACE の業務と組織に関する日常的な管理と経営についてナショナル・カウンシルから権限を与えられており、それらの問題についてナショナル・カウンシルに対して責任を負っている。最高経営責任者は、文化・メディア・スポーツ省の大臣（国務長官）の承認のうえ、ナショナル・カウンシルによって任命される。理事会は、ACE に関する重要な方針、戦略的及び実務上の問題を検討し、ナショナル・カウンシルにアドバイスを提供するため、正式な会合が毎月開催されている。そして理事会は、ACE の財務状況及び危機管理も包括的に監督している。理事会は理事長を含めて 6 名の理事で構成されており、理事長以下、副理事長（Deputy Chief Executive）、最高財務責任者（Chief Finance Officer）、イングランド北部・中部・南西部担当理事（Executive Director North, Midlands, & South West）、芸術文化担当理事（Executive Director – Arts and Culture）、政策提言及び広報担当局長（National Director, Advocacy and Communications）から構成されている（ACE 2016：41）。

　この理事会のもとに、2016 年度において ACE はフルタイムで 475 人のスタッフが雇用されており、非常勤も含めると計 512 名の職員となる（ACE 2016：74）。

　なお、ACE の人事データのうち興味深い点は、黒人及び少数民族（BME；Black and Minority Ethnic）、レズビアン、ゲイ、バイセクシュアル、トランスジェンダー（LGBT；Lesbian, Gay, Bisexual, Transgender）、身体障害者（Disabled）の比率を公表している点であろう。2016 年 4 月 1 日現在で、BME はスタッフのうち 11.6％、LGBT は 11.4％、身体障碍者は 3.8％となっている（ACE 2016：47-48）。

　そして、ACE はロンドンに本部を置きながら、イングランド全土に 5 つの地域事務所を配置している。これら 5 カ所の地域事務所とは、それ以前に 9 つ存在した地域事務所を再編したものであり、本部のあるロンドン、北部（マンチェスター、リーズ、ニューカッスル）、中部（バーミンガム、ノッティンガム）、南東部（ブライトン、ケンブリッジ）、南西部（ブリストル）である。地域カウンシルは、助成の決定、芸術と文化のための支持者としての活動、地域レベルで生きたコネクションを組成するなど、政策に基づくアドバイスを提供することを通じて、文化団体の使命と目的に沿って支援し、振興している。個々の地域カウンシルは、全国カウンシルのメンバーでもある議長を含む 15 人のメンバーから構成される。地域カウンシルの会議はそれぞれ年に 5 回開催される（ACE 2016：43）。

[4] ナショナル・ロッタリーによる文化芸術支援

　前述したとおり、ACE の収入のうち約 37％は国営宝くじから拠出されている。

　英国では、2016 年現在、Lotto、EuroMillions、Thunderball、Lotto HotPicks の 4 種類の宝くじが発行されている。2015 年度の国営宝くじ（National Lottery）の総売上高は、75 億 9,500 万 £（1£＝150 円で換算すると、約 1 兆 1,393 億円）となっている。なお、ナショナル・ロッタリーを購入することができるのは、16 歳以上かつ、英国またはマン島の居住者である。

　ナショナル・ロッタリーの所管は文化・メディア・スポーツ省であり、「国営宝くじ委員会（National Lottery Commission）」が、国営宝くじの適切な運営、くじ購入者の利益の保護のために監督を行っている。そして、実際の業務を受託する企業は入札で決定され、現在は「キャメロット・グループ PLC」が落札し、運営している。なお、「キャメロット・グループ PLC」は食品、印刷、コンピューター、宝くじ、通信各種の企業からなる。

　公益財団法人日工組社会安全研究財団が作成した「世界のゲーミング」（2004）をもとに、ナショナル・ロッタリーの沿革を概観すると、次のようになる。英国で最初の宝くじは 1569 年、植民地であるアメリカのバージニア経営の財源として、スコットランド王朝によって発売されたものである。その後、18 世紀末あたりから宝くじによる非合法行為や社会悪が強まり、国営宝くじへの批判も拡大した。そして 1823 年には「国営宝くじ禁止法」が制定され、その結果、1826 年の国営宝くじを最後として国営宝くじはいったん廃止された。

　1990 年、民間によって宝くじ推進委員会が設立された。そこではイギリス国立オペラ理事長等の有力者がメンバーとなり、収益金を広く芸術・スポーツ振興・環境保全に用いるために、国営宝くじの再開を試みた。イギリスオリンピック協会やスポーツ評議会、芸術協会といった諸団体も積極的に宝くじ推進員会を支援した。

　その結果、1993 年に「国営宝くじ等に関する法律（National Lottery etc. Act 1993）」が成立し、翌 1994 年 11 月から 170 年ぶりに国営宝くじの発売が再開された。以上のように、英国のナショナル・ロッタリーは芸術振興等を前提として再開されたものだったのである。

　ナショナル・ロッタリーの支出内訳をみると、以下のようになっている。図表 6 のうち、「ナショナル・ロッタリー・プロジェクト」への支出の約 19 億 £（1£＝150 円で換算すると、約 2,852 億円）が文化芸術の振興等の公益のために充当されている。

図表6　National Lotteryの支出内訳（2015年度）

支出内訳	金額	割合
ナショナル・ロッタリー・プロジェクト	19億0,100万£	25.0%
賞金	41億9,800万£	55.3%
政府に送金（税金）	9億1,100万£	12.0%
小売業者の手数料	3億3,300万£	4.4%
その他	2億5,200万£	3.3%
計：2015年度の国営宝くじの総売上高	75億9,500万£	100.0%

（出所）National LotteryWebSiteを元に筆者作成
<https://www.national-lottery.co.uk/life-changing/where-the-money-goes>

　そして、上記の「ナショナル・ロッタリー・プロジェクト」による支援の概要（分配内訳）をみると、図表7のとおり、4億4,283万£が「芸術」に、また、5億9,490万£が「文化遺産」の振興に活用されている。これら2つの文化政策領域への支援は、金額ベースで全体の約6割を占めている。その他の公益目的も含めて、1994年から2015年までの期間で、合計50万件以上のプロジェクトが支援されたとのことである。

　そして、上記の「ナショナル・ロッタリー・プロジェクト」による支援にあたっては、「国営宝くじ法」において補助金分配機関（Distributing Bodies）が指定されている。ナショナル・ロッタリーを原資とする芸術支援全体のうち、最大の被支援団体はACEであり、2015年度は3億3,429万£（1£＝150円で換算すると、約501億円）が配分された。この金額は、芸術支援のうち75％を占める。そしてこの配分金額のうち、2億6,842万£がACEの2015年度の一般会計に繰り入れされた。これはArts Council Englandの収入のうち37％を占める。その他の金額は複数年にわたる投資的経費に算入されたものと推定される。

　さらに付言するならば、ACEの現在のフラッグシップとなる事業の1つ「公募型の助成（Grants for the Arts）」は、1994年にナショナル・ロッタリーの財源が創設されたことにより開始された。同事業において2015年度には、芸術団体や個人を対象として合計約6,200万£が助成された（ACE 2016：130）。

図表7　ナショナル・ロッタリー・プロジェクトによる支援の概要（2015年度）

分配内訳	金　額	割合※	補助金分配機関
芸術	4億4,283万£	25.6% (20%)	Arts Council England Arts Council of Northern Ireland Arts Council of Wales Creative Scotland BFI；British Film Institute
文化遺産	5億9,490万£	34.4% (20%)	Heritage Lottery Fund
スポーツ	2億7,951万£	16.1% (20%)	Sport England Sport Northern Ireland Sport Wales sportscotland UK Sport
健康、教育、環境、その他の慈善活動	4億1,403万£	23.9% (40%)	Big Lottery Fund
合計	17億3,128万£	100%	-

※「割合」の上段は2015年度の実績値、下段の（）内は政府によって定められている配分想定割合。
なお、上記の19億£との差額はNational Lottery Distribution Fundの運営コスト等。

（出所）英国政府（2016）を元に筆者作成

[5]「アームズ・レングスの原則」

　アーツカウンシルと政府との間に「一定の距離が置かれ、独立性が与えられている」関係を、「アームズ・レングスの原則」（arm's length principle）と呼ぶ。現在のアーツカウンシルも、この「芸術と行政が一定の距離を保ち、援助を受けながら、しかも表現の自由と独立性を維持する、という法則」（文部科学省 2007：34）に基づいて運営されている、とされる。

　政府（中央政府、地方政府）が文化芸術団体等に補助金等を提供するにあたって、たとえば政府や政治家等が芸術の内容等に口出しをする等といったかたちで影響を与えてしまう事態が生じると、文化芸術の自律性の確保が阻害されてしまう懸念がある。そこで、こうした事態を回避するために、政府や政治家等が自律性の必要な分野・団体等に過度な影響を与えることのないよう、補助金を提供する文化芸術団体の選定等を専門家に委任して、いわゆる「金は出すが、口は出さない」という関係性を構築することが望ましいと考えられる。こうした適切な距離感を持った関係性のことを「アームズ・レングスの原則」と呼んでいるのである。

実際に、アーツカウンシル・イングランドの場合、その活動のための主な資金は「文化・メディア・スポーツ省と宝くじ基金から支給」（文部科学省 2007：34）されているが、「その関係は一定の距離が置かれ、独立性が与えられています」（ibid.）と説明される。

　一方で、英国財務省（HM Treasury）による財政支出に関する基本文書『公金の管理（Managing Public Money）』によると、「アームズ・レングス組織（Arm's length bodies）」とは「省庁に代わって個別の機能を執行する中央政府の組織である。ただし、省庁によってコントロールされるか、または所有される組織」（HM Treasury 2015：21[2]）と説明されている。そこで本書においては、第2章以降にて、この「アームズ・レングス」を切り口として、望ましいアーツカウンシルのあり方について検討していくこととする。

3 アーツカウンシルとオリンピック

[1] オリンピックの文化プログラム

　本稿執筆時点（2017年6月）において、文化政策における最も大きな話題の1つがオリンピックである。

　五輪大会に関して意外と知られていないことであるが、大会の開催にあたっては、オリンピズム（オリンピック精神）の普及を目指す観点から、スポーツ競技と同時に文化芸術の振興も重要なテーマとなっている。これは「文化プログラム；Cultural Programme」と呼ばれるものである。そして、この点において五輪大会とアーツカウンシルは密接な関係を有する。

　IOC（The International Olympic Committee；国際オリンピック委員会）の「オリンピック憲章」では、前文に続いて「オリンピズムの根本原則」が記載されているが、そこでオリンピズムとは「スポーツを文化、教育と融合させ、生き方の創造を探求するものである」（IOC 2013：10）と定義されている。すなわち、そもそもオリンピックとはスポーツだけではなく、文化・教育と一体となった活動であったのである。

上述した「オリンピック憲章」において、「第5章　オリンピック競技大会」の「39　文化プログラム」にて、「OCOG（太下注、The Organising Committees for the Olympic Games；オリンピック競技大会組織委員会）は少なくともオリンピック村の開村から閉村までの期間、文化イベントのプログラムを催すものとする。当該プログラムは、IOC理事会に提出し、事前に承認を得なければならない」（IOC 2013：67）と記述されている。

　こうした背景のもと、特に近年になって「文化プログラム」はIOCから重視されるようになっている。

　そして、大会開催年を含む4年間にわたって「文化プログラム」を展開することが開催都市には求められている。換言すると、夏季のオリンピック大会というスポーツ・イベントは4年に1回しか開催されないが、オリンピックの「文化プログラム」は世界のどこかの都市で切れ目なく、開催され続けているのである。

　もっとも、この「文化プログラム」とは、単なるイベントのことだけを意味するのではない。実際に直近の五輪であったロンドン大会において、後述するとおり、社会全般にインパクトのある、多様な文化プログラムが実施された。

　そして、文化プログラムは五輪大会の開催都市（2020年の場合は東京）で実施されるだけではなく、全国で実施されることが想定されている。

[2] アーツカウンシル・イングランド（ACE）の役割

　2012年のロンドン大会において、ACEは文化プログラムに関連して、主に3つの役割を担っていた。1つは文化プログラムへの資金提供者としての役割であり、全事業費のうち約29％を拠出した。2つ目の役割は、主要な文化プログラムの実施を支援するという役割であり、Unlimitedなどの複数の文化プログラムについてはハンズオンでプログラムの実施を支援した。そして3点目は、地方における文化プログラムの実施を側面から支援するという役割である。

　ACEは、2012年から2013年にかけて、フルタイムのポストで559.5人も雇用していた大組織である[4]。このうち、ロンドン以外のイングランドを4分割し、8つの拠点に合計236人ものフルタイムの職員を擁していたのである（ACE 2012：12）。

　また、地方の文化プログラムに関して、特筆すべき点として、「クリエイティブ・プログラマー」の存在を指摘することができる。このクリエイティブ・プログラマーと名付けられた専門職員は計13名が雇用されており、ロンドンを含む英国全

土・13地域に配置されていた。「クリエイティブ・プログラマー」は最初にLOCOG（ロンドン大会組織委員会）に所属していたが、その後、ACEに所属が移管された。この「クリエイティブ・プログラマー」の役割は3つあった。1つはロンドンだけでなく、英国全土の国民の関心を喚起することであった。そのため、「文化プログラム」とはどういうものなのか、についての広報活動等を展開した。2つ目の役割は、地域で活動するアーティストや文化団体に全国レベルでの活躍の機会を提供し、結果としてLOCOGが委嘱した文化プログラムが英国全土にバランス良く展開するようにすることであった。そのため、各地域で活動するアーティストや文化団体等に対して、インタビュー調査を実施し、それら文化セクターとの関係を構築していった[5]。

図表8　ACEの地方組織のポスト数（2012年/2013年）

地域区分	地方組織	ポスト
North	Newcastle Dewsbury Manchester	58人
Midlands	Nottingham Birmingham	58人
South East	Cambridge Brighton	29人
South West	Bristol	91人
合計		236人

（出所）ACE（2012）を元に筆者作成

そして3点目は「インスパイヤー・プログラム」の実質的な認定者としての役割である。インスパイヤー・プログラムとは、2012年のロンドン大会に端を発する優れた非営利プロジェクトやイベントを、IOCが公式に承認するプログラムのことである。このインスパイヤー・プログラムは、2020東京五輪においては「応援プログラム」という名称で実施されている。

インスパイヤー・プログラムは、（非営利）産業、教育、スポーツ、持続可能性、ボランティア、そして文化という6つの分野における非営利のプロジェクトが対象となっている。そして、最終的に2,713件のプロジェクトが実施され、1,000万人以上が参加した。このうち、文化は717件のプロジェクトが実施された（LOCOG 2012：6-8）。

このインスパイヤー・プログラム及びロンドン2012フェスティバルのロゴは、「ロンドン・オリンピック/パラリンピックのロゴから五輪マークを外したものを採用したため、過去の大会よりも多岐にわたる文化組織の参加促進や認知向上につながった」（ACE and LOCOG 2013：29）とのことである。

このインスパイヤー・プログラムの認定について、当初はLOCOGが委員会を設置して、1つひとつのプログラムを評価のうえ、IOCに推薦していた。IOCはインスパイヤープログラムの承認にリスクがあると考えていたようであるが、IOCとLOCOGとの信頼関係は時間の経過とともに良好に転じていった。こうしたやり取りを通じて、LOCOGがIOCから信頼を勝ち取り、その結果としてLOCOGがIOCに諮ることなくインスパイヤー・プログラムを決定してもよいということが既成事実化した。その後、LOCOGは、特に地方のインスパイヤープログラムに関して、クリエイティブ・プログラマーたちにプログラムの選定を委託することとなった[6]。

すなわち、インスパイヤープログラムをはじめとして、ロンドン大会の文化プログラムが、英国全土で実施することができた背景として、このクリエイティブ・プログラマー及びACEのスタッフの存在を指摘することができるのである。

以上の分析から理解できることは、2012ロンドン大会における文化プログラムの実施にあたって、ACEは欠くべからざる組織であったということである。また、ACEが文化プログラムを支援していく過程で、ACEと政府（中央政府、オリンピック組織委員会、及びロンドン市）との"アーム"は歴史的に見ても特筆すべきほど短くなっていたものと推測される。

[3] 文化プログラムが地方で展開された背景

ロンドン大会の文化プログラムは、五輪大会の開催都市であるロンドンだけではなく、イギリス全土を対象として展開されたが、その背景としては、以下の3つの事項をあげることができる。

1つは、イギリス全土でオリンピックのムーヴメントを盛り上げていくための戦略的なコミュニケーション・ツールとして「文化プログラム」が位置付けられた、という点である。そして、オリンピックの閉幕後には、ロンドンをハブとする文化面での全国的なネットワークがオリンピックのレガシーとして残ることが期待された。

2点目は、文化多様性の観点から、首都ロンドンだけがイギリスの文化を代表するわけではない、という考え方である。ロンドンがオリンピック開催の立候補都市として招致活動を展開し始めていた時期（2002年頃）においては、「クール・ブリタニア」というキャッチ・フレーズが既に使用されなくなっていたことも、ロンドンのみがイギリスの文化を表象するわけではない、という考え方の一因になったものと推測される[7]。

3点目は、創造都市政策の一環として位置付けられる、社会的包摂の観点である。2005年7月6日にロンドン・オリンピックの開催が決定したが、その翌日（7/7）に、五輪大会の開催地となるロンドンにおいて地下鉄の3カ所がほぼ同時に、その約1時間後にバスが爆破され、計56人が死亡するテロ事件が発生した。このようなテロ事件が発生した背景には、政治的、民族的、宗教的など、さまざまな要因があると考えられるが、テロ実行犯及びその予備軍となる地方都市の若者層が経済的な要因などから未来に希望を持てないことも大きな要因の1つであると考えられる。そして、こうした地方都市の若者たちの、不安、あせり、悲しみ、怒りを和らげる社会的包摂のプログラムとして、オリンピック「文化プログラム」が期待されていたのである。

[4] 文化プログラムを成功させた黒子としてのアーツカウンシル

　次に、ロンドン五輪大会において、このように大規模な文化プログラムが現実に実施できた背景としては、2つの組織体制に関する特徴を指摘することができる。

　1つは、文化芸術支援のための専門組織として「アーツカウンシル（ACE等）」が存在していたことである。実際、文化プログラムの芸術監督であったRuth Mackenzieがそのポストに着任したのは、既に文化プログラムの一部が開始された2010年であった。このような遅い着任でも、結果として文化プログラムを成功裏に導けた背景に、ACEの存在を指摘することができる。前述したとおり、当時のACEは英国全土に8つの地方出先機関を持ち、ロンドン以外に236人の職員を配置していた。さらに、文化プログラムの専任者として、国内各地に13人のクリエイティブ・プログラマーを派遣していた。

　また、英国全土で活動数として合計12万件弱もの文化プログラムが実施できた、もう1つの理由として、「インスパイヤー・プログラム」の存在をあげることができる。前述したとおり、「インスパイヤー・プログラム」は、草の根レベルの文化プログラムが中心であり、文化プログラムの全国的な展開に大きく寄与したと推測される。そして、これらのインスパイヤー・プログラムを実質的に認定していたのが、上記のクリエイティブ・プログラマーであった。

　英国の文化プログラムを事例として紹介・研究するにあたっては、個々の事業内容が興味深かったかどうかといった点だけではなく、ロンドン大会の文化プログラムが英国全土で、かつ草の根レベルの事業も一体となって開催されたということを

実現した構造こそ、参考にすべきであると考える。換言すれば、現時点において2020年の東京五輪の文化プログラムに関して優先度の高い論点とは、文化プログラムの内容、つまり"What"ということではなく、それを実現する仕組み、すなわち"How"なのである。そして、その"How"を実現するための機構として、日本において「アーツカウンシル」が極めて重要になると考える。

4

日本国内のアーツカウンシル

[1] 日本版アーツカウンシル

日本においては、英国のアーツカウンシルを参照しつつ、文化庁及び芸術文化振興会による「日本版アーツカウンシル」と、それと並行して、地方自治体によるアーツカウンシル「地域版アーツカウンシル」の設置が進んでいる。

2011年2月、「文化芸術の振興に関する基本的な方針（第3次基本方針）」が閣議決定された。同方針において、「文化芸術への支援策をより有効に機能させるため、独立行政法人日本芸術文化振興会における専門家による審査、事後評価、調査研究等の機能を大幅に強化し、諸外国のアーツカウンシルに相当する新たな仕組みを導入する。このため、早急に必要な調査研究を行うとともに、可能なところから試行的な取組を実施し、文化芸術活動の計画、実行、検証、改善（PDCA）サイクルを確立する」とされた。そして、芸術文化振興会は文化庁からの予算措置を受けて、2012年度から2015年度までの5年間、文化芸術活動への助成に関する新しい審査・評価等の試行的な取組を開始した。これが、いわゆる「日本版アーツカウンシル」の取り組みである。

この「日本版アーツカウンシル」の中核は、プログラムディレクター（PD）及びプログラムオフィサー（PO）を活用した審査体制であり、PD・POは、調査研究にもとづき運営委員会などに対して情報提供を行うとともに、審査・評価の結果を文化芸術団体にフィードバックする体制となっている。また、その取組内容は図表9及び図表10のとおりとなっている。

図表9　日本版アーツカウンシルの体制

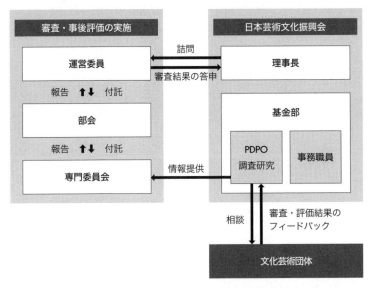

（出所）独立行政法人日本芸術文化振興会 Web サイト
〈http://www.ntj.jac.go.jp/kikin/artscouncil/system.html〉

図表10　日本版アーツカウンシルの取組内容

1. 専門的な審査	PD・PO が、収集した情報や調査分析を行ったデータに基づき、専門的な助言を行う
2. 助成対象活動の事後評価	① 助成対象活動の実施状況の調査 ② 助成対象活動の事後評価
3. 助成事業に関する調査研究	助成制度の改善につなげるため、文化芸術活動への助成に関する各種調査研究を実施
4. 助成事業の改善等	助成の状況や事後評価結果を踏まえ、毎年度、募集案内や審査基準、審査の方法等について見直し
5. 審査の透明性の確保	① 審査基準の公表 ② 相談窓口の開設 ③ 助成対象活動の審査結果の伝達、団体への助言

（出所）独立行政法人日本芸術文化振興会 Web サイトを元に筆者作成

　また、2015 年 5 月に閣議決定された「文化芸術の振興に関する基本的な方針――文化芸術資源で未来をつくる――（第 4 次基本方針）」においては、「文化芸術への支援策をより有効に機能させるための日本版アーツカウンシル（専門家による助言、審

査、事後評価、調査研究等の機能）の本格導入について、現在、独立行政法人日本芸術文化振興会において実施されている試行的な取組の結果を踏まえ必要な措置を講ずる」と記述されている。

[2] アーツカウンシル東京

そして、こうした国による「日本版アーツカウンシル」と並行して、地方自治体によるアーツカウンシルである「地域版アーツカウンシル」の設置も進んでいる。

具体的には、2012年4月に東京都が常勤スタッフを配した「アーツカウンシル東京」という名称の部署を（公財）東京都歴史文化財団内に設置した。また同年8月には沖縄県が「沖縄版アーツカウンシル」を（公財）沖縄県文化振興会への委託事業として開始した。さらに、2013年7月には、大阪府と大阪市が共同設置した大阪府市文化振興会議の専門部会として「大阪アーツカウンシル」が活動を開始している。

このうち、「アーツカウンシル東京」に関しては、助成を通して芸術文化活動を支援し、芸術創造環境を整えていく「支援事業」を柱に、人材育成事業や観光・地域活性化と連動した事業等先駆的な事業を実施する「パイロット事業」とさまざまな調査研究、海外ネットワークづくり等により、芸術文化環境を整え、シンクタンク機能を充実させる「企画戦略事業」の3事業を展開している。

図表11　アーツカウンシル東京の組織体制

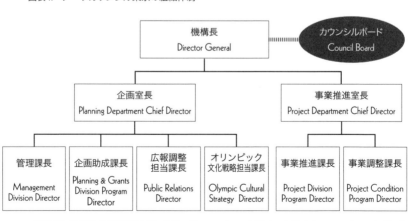

出所）アーツカウンシル東京 WebSite〈https://www.artscouncil-tokyo.jp/ja/who-we-are/organization/〉

2015年4月には、東京の芸術文化施策の中核的役割を担う組織としての体制と機能強化を図るべく、東京からの文化の創造発信を強化する取り組みとして、東京都と東京都歴史文化財団が芸術文化団体やアートNPO等と協力して実施する「東京文化発信プロジェクト室」(2008年4月設置)と「旧・アーツカウンシル東京」が事業を再編し、新たに「アーツカウンシル東京」として組織統合された。現時点で、人員・予算ともに日本で最大のアーツカウンシルであり、2020年の東京オリンピックへ向けて、活動のさらなる充実が期待されている。

[3] 沖縄版アーツカウンシル

　そして、2012年8月には沖縄県が「沖縄版アーツカウンシル」の設置に向けて、2012年度から（公財）沖縄県文化振興会にプログラム・ディレクター及びアドバイザリー・ボードを配置している。

　正確に述べるならば、沖縄県からの委託事業「沖縄文化活性化・創造発信支援事業」を通じて、補助金交付対象事業者に対しては、PDCAサイクルによる事業評価システムを導入し、事業及び事業実施団体に対して、随時、定量的・定性的評価を行い、補助事業の成果の充実や文化団体への効果的な支援を行うことを通じて「沖縄版アーツカウンシル」のあるべき姿について、検討を進めていくという活動である。

図表12　沖縄版アーツカウンシル・事業の仕組み

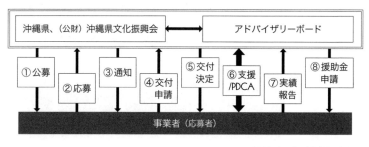

(出所)（公財）沖縄県文化振興会
「平成28年度沖縄文化活性・創造発信支援事業　募集要領（一般提案事業公募）」

　同事業において、沖縄県及び文化振興会では、さまざまな分野の芸術文化活動、地域の芸能・行事等の文化資源を活用した取り組みや、アートマネジメントを含む

広く沖縄文化の担い手や継承者の育成などの各種の取り組みに対しての費用を補助している。

この支援事業の補助額は最大で1,000万円と他に類を見ないほど巨額であり、その点で他のアーツカウンシルの追随を許さない。この支援額の大きさを梃子として、沖縄県内の文化振興に関して、実態的なアーツカウンシルとして機能することが期待されている。

[4] 大阪アーツカウンシル

前述したとおり、2013年7月、大阪府と大阪市が共同設置した大阪府市文化振興会議の専門部会として「大阪アーツカウンシル」が活動を開始している。

大阪アーツカウンシルの主要な事業は、「評価・審査」と「企画・調査」の2つである。「評価・審査」は、大阪府・市の文化課が担当する文化事業の評価と改善提案、大阪府市による公募型助成金の審査を行っている。また、「企画・調査」に関しては、文化を育てる環境づくりへ向けてベースになる情報を集め、発信している。

図表13　大阪アーツカウンシルの事業の仕組み

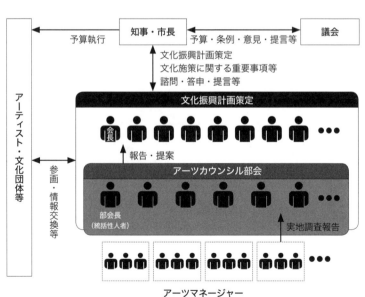

（出所）大阪アーツカウンシル WebSite〈http://www.osaka-artscouncil.jp/about/〉

[5] アーツカウンシル新潟

　アーツカウンシル新潟は、オリンピック文化プログラムに全市一体で取り組み、市民の文化芸術活動の活性化を図るとともに、国際観光の振興や経済活動の推進につなげ、さらに、オリンピック終了後も、その成果を継承し、持続的な文化創造都市の推進体制を構築することを目的として、（公財）新潟市芸術文化振興財団事務局内に2016年9月に設立された。

図表14　アーツカウンシル新潟の体制図

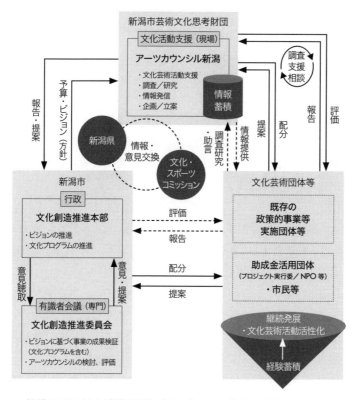

（出所）アーツカウンシル新潟 WebSite〈https://artscouncil-niigata.jp/about/organization/〉

　アーツカウンシル新潟の主な事業は、次の4事業である。第1に、「文化芸術活動の支援」として、文化芸術活動に対する助成及び助成事業に対するアドバイスや相談、マッチング等の活動支援等を行っている。第2に「調査・研究」で、新

潟市の文化政策に関するシンクタンク機能（文化芸術関連調査、政策研究、人材育成、啓蒙など）を担っている。第3に「情報発信」であり、情報の蓄積、支援事業等の一体的な情報発信等を行っている。そして第4として「企画・立案」で、新潟市及び新潟市関連機関の文化芸術事業に対する、助言や提案、企画運営支援、支援や調査・研究に基づく、政策提言等を行っている。

　アーツカウンシル新潟は新興のアーツカウンシルではあるが、中核となるスタッフは他のアーツカウンシル等で実績を積んだ専門的知見の高い人材であり、こうしたメンバーを非常勤ではなく、きちんとした条件で雇用している。その意味において今後、全国の地域版アーツカウンシルの模範となることが期待される。

[6] アーツコミッション・ヨコハマ

　アーツコミッション・ヨコハマは、2007年7月、（公財）横浜市芸術文化振興財団の部署として設置されている。主な事業は次の4つである。

　第1に「芸術文化支援」であり、実験的な芸術表現や横浜ならではの都市文化を生み出すような活動に対する助成を通して、横浜で芸術創造や発表を行うアーティストやクリエーター等の活動サポートと横浜での芸術鑑賞機会の創出、社会における芸術や創造力の役割の拡張を行っている

　第2に、「アーティスト・イン・レジデンス交流事業」においては、主にアジア諸都市との間で、横浜に一定期間滞在し作品制作を行うことを通して、海外の若手アーティストを横浜に紹介するとともに、日本の若手アーティストに対して海外での滞在制作の機会を提供する交流事業を行っている。

　第3は、「創造まちづくり支援」で、アーティストやクリエーター等の滞在や制作場所、発表スペースの創出を目的に、芸術と社会をつなぐ仕組みである"芸術不動産"や創造産業の誘致等を通して、アーティストやクリエーター等の制作環境を整え、横浜が創造性あふれる人材の集う街となることを目指している。

　そして第4は、「相談業務」であり、横浜に活動の場を設けたい、作品制作や発表をしたい、会場を探している等、横浜で活動するにあたっての疑問や相談に対応している。

　以上のとおり、他の地域版アーツカウンシルと比較して、事業を主体として展開しているプロジェクト型である点が、アーツコミッション・ヨコハマの特徴であると言える。

[7] 静岡県版アーツカウンシル

　静岡県では、『ふじのくに文化振興基本計画』（2008〜2017年）に基づいて、感性豊かな地域社会を実現するための「ふじのくに芸術回廊」の形成を図っている。そして同計画において、2014年〜2017年は「第3期」と位置付けられており、文化・芸術の振興と地域協働のための新たな専門組織として「静岡県版アーツカウンシル」設置に向けた検討及び文化力活用のプラットフォーム形成を図ることとしている。

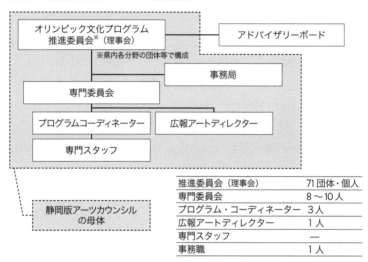

図表15　静岡県の文化プログラムの推進体制

（出所）静岡県文化政策課（2017年）「オリンピック文化プログラムを活用した文化施策推進体制整備」
〈http://www.bunka.go.jp/seisaku/bunkashingikai/seisaku/14/06/pdf/shiryo2_3.pdf〉

　そして、2016年度から、静岡県では、2020年オリンピック・パラリンピック東京大会に向け、静岡県内で文化プログラムに参画する、あるいは参画を希望する団体やグループ等に伴走しながら、基本方針を踏まえた各種の助言や支援等を行い、全県に渡るプログラムを推進するとともに、静岡県版アーツカウンシルの形成に取り組む実践的専門家としてのプログラム・コーディネーターを公募し、3名に業務を委嘱している。

　また、静岡県の文化プログラム基本方針の具体的例示とプログラムの担い手や推進委員会等の経験蓄積を目的に、モデルプログラムを実施しており、2016年度

は一次募集（応募48件、選定6件）、二次募集（応募32件、選定4件）において計10件が選定された。

[8] アーツ・コンソーシアム大分

　大分県では新たな長期総合計画として「創造県おおいた」の実現を立案している。そして、文化芸術をその分野だけでなく、産業振興などに文化を活用していくことを目指している。また、創造都市政策を掲げる大分市、別府市、竹田市のほか、由布市、豊後高田市、国東市なども文化を活かしたまちづくりを掲げており、大分都市広域圏全般を通じ、創造都市圏が注目されている。

　このような背景の元、大分版の地域版アーツカウンシルである「アーツ・コンソーシアム大分」は、大分県と、大分県芸術文化スポーツ振興財団、県立大分芸術短期大学の3者で協定を結んで誕生した組織である。主な事業領域としては、調査研究、さまざまなプロジェクトの説明責任を果たすための評価手法の調査と試験的な検証、人材育成などを担う想定であり、今後、大分版のアーツカウンシルにつなげていくことを狙っている。

　大分では2018年の国民文化祭、2019年ラグビーワールドカップ大分開催、2020年オリンピック・パラリンピックと続くため、文化プログラムが継続的に計画されている。これらに対してサポートを行っていくのがアーツ・コンソーシアム大分の役割となる[8]。

[9] おかやま文化芸術アソシエイツ

　岡山県においては、「おかやま生き活き文化プログラム推進事業」の一環として「文化芸術アソシエイツ事業」を推進している。

　同事業は、地域資源を生かした新たな取り組みを企画、実施するなど、県民による文化活動の一層の活性化を図るため、県内の文化団体等を支援する組織として「おかやま文化芸術アソシエイツ」を公益社団法人岡山県文化連盟内に設置するというものである。

　そして、同事業の運営体制を構築することを目的として、専門的知識を備えた「おかやま文化芸術アソシエイツ」のプログラム・コーディネーター1人を公募している。

　また、このコーディネーターを補佐するため、県内の文化施設や公益法人、NPO

法人などで文化施策に携わっている、若手職員3名程度に「サポーティング・パートナー」としてボランティアとして参加してもらう予定とのことである。

具体的な事業としては、「サポーティング・パートナー」と連携して研究会・勉強会・講演会などを開催、県内の文化芸術資源を発掘・再評価・活用するための調査事業の企画・立案、2020年に開催される東京オリンピック・パラリンピックに向けた文化プログラムへの参画を促進するため、文化団体等の活動に対する助言・支援等、新おかやま文化振興ビジョン（仮称）策定への情報提供等となっている。

その他、岩手県も文化庁による地域版アーツカウンシル設立のための補助事業に採択されている。現時点では詳細が明らかになっていないが、今後は同県においても、地域版アーツカウンシルの整備が進むことが期待される。

[10] 地域版アーツカウンシル

2015年7月に文化庁が発表した「文化プログラムの実施に向けた文化庁の基本構想について」において、「『文化力プロジェクト（仮称）』の認定を行う都道府県、市町村等において、『文化力プロジェクト（仮称）』を統括するコミッショナーの配置を促し、将来的な地域版アーツカウンシルの創設を推進する」（文化庁 2015：3）と明記された。

そして、地域版アーツカウンシルにつながる「文化芸術による地域活性化・国際発信推進事業（地域における文化施策推進体制の構築促進事業）」の助成が2016年度から開始された。この助成の申請者は、都道府県か、政令指定都市（自治体）と限定されており、補助期間（3年）終了後、及び2020年オリンピック終了後の事業の継続を見据えた計画を提案することが求められている。そして、専門人材が適切に配置されていることを条件として、専門人材の人件費を含む対象経費の2分の1以内（ただし、原則として2,000万円を上限、自己負担額の5倍以内の額を上限）が補助されるという事業である。初年である2016年度には13自治体からの応募があり、結果として採択されたのは、前述の大阪府、静岡県、大分県、横浜市、新潟市の5自治体である。これらの自治体による地域版アーツカウンシルへの取組に関しては、図表16のとおりである。また、2年目となる2017年には、上記の5自治体に加えて、岩手県、岡山県も採択され、計7自治体となった。これらに先行する東京都及び沖縄県を加えて、現時点では全国の9自治体において「地域版アーツカウンシル」の取組が推進されている（図表17）。

図表16　地域版アーツカウンシルの概要

	新潟市 （新潟市文化スポーツ部 文化創造推進課）	横浜市 （横浜市文化観光局 文化芸術創造都市推進部創造都市推進課）
1. 助成予算額 （平成28年度）	4,000千円	13,000千円（助成事務費を含む）
2. 取組内容	【アーツカウンシル新潟の事業内容】 ① 文化芸術活動の支援：文化芸術活動に対する助成及び、助成事業に対するアドバイスや相談、マッチング等の活動支援 ② 調査・研究：本市の文化政策に関するシンクタンク機能 ③ 情報発信：情報の蓄積、支援事業等の一体的な情報発信 ④ 企画・立案：活動支援や調査・研究に基づく、政策提言等 【設立スケジュール】 7月～9月　専門人材（プログラムディレクター等）の公募・選考 9月下旬　アーツカウンシル新潟の設立（市芸術文化振興財団内）	これまでのACY等に進めてきたアーティスト・クリエーター等の集積の次の段階として、さまざまなプレーヤー同士が出会い、新たな事業やビジネスチャンスの創出・文化芸術の創造性を生かした魅力あるまちづくりなどの相乗効果（シナジー）を生み出していくプラットフォームを構築します。
3. 事業評価（PDCA）の仕組み	・アーツカウンシルが関わる個別の事業評価の具体的な仕組みについては、今後プログラムディレクターを交え検討。 ・アーツカウンシル事業全体の評価については、今年度、市側にアーツカウンシルの検討・評価を行う有識者会議「文化創造推進委員会」を設置。	助成事業の実施に際し、選考に外部専門家に参画いただくだけでなく、実施途中や実施後のフォローアップや実施報告にも参加いただくことにより、評価、次年度以降への改善につなげていきます。

大分県 (公益財団法人 大分県芸術文化スポーツ振興財団アーツラボラトリー室)	静岡県 (静岡県文化・観光部 文化政策課)	大阪府市 [大阪府市文化振興会議 アーツカウンシル部会（大阪アーツカウンシル）]
3,825 千円	7,438 千円	アーツカウンシルは大阪府・市の公募型助成金の審査のみを担当。 ▽大阪府芸術文化振興補助金　年間助成額約 920 万円 ▽大阪府「輝け！子どもパフォーマー事業」助成金　年間助成額 330 万円 ▽大阪市芸術活動振興事業助成金　年間助成額　6200 万円
・2016 年 6 月、大分県、（公財）大分県芸術文化スポーツ振興財団、大分県立芸術文化短期大学の三者によるコンソーシアム組織として設置（事務局は、（公財）大分県芸術文化スポーツ振興財団内に置く） ・現段階においては、準備組織的色合いが濃い。 【調査・研究】 ・芸術文化振興施策の評価手法 ・民間資金導入方法等の調査研究 ・ラグビーワールドカップイングランド大会における文化プログラムの状況 【評価】 ・県が実施、支援する取組の調査・分析、評価手法 【人材育成】 ・大分県立芸術文化短期大学のアートマネジメント講座との連携	※アーツカウンシル的な機能・組織の整備をオリンピック文化プログラム推進と連動させている。 ・文化プログラムの担い手や参画希望者に対する、プログラム・コーディネーターによる助言・支援 ・公募する文化プログラムに対する負担金支出 ・文化プログラムに関する情報発信 ・文化資源、文化プログラムに関する調査・研究等	大阪アーツカウンシルは「大阪の文化行政を推進するために、行政と一定の距離を置き、芸術文化の専門家等による評価・審査や調査、企画等を行う」新しい仕組みとして 2013 年に設立。 条例設置の審議会である大阪府・市文化振興会議の専門部会。大阪府と大阪市が共同設置したことも特色。 主な仕事は「審査・評価」「企画」「調査」。具体的には （1）府・市の公募型助成金の審査、採択事業の視察 （2）大阪府・大阪市の文化事業（合計 47 事業）の評価と改善提案 （3）新たな文化事業の提案（2015 年度から『芸術文化魅力育成プロジェクト』として実施） （4）講座やミーティングの企画・実施（アーツマネージャー育成講座、U 40 ミーティングなど） （5）調査の実施（『芸術文化魅力育成プロジェクト』調査、演劇状況調査）
・芸術文化振興施策の評価手法について調査・研究を行うとともに、その成果を、県が実施、支援する取組の評価に実験的に導入	・支援対象の文化プログラムについては、プログラム・コーディネーター、専門委員会（プログラム・コーディネーターを統括する）による定性的評価を中心に想定。 ・アーツカウンシル整備を含む文化プログラム推進事業全体は、文化政策審議会による評価対象だが、評価方法の検討が必要。	大阪府・大阪市の文化事業（合計 47 事業）はアーツカウンシルが評価や改善提案を行い、その指摘を府・市が次年度事業に反映している。 アーツカウンシルという組織・仕事については外部評価はなされていない。

	新潟市 （新潟市文化スポーツ部 文化創造推進課）				横浜市 （横浜市文化観光局 文化芸術創造都市推進部創造都市推進課）			
4. 2020年以降のビジョン	他団体からの助成金取り扱い業務受託や民間連携等、自主財源の確保に努め、文化創造都市としての取組を牽引する組織としての継続と発展を目指す。 また、新潟市内に限らない広域的な業務の執行について、新潟県と協議を図っていく必要がある。				今回の取組によりプラットフォームの構築を図り、アーティスト・クリエーターをはじめとした多様なプレーヤーが、互いに刺激し合い、あらゆる人々を惹きつけるような、先端的で発信力のある取組を展開できるよう支援していきます。			
5. 専門人材の雇用形態（勤務形態別）、雇用者数（調査員等の非正規雇用も含む）		勤務形態	平成28年度	平成29年度以降		勤務形態	平成28年度	
	プログラムディレクター	週4日	1人	1人	プラットフォーム構築推進担当	常務理事	1人	
	プログラムオフィサー	週5日	2人	5人	専門スタッフ	常勤	6人	
	臨時職員	週5日	1人	1人				
	※調査員の予算計上はしているが，雇用形態，人数等は未定。				＊外部専門家は適宜参画していただく予定。			
6. 専門人材の職務内容	プログラムディレクター 　運営統括（プログラムオフィサー育成含） プログラムオフィサー 　アーツカウンシル事業（助成、調査・研究、情報発信、企画立案等）実施 臨時職員 　アーツカウンシル事業実施に伴う書類・データ整理、各種作業				プラットフォーム構築推進担当 　全体統括責任者 専門スタッフ 　窓口相談・コーディネート、助成制度の企画・実施・フォローアップ、広報プロモーション、プラットフォーム事務局運営			

大分県 (公益財団法人 大分県芸術文化スポーツ振興財団アーツラボラトリー室)	静岡県 (静岡県文化・観光部 文化政策課)	大阪府市 [大阪府市文化振興会議 アーツカウンシル部会（大阪アーツカウンシル）]
2020年度以降において芸術文化関係予算の縮小が予想される中、確立した評価手法により算出した芸術文化施策の地域への経済波及効果等の公開を積極的に行うとともに、公的資金以外の資金獲得手法や大分県立芸術文化短期大学との連携による人材育成の取組など、それまで取り組んできた「調査・研究」、「人材育成」及び「民間資金導入方法・効果的な支援の在り方検討」の成果を県内関係団体と共有し、2020年以降の持続可能な芸術文化施策の基盤づくりを目指す。	・オリンピック文化プログラム推進と連動させて整備したアーツカウンシル的機能・組織を2020年以降に継続・発展させるため、静岡県文化財団等の既存組織に移植するとともに、既存組織が担っている文化・芸術団体等への支援機能との統合・発展を検討。	2020年文化プログラムのために設立された仕組みではないため、現状の仕事は継続する見込み。むしろ、2020年文化プログラムには現状ではとても取り組めないため、そちらの方が課題。

	勤務形態	平成28年度			平成28年度	審議会方式なので雇用はない。いずれも非常勤のアーツカウンシル委員と、主に助成事業の調査・評価をするアーツマネージャーという2層の人材で仕事をする仕組み。 　現在の構成はアーツカウンシル委員5人、主に助成事業の視察・調査を行うアーツマネージャー15人。事務局は府・市の文化課が担っている。 　アーツカウンシル委員は月に1度以上の会合。アーツマネージャーは視察のみで定例会合なし。
プロジェクト・アドバイザー	非常勤	2人	プログラムコーディネーター	日額払い	3人	
コーディネーター	常勤	1人	広報アートディレクター	業務委託予定	1人	
アシスタントコーディネーター	常勤	1人	・平成29年度以降：プログラム・コーディネーターの増員、専門スタッフ、事務局スタッフ配置を予定。			

プロジェクト・アドバイザー 　コンソーシアムが行う「調査・研究」「評価」「人材育成（パイロット事業等）」等に対する助言、指導 コーディネーター ・コンソーシアム事務局を担うとともに、「調査・研究」「評価」「民間資金導入方法・効果的な支援の在り方検討」に係る資料作成や分析等 ・県内市町村・公立文化施設等への「調査・研究」等事業成果の普及	プログラムコーディネーター ・文化プログラムの担い手や参画希望者に対する助言・支援・文化資源、文化プログラムに関する調査・研究等 広報アートディレクター ・文化プログラム広報のためのアートディレクション、デザイン制作等	アーツカウンシル委員 ・大阪府・市の文化事業に関する相談・評価 ・助成金採択事業の審査・視察・評価 ・アーツカウンシルの「企画・調査」業務の立案と実施 アーツマネージャー ・助成金採択事業の調査・評価

	新潟市 (新潟市文化スポーツ部 文化創造推進課)	横浜市 (横浜市文化観光局 文化芸術創造都市推進部創造都市推進課)
7. 専門人材の想定平均年収	プログラムディレクター 　上限 8,000 千円 プログラムオフィサー 　上限 5,000 千円 臨時職員 　1,700 千円（日給 6,050 円）	非公開情報としています
8. 人件費総額	平成 28 年度 （4 人　6.5 カ月分）　13,000 千円	同上

大分県 (公益財団法人 大分県芸術文化スポーツ振興財団アーツラボラトリー室)	静岡県 (静岡県文化・観光部 文化政策課)	大阪府市 [大阪府市文化振興会議 アーツカウンシル部会（大阪アーツカウンシル）]
	プログラムコーディネーター 平成28年度 30,300円×約80日（7〜3月）	年収として想定されているのは統括責任者のみ。おおむね480万円程度。 「大阪府文化アドバイザー」「大阪市文化アドバイザー」（いずれも時給5200円／週8時間まで）と、アーツカウンシル委員（会議や視察ごとに日額報酬9800円）の合算での金額。社会保険、有給休暇などはなし。 他のアーツカウンシル委員、アーツマネージャー（視察ごとに6200円）は月額1万円〜4万円程度。 （参考：統括責任者の2015年の年収は、アドバイザー収入約365万、アーツカウンシル収入約120万円だった）
今年度は調査・研究が主体のため、事業費の相当部分が人件費	平成28年度　8,893千円	アーツカウンシル委員・アーツマネージャーの報酬としての年間予算は400万円ほど。助成事業すべてを視察するという仮定での積算だが、現実はこの枠を使い切っていない。視察以外の人件費予算がないため、大変に困っているが、「審議会」という壁の前にこちらは予算化できない。

(出所) 特定非営利活動法人 Explat

図表17　日本におけるアーツカウンシルの設置に向けた動向

年・月	内容
2007年 7月	横浜市が「アーツコミッション・ヨコハマ」を設置（横浜市芸術文化振興財団内）
2011年 4月	独立行政法人日本芸術文化振興会が「日本版アーツカウンシル」の試行的取組の導入
2012年 8月	沖縄県文化振興会がアーツカウンシル業務を開始
2012年 11月	東京都が「アーツカウンシル東京」を設置（東京都歴史文化財団内）
2013年 7月	大阪府・市が大阪府市文化振興会議におけるアーツカウンシル部会の活動を開始
2015年 5月	「文化芸術の振興に関する基本的な方針（第4次）」の閣議決定 「重点施策：日本版アーツカウンシルの本格導入」
2016年 1月	文化庁が「地域版アーツカウンシル」設立のための新規補助事業の募集
2016年 4月	5自治体（大阪府、静岡県、大分県、新潟市、横浜市）が「地域版アーツカウンシル」設立のための補助事業の採択を受ける
2017年 4月	7自治体（大阪府、静岡県、大分県、岩手県、岡山県、新潟市、横浜市）が地域版アーツカウンシル設立のための補助事業の採択を受ける

（出所）各種資料を元に筆者作成

［11］日本版アーツカウンシルの現状と課題

　以上、概観したような状況を背景として、日本において望ましいアーツカウンシルのあり方について研究する必要性は大いに高まっていると言える。

　また、前述した五輪大会の文化プログラムを日本全国で実施していくためには、英国と同様、アーツカウンシル的な組織が必要になると考えられる。ただし、文化庁が本格稼働させようとしている中央政府のアーツカウンシル（「日本版アーツカウンシル」）だけではなく、全国で「地域版アーツカウンシル」を立ち上げていくことが必要であると筆者は考えている。そのような「地域版アーツカウンシル」の設立と育成を文化庁が今まで以上に積極的に支援していくことが必要であろう。このように、中央と地方のアーツカウンシルが両輪で存在することが肝要であるが、その際に、中央政府のアーツカウンシルと「地域版アーツカウンシル」はあくまでも平等・並列の関係であるべき点に留意が必要である。

　なお、2015年4月16日に答申された「文化芸術の振興に関する基本的な方針（第4次基本方針）」においては、「日本版アーツカウンシルの本格的な導入を図る」

と記述されているが、「地域版アーツカウンシル」に関しては、直接的な記述は存在しない。同基本方針には、「地方公共団体等が文化芸術団体、企業、NPO等の民間団体や大学等と一体となって企画・実施する計画的な文化芸術活動を推進する」と書かれているのみであり、「地域版アーツカウンシル」を実現し、それを中核とした文化政策と文化プログラムを実施していくためには、残念ながらまだ表現が弱い。

一方で、文化庁は、創造都市ネットワーク日本に加盟している都市の数について、全自治体の10％に相当する170都市いう意欲的な目標を掲げている。もっとも、この創造都市ネットワークが普及していくとともに、自治体の間からは「いったい何をすれば創造都市と呼ばれるのか？」といった根本的な疑問も出されるようになっている。こうした状況を踏まえ、日本における創造都市政策の中核に、「地域版アーツカウンシル」の設置を据えてはどうかと筆者は考えている。

なお、この「地域版アーツカウンシル」の具体的な設立のイメージは、地域によって異なると考えている。たとえば、行政が設置した文化財団が中核となって設立されるケースもあるであろうし、それ以外に、地域で活動するアートNPOや観光振興機関など、さまざまな主体が参画して、新しい政策提言及びプログラム実施の中核となることが想定される。

この点に関して、地方自治体の文化担当の職員を対象として、アートマネジメントの研修の機会等を提供すれば、地域における五輪文化プログラムも対応できるのではないかという意見があるかもしれない。しかし、文化庁自体も同様であるが、ほとんどの地方自治体においては文化政策の専門職の制度が存在しないため、職員の研修を行っても、数年後には異動してしまうこととなり、地域の文化振興に十分な対応ができない懸念がある。また、英国のアーツカウンシルの職員に求められているものは極めて高度な専門性であるため、その面からも一般的な自治体の職員では対応が困難であると考えられる。

2017年6月9日に、『未来投資戦略2017』が閣議決定された。この『未来投資戦略2017』とは、アベノミクスの第3の矢である成長戦略として、革新的技術を活かして新たな需要の創出と生産性革命をもたらすとともに、一人ひとりのニーズに合わせたサービス提供によって社会課題を解決する「Society 5.0（ソサエティ5.0）」の実現を目指すための戦略である。そして、この『未来投資戦略2017』の「地域経済好循環システムの構築」において、「観光・スポーツ・文化芸術」が戦

略分野として掲げられており、その施策として、「文化芸術に対する国・地方の支援策への専門家による助言・審査・評価等（アーツカウンシル機能）の連携・強化」と明記された（首相官邸 2017：162）。この『未来投資戦略 2017』は「政府の司令塔」とも呼ばれており、このような政府の中核的な戦略の中に「アーツカウンシル」が明記されたという事実はとても重い。「地域版アーツカウンシル」に関する取り組みも今まで以上に加速することが期待される。

注

1) Privy Council
   〈https://privycouncil.independent.gov.uk/royal-charters/chartered-bodies/〉
2) ACE〈http://www.artscouncil.org.uk/sites/default/files/download-file/Consolidated_Royal_Charter_2013.pdf〉
3) 国際アーツカウンシル・文化機関連盟 〈https://ifacca.org/en/about/〉
4) 559.5人という雇用者のうち「0.5人」の部分は、他の組織との兼務と推測される．
5) Kings College , Ms. Francesca Hegyi へのインタビューより
   (2014 年 10 月 10 日, ロンドン市内で実施)
6) 同上
7) 「クール・ブリタニア」に関しての詳細は、太下義之「英国のクリエイティブ産業政策」を参照．
8) Explat「地域版アーツカウンシルに求められる役割 2」(2016 年 12 月 17 日) アーカイブ
   〜文化庁および採択団体による取り組み内容の報告〜

第 2 章
英国：アーツカウンシル・イングランド

1

アームズ・レングスの原則

　第1章で概観したように、近年、日本において「アーツカウンシル」という名称の組織の設立に向けた取り組みがさまざまに始まっている。たとえば、文化庁は2011年度から「日本版アーツカウンシル」の試行的な導入を行っている。また、東京都は2012年度に常勤スタッフを配した「アーツカウンシル東京」という名称の部署を（公財）東京都歴史文化財団に設置した。さらに、大阪府及び大阪市は共同で、2013年度に大阪府市文化振興会議の部会として「アーツカウンシル大阪」を設置した。その他、沖縄県では「沖縄版アーツカウンシル」の設置に向けて、2012年度から（公財）沖縄県文化振興会にプログラム・ディレクター及びアドバイザリー・ボードを配置している。そして、これら全ての取り組みの参考とされているのが、アーツカウンシル発祥の国である英国の事例である。

　英国アーツカウンシル（ACE；Arts Council England）は、政府外公共機関（NDPB；Non Departmental Public Bodies）の1つである。このNDPBとは、「中央政府の政策過程において役割を有しているが、政府府省またはその一部でないものであり、程度の大小はあるが、大臣からの『一定の距離を置いて（arm's length）』に従って事業を行う組織」であり、『大臣からの距離』の性格については、『日々の意思決定については政府から独立しているが、大臣は最終的には、その独立性、効果、効率性について、議会に対して責任を負う』ものを意味する」（首相官邸2013：4）と説明されている。そして、英国内閣府（Cabinet Office）によると、ACEは、法令に基づいて設置され、執行、行政、規制及び（または）商業的機能を実施するという執行型NDPB（Executive NDPB）[1]という種類に分類されている[2]。

　一方で、日本の文化政策の文献においては、「アームズ・レングスの原則」について、次のように説明されている。たとえば、「アームズ・レングスの原則（政府はお金を出しても口は出さない）を提唱し、芸術評議会（アーツ・カウンシル）という専門家による予算配分機関を設立したのは、J.M.ケインズである」[3]、また、「ケインズは

(中略)政府から一定の距離を置く『アームズ・レングスの法則』を提唱し、政府から独立した立場を確立した」[4]、さらに「ケインズは（中略）『文化芸術団体は政府によって金銭的に支援されるべきであるが、その政策の内容や助成対象の善し悪しに政府は介入すべきではない』というアームズ・レングスの法則を打ち立てた」[5]などである。これらが、日本の文化政策研究者における、ほぼ共通の認識であろう。付言すれば、日本だけでなく、ACEの会長であったDame Liz Forganも「アームズ・レングスの原則とは、1946年にケインズによって初めて明確に述べられた原理である」[6]とコメントしている。

　たしかに、ACEと政府が「アームズ・レングスの原理」を維持し続けることができれば、「政府が特定の芸術を称賛したり、政治的な検閲をしたり、その他の悪弊を回避する」(Beck 1989：364)という効果が期待できる。しかし、政府から資金が提供されていながら、同時に、政治的にも財政的にも独立した状態であるということは、一般的な社会通念からでは理解しがたいものがある。実際、「助成機関が支援を行った芸術団体の運営に口を出さない、つまり金は出しても口は出さないという意味ではありません」(中山1997：7)という説明もなされている。また、「アーツカウンシル自体は、チャリティとしての公益性に基づいて活動するが、その予算のほぼ全額を中央政府から得るとともに、理事メンバーの任命も政府が行う。従って、それは、当然のことながら、中央政府の『公益』に対する考え方、政策目的、公的資金提供への姿勢に影響される。アームズ・レングスの原則は、大臣が一般の、あるいは政治的意見の表明として適切な行動をとることを妨げない」(垣内ほか1997：79)とされている。同様に、「財政的な依存は、政治からの完全独立とはならず、政治への慮りや影響から無縁ではない」(中川2001：123)とも指摘されている。

　そこで本稿においては、「アームズ・レングスの原則」を先行研究と同様に「文化芸術助成機関における、政治または行政からの自由と独立」と仮説的に定義したうえ、最初に英国のアーツカウンシルの事例研究を通じて、現実に「アームズ・レングスの原則」がどのように実践されてきたのか（あるいは、実践されてこなかったのか）について確認していきたい。次いで、ケインズのテキストを読み解くことによって、そもそもケインズがアーツカウンシルの設立を通じて何を構想したのかを明らかにしたい。さらに、そこで再確認されたケインズの思想から、現在の文化政策に対して得られる示唆について考察したい。

3

「アームズ・レングス」の視点からみたアーツカウンシルの歴史

本項では、「アームズ・レングスの原理」の視点からアーツカウンシルの歴史を振り返ってみる。なお、アーツカウンシルの歴史に関しては、Quinn（Ruth-Brandin M. Quinn）が、4つの段階に分けている（Quinn 1997：127-159）。すなわち、「第1期」はアーツカウンシル創設の1946年から1964年、「第2期」は1964年から1979年、「第3期」は1979年から1992年、そして「第4期」は1992年以降、である。このクインによる区分は、イギリスの二大政党による政権交代を反映したものとなっており、また、アーツカウンシルをめぐる事実関係を勘案しても、概ね妥当な区分であると評価できる。

ただし、クインの分類によると、最後の「第4期」は、同論文の発表が1997年であったため、「1992年以降」と一括りになっている。しかし、現在から振り返ってみると、同論文の発表と同年の労働党への政権交代が、英国の文化政策において大きな転換点であったと考えられる。また、それ以降の大きな変化として、2010年5月の総選挙の結果、第1党となった保守党が自由民主党との連立政権を組成して13年ぶりに政権交代となった点があげられる。

こうしたことから、本論においてはクインによる時代区分を一部修整したものを用いている。具体的には、「第3期」を「1979年～1997年」とし、また、「第4期」を「1997年～2010年」と再設定した[7]。なお、時代を区分して「アームズ・レングスの原理」に言及した研究が限られるため、以下においては、Sinclair（1995）及びQuinn（1997）を中心として整理する。

[1] 第1期：1946年～1964年

1945年6月12日、英国の下院議会において、CEMA(the Council for Encouragement of Music and the Arts；音楽・芸術奨励協議会）がアーツカウンシルという名称で活動を継承することが宣言された。そして、初代会長にケインズが就任する

(Sinclair 1995：46)。翌 1946 年、アーツカウンシル（Arts Council of Great Britain）はケインズが起草した英国国王の勅許状（Royal Charter）によって保障されることとなる（ACE 2014）。

アーツカウンシルの設立時においてケインズは、「国家の補助金に関する責任を文部省から大蔵省へ移すように手配した。このことは芸術振興会（筆者注：アーツカウンシル）を大学と同列においたもので、将来における政府の干渉を最低の線に押さえようとすることが目的であった」（Harrod 1951：577）とされる[8]。

しかし、実際のアーツカウンシルは、「勅許状のもとで設立された組織で、独立していながら同時に政府に対して直接の説明責任があるという独特な矛盾をはらんでいた」ことから、「（1946年の）最初から、アーツカウンシルは中央政府から『アームズ・レングス』を保って運営されていたわけではない」（Quinn 1997：129）と指摘されている。

1953 年、著名な美術史家の Kenneth Clark がアーツカウンシルの会長に就任したが、これはアーツカウンシル設立後に初めて予算が削減（対前年比▲14.3%）された年であった。こうした予算に関してクラークは、「アーツカウンシルが過大な予算を獲得しなければ、政府がアーツカウンシルに干渉することはないだろう」と発言しており、この発言に対してシンクレアは、「いずれにしても文化芸術にあまり関心のない政権から、アーツカウンシルが『アームズ・レングス』を保持することを望んでいた、そして権力の回廊を静かに歩んできた、経験を積んだ人物による、洞察力のある所見」（Sinclair 1995：123）と評価している。すなわち、皮肉なことであるが、第 1 期前半のアーツカウンシルは資金が不足していたが故に、政府からの一定の「アームズ・レングス」を保持していたと考えられるのである。

1960 年にアーツカウンシルの会長が、クラークから貴族の The Lord Cottesloe に交代して以降、アーツカウンシルの予算は大幅に増加していった。アーツカウンシルの予算（REVENUE）は、クラークが会長の 7 年間（1953 ～ 1960 年）に年平均で 4.1％の増加だったのに対して、カテスロー卿が会長の 5 年間（1960 ～ 1965 年）には 22.4％（同）も増加したのである[9]。

そして、この時期の増額された資金の分配に関しては、「アーツカウンシルのメンバーとして選ばれた人の趣味がそのまま直接に反映されるような結果となっていた。どこに助成するのかは、政府によって選ばれた人たちの好みや目的に大いに左右されていた」（Quinn 1997：133）及び「1946年の勅許状のどこにも明確な定義が

ないために、政府は好きなだけアーツカウンシルに影響を与えることができた。特に、メンバー選出や助成金の領域について、アーツカウンシルに影響や指示を与えた」(Quinn 1997：130) と指摘されている。すなわち、第1期のアーツカウンシルに関しては、予算が増大するなかで、助成金の分配に関して制約がなかったため、政府はカウンシルのメンバーの選定を通じて、大きな影響を与えていたものと推測される。こうしたことから、クインは「アーツカウンシルの独立性は、1946年以降、純粋なかたちでは存在していないと考えられる」(Quinn 1997：130) と結論付けている。

なおこの時期のアーツカウンシルに関して、「(1964年の) 勅許状にはアーツカウンシルの決定に異議を申し立てる手段が明記されていなかった。つまり、カウンシルは助成金配分方法について政府に説明責任はあっても、個々の決定について (文化団体等に) 説明する義務はなかったということである。その結果として、アーツカウンシルが政府から然るべき距離を享受していた時期には、その距離を利用して秘密裏に行動していたことが多かった」(Quinn 1997：134) とも指摘されている。

[2] 第2期：1964年〜1979年

1964年10月、第二次世界大戦後に初めて労働党が政権を奪取する[10]。

同年、労働党政権による構造改革の一環として、行政において現在のDCMSの源流となる文化図書館局 (Office of Arts and Libraries) が教育科学省 (Department of Education and Science) の一部署として新設されたほか、また、内閣において初の芸術担当大臣が任命された。しかし、こうした文化政策に係る体制整備の結果、「政府のアーツカウンシルに対する支配力は強くなり、一方でアーツカウンシルのいわゆる独立性はさらに損なわれた」(Quinn 1997：135) と指摘されている。

第2期について、アーツカウンシルでの勤務経験もある文芸評論家のWilliamsは、アーツカウンシルの当時の状況を以下のように述べている。「任命されたメンバーは、政治的・行政的観点に基づいて選出されており、芸術セクターの慣例や運営管理という観点から選ばれていない。『経験や善意のある人物』というあいまいな基準から選ばれているが、その言葉は、政府が非公式に支配階級を表す際の婉曲表現である」(Williams 1979：160) 及び「最初の会長の下では、自然に、継続的な話題があったが、そのどれもが投票に結びつかなかった。2番目の会長の下でさえ、正式な投票はただの1度であったと記憶している」(Williams 1979：166)。すな

わち、アーツカウンシルのメンバーの任命は政治的な視点から行われており、そうしたメンバーの中で暗黙のうちに助成対象などが決定されていたのである[11]。

また、ウィリアムズは、「所管する国務大臣に一定の政策的方針があるわけではない中で毎年の予算が決定される、という基本的な制約のもとで、アーツカウンシルはある意味での独立のようなものが与えられている」と述べつつ、その"独立性"に関しては「『アームズ・レングスの原理』というメタファーは不適切なイメージである」(Williams 1979：158-171) と指摘している。

また、この時期は英国が、いわゆる「英国病」が重くなっていった時期でもある。1970年代、英国ではケインズ経済学に基づく経済政策運営に行き詰まりがみられるようになり、構造問題が顕在化、経済状況は悪化した。1973年に石油ショックが発生し、1974年と1975年には、消費者物価上昇率が10％を超えて加速する中、実質経済成長率が2年連続のマイナスとなった。1976年、英国政府はIMFに緊急支援を申請した。そして、IMFからの要求を受けて、政府は、政策の大幅な転換を余儀なくされ、政府支出と財政赤字の削減を伴う緊縮型の予算を発表した（内閣府 2010）。

このような重篤な「英国病」であったにもかかわらず、1974年から1979年にかけての労働党の政権下で、アーツカウンシルの予算は年平均で21.7％も増額された。しかし、こうした予算の急増は、政府によるアーツカウンシルへの介入を招いた。このように予算を増額させた労働党政権のもとでアーツカウンシルは、「アーツカウンシルの独立性に対する介入（浸食）に対してほとんど抵抗することができなかった」(Sinclair 1995：203) と指摘されている。

[3] 第3期：1979年～1997年

1979年から1990年は保守党のサッチャー首相の時代となり、民営化と規制緩和を進め、政府の機能を縮小する、いわゆる「サッチャリズム」が推進された。この時期、政府機関であるアーツカウンシルの自律性も、より脆弱なものに変質していった。

1982年にThe Timesの編集者であったRees-Mogg卿がアーツカウンシルの会長に任命された。モグ卿は、「金融関連のジャーナリズムに関わっていた彼の経歴や、『政府支出額を減額し続けるマネタリズム』を支持していたことから選出された。(中略) モグ議長の下、アーツカウンシルは『政府の奴隷』と表現される程だっ

た」[12] (Quinn 1997：143) とされる。こうしたことから、「『アームズ・レングスの原則』は、英国政府とアーツカウンシルの関係とどんな関連性があったにせよ、第3期に著しくその効力を失った。(中略) 政府とカウンシルとの距離が近づいたことで、政府の主張とは関係なく、アーツカウンシルは、政府と『アームズ・レングス』の距離にはなかったと考えられる」(Quinn 1997：146) と指摘されている。

　また、サッチャー政権の末期に関して、Beck は「アーツカウンシルのような半自律的な政府機関は特に脆弱である。政府からの交付金への依存、会長の政治的な指名のほか、"非公式"に行われているのかもしれない経営上層部の任命に関する政治的統制などにおいて、アーツカウンシルは特に政府の政策の影響を受けやすくなっている」と指摘しているほか、「アーツカウンシルがこれまで経験してきたことは、笛吹きに金を支払う者には曲を注文する権利があるということである」及び「アーツカウンシルが学んだことは、ミッションを持った首相[13]と下院の多数派の手中に政府がある時には、アーツカウンシルの自律とはまったく"疑似的"なものとなるということである」(Beck 1989：378-379) と指摘している。

　メージャー政権発足と同時 (1992年) に、新しい省である国家遺産省 (Department of National Heritage；DNH) が創設された。しかしながら、同省の設立により、アームズ・レングスはさらに変質していくこととなる。Hewison は、「国家遺産省は、補助金を支出していた45のさまざまな組織に権力をふるう (bearing down) ことにより、自己の存在を証明することを熱望した。そして、『効率性の向上』を実現し、『アカウンタビリティ (説明責任)』を確実にするという目的のために、同省傘下の組織のなかでアーツカウンシルは最大の標的となった。こうして、アームズ・レングスの原則という用語は、政府側の慣例の認識にもかかわらず、国家遺産省の側に非常に近い距離での監督および指導を意味することとなった」(Hewison 1995：263-264) のだと指摘している。

　また、1993年6月にアーツカウンシルの会長であった Brian Rix は「国家遺産省がアーツカウンシルをひどく『侮辱した』と非難して」会長職を辞任した (Taylor 1995：190)。この際、「14人のカウンシルのボードメンバーのうち、約3分の2がリックス卿の考え方に賛同し、近年、アームズ・レングスの原則は著しく弱体化してきていると思っていたようである」(Taylor 1995：190) と指摘されている。

　こうしたことからテイラーは、「アームズ・レングスの原則は、長年芸術セクターのよりどころであったが、現在では現実的な妥当性に欠けるとして、英国の政界に

おける時代遅れのしきたりになっている」と指摘し、「芸術担当大臣も、自らの芸術的嗜好を押し付けるというほどではないにせよ、物事の決定を行う際にカウンシルの風土に影響を及ぼすというかたちでこれまでも常に干渉を行ってきており、現在もその状況は変わらない」（Taylor 1995：195）という評価を下している。

なお、実はこの第3期はアーツカウンシルの歴史上で最大の危機の時代であった。1993年頃、元芸術担当大臣 Tim Renton（Ronald Timothy Renton）がアーツカウンシルの廃止を主張するなど、組織の廃止が選択肢の1つとなっていた。しかし、国家遺産省がアーツカウンシルを存続させたことには重要な理由があった。「国家遺産省が文化予算をカットすると、アーツカウンシルが非難されるという構造があったから」であり、「アーツカウンシルは国家遺産省に対する攻撃のシェルターとしての役割があったため、芸術政策上、無視することができなかった」（Taylor 1995：193）のである。これは、アーツカウンシルではなく、むしろ中央政府が守られているという意味で「逆さまのアームズ・レングス（inverted arm's length）」と呼ぶことができるのではないだろうか。

もっとも、1997年に約570万£（前年から－3.0%）が削減されたケースを例外とすると、アーツカウンシル自体の予算はサッチャー政権ならびにメージャー政権の期間も増加し続けた[14]。また、1993年に国営宝くじ法（National Lottery Act）が可決され、翌1994年から国営宝くじよりアーツカウンシルに資金が拠出されるようになった。

なお、第3期は、文化政策が総合政策として展開していった時期でもあった。しかし、こうした総合政策化も、アームズ・レングスに負の影響をもたらした。シンクレアは、「問題は、芸術が今や複数の政策分野そのものだということである。というのは、芸術が都市再生や社会福祉、さらは地方と大都市の間の勢力争いの一要素であると見なされていたためである」と指摘しているが、その結果として、「（アーツカウンシルへの）議決された支出および補助金の額が巨額になりすぎたため、『アームズ・レングス』は手首を動けないように縛られてしまった」（Sinclair 1995：333）のである。

[4] 第4期：1997年〜2010年

1997年、Tony Blair（Anthony Charles Lynton Blair）が党首の労働党に政権交代し、国家遺産省は文化・メディア・スポーツ省（Department for Culture, Media and Sport；

DCMS）に改編される。そして、「クリエイティブ産業」を中核とする文化産業政策が積極的に推進されていく。

　しかし、DCMSが誕生したことによって、「ACEは政府の指示により政策を実行する下位の機関となったことを意味し、政策の合意形成過程にあっては、あくまでも助言を求められた時に、あるいは政府から配賦された予算の執行に関わることによって政策の履行に関わるなど、独立した団体としての意思決定に関する自由裁量権はDCMSから大きく制約を受けることになった」（菅野2013：224）のである。

　また、当時の英国は深刻な歳入不足と財政難に陥っており、限られた財源の中で施策や事業にプライオリティをつける必要に迫られていたため、施策や事業の選択にあたっての基準を明確化し、合理性や納得性のある選択をすることが喫緊の課題となっていた。そこで、民間の経営手法を公的部門に応用した公的部門の新たなマネジメント手法である「NPM（New Public Management）」が政策の実施全般に導入されたのである。そして、文化政策の分野も特別扱いはされなかった。

　NPMの導入が進展すると、「政府の統治システムにおいては、その上位に省が設立されることになり、その力関係の主従がむしろ明確になり、アームズ・レングスの法則によって保たれていたACEの独立性、自主性は微妙に変化するようになった」（菅野2013：219）のである。

3 政策進化のジレンマ

　アーツカウンシルにおけるアームズ・レングスに関する先行研究と英国の文化政策の動向とを突き合わせて分析すると、「アームズ・レングスの原則」が阻害される要因として3つの事項を抽出することができる。それらの要因は、a. 文化政策（アーツカウンシル）予算の増額、b. 文化政策体制の確立、c. 文化政策の総合政策化、である。

　まず、「a. 文化政策（アーツカウンシル）予算の増額」に関しては、前述のように、

予算額は一時の例外を除いてほぼ一貫して増加している。そして、政権交代を経るたびに、保守党・労働党ともに、過去最高の増額を行っているのである。具体的には、勅許状が改正された1965年に、労働党政権はアーツカウンシルの予算を過去最高の増額（約181万£、対前年比＋45.9%）とした。続いて1970年に政権交代した保守党は、1972年に約256万£（対前年比＋27.2%）の予算増とした。さらに、1977年に政策文書 The Arts and the People を公表した労働党は、対前年比で約835万£（＋28.7%）の増加とした。そして、1992年に国家遺産省を設立した保守党は、同年の予算を対前年比2,917万£（＋16.5%）の増額とした。第4期の労働党は2005年に「クリエイティブ・エコノミー・プログラム（CEP；Creative Economy Program）」を設置し、予算を約5,275万£（対前年比＋10.6%）の増額とした[15]。そして、アーツカウンシルの予算が増額されるとともに、前述したとおり政府による人事的または組織的な介入も繰り返して行われ、「アームズ・レングス」は阻害されていったのである。

また、「b. 文化政策体制の確立」に関しては、1964年の最初の芸術大臣の任命、1992年の国家遺産省の設立、そして1997年の DCMS への改編は、現在の日本の文化政策の状況からみると先進的な事例であると見受けられる。そして、こうした英国における文化政策にかかる体制の確立を通じて、政策の企画・形成は政府が行い、その制約のもとで、文化施策や事業の執行をアーツカウンシルが担うという役割分担が明確化していった。しかし、こうした体制の整備は、アーツカウンシルのアームズ・レングスからみると「独立性・自主性の毀損・制約」という側面も有していた。むしろ、芸術セクターに対して政府が"干渉"するための仕掛けとして、アーツカウンシルが機能させられていた、とみることもできる。

そして、「c. 文化政策の総合政策化」に関しては、"Agenda 21 for culture"（文化のためのアジェンダ21）[16] においても、これからの文化振興が狭義の文化政策に留まらず、他の公共政策との政策統合が必要であることが指摘されている（太下2009a：174）。実際、先進各国または先進都市の文化政策においては、たとえば都市整備、産業振興、教育、コミュニティ振興、科学技術振興、観光促進、外交、等、他の政策分野と連携・統合した政策や文化プロジェクトが多数見受けられる。しかし、こうした文化政策の総合政策化も、前述したとおりステークホルダーが増加することで、その勢力争いの渦中に文化政策が位置付けられてしまい、結果としてアームズ・レングスを阻害する要因となっていたのである。

以上のように、「アームズ・レングス」を阻害する要因を列挙してみると、これらはいずれも、今日の文化政策において望ましいあり方として推奨されている方向性であることは注目に値する。すなわち、文化政策がより現代的なものに進化していくとともに、アーツカウンシルのアームズ・レングスは損なわれていくという「政策進化のジレンマ（Dilemma in Policy's Evolution）」が見出せるのである。

4　独立のジレンマ

　「アームズ・レングス」において、アーム（腕）が短すぎると、政治や官僚機構が介入することになってしまう。では、アームが"短く"なることが問題ならば、政府とアーツカウンシルの間のアームを"長く"すれば、問題は解決するのであろうか。

　しかし、腕の長さが長すぎる場合、政府は「アーツカウンシルや芸術助成組織の提案に対して、深く考えることなく、単に承認するだけの存在となってしまう危険性がある」（Van der Ploeg 2006：33）と指摘されている。

　そして、「腕が長い」状況が継続されると、文化担当省庁（部局）は財務当局（省庁）に対して、文化芸術政策の必要性を説得するリアリティを徐々に失っていくことになると懸念される。たとえば、日本における劇場・音楽堂等の運営を考えてみると、もともとは自治体の直営であったものが、自治体が設立した文化財団に運営を委託するようになり、そして現在では指定管理者制度が導入されている。このような直営から委託、さらに委任に至った結果として、文化行政を担う自治体側と劇場の現場との距離が広がり、離れてしまっているのが現状である。そして、劇場に対する今後の追加投資や改修に対する設置者（自治体）側のリアリティや必要性の認識は、上記のような環境の中で、おそらく相当低下してきていることが懸念される（太下 2013：95）。こうした状況は、アーツカウンシルをはじめとして、日本の自治体文化財団にも共通する「独立のジレンマ（Independence dilemma）」と呼ぶことができるのではないであろうか。

　また、Matarasso & Landry も、アームを"長く"するアプローチの危険性につ

いて、「純粋な世間の視点、あるいは説明責任の視点によって文化的な意思決定を取り消しされることや、また、文化政策を直接コントロールしていない政策分野の政府部門がアーツカウンシルによる意思決定を履行しないという懸念が存在する」（Matarasso & Landry 1999：23）と指摘している。

　すなわち、政府とアーツカウンシルのアームが長ければそれでよいというような単純な問題ではないのである。実際には、英国においては、「政府が独立性を尊重するよりもむしろ、アーツカウンシルとの距離を徐々に縮めていった」（Quinn 1997：128）という歴史がある。また、Maddenの研究によると、政府による芸術支援の国際的な比較研究の結果、短いアーム（shorter arm）式の芸術支援方法の方が、長いアーム（longer arm）式よりも一般的である、と結論付けている（Madden 2009：27）。

　この問題に関しては、既往の研究においても指摘されている。たとえば、Hillman-Chartrand & McCaugheyは、「もしも（アーツカウンシル）の評議員が政治的な関係性を芸術的な卓越性より重視するならば、芸術家たちは（アーツカウンシルに対する）信頼を失うだろう。逆に、評議員が芸術的な卓越性を政治的な関係性より重視するならば、その時の政府は（アーツカウンシルに対する）信頼を失うとともに、財政的支援を削減するだろう」と指摘しており、彼らはこれを「どっちつかず（double）のアームス・レングスの問題」と名付けている（Hillman-Chartrand & McCaughey 1989：[25]）。

　以上、先行研究を概観して理解できることは、政府とアーツカウンシルとの関係は、「然るべき距離を保つというより密接な関係」（Quinn 1997：153）であり、「1946年以来、実際政府はアーツカウンシルに関与してきたし、関与することで実質的に芸術に影響も及ぼしてきた」（Quinn 1997：154）ということである。そして「英国では、『アームズ・レングスの原則』によりアーツカウンシルは必要以上に政治面な影響を受けないように保護されてきたという考え方を支持するよりも、原則の矛盾点を裏付ける証拠の方が多い」（Quinn 1997：153）ことが示された。

　こうしたことから、クインは、英国における「アームズ・レングスの原則」について、「政府とアーツカウンシルとの関係を正しく表現したものではなく、またこの表現が登場して以来、一度もそうであったことはない」（Quinn 1997：128）と評価している。

　結論として、アームズ・レングスとは政策ではなく、まして、原理や原則という存在でもなく、あくまでも理想として、あるいは概ね便宜上の言い訳として存在してきたものと考えられる。

5 ケインズの思想

以上に整理したとおり、英国におけるアーツカウンシル及び「アームズ・レングスの原則」は政治からの介入にさらされ続けてきた。ところで、その提唱者とされるケインズは、そもそも「アームズ・レングス」についてどのように構想していたのであろうか。

　実は、「アームズ・レングス」という用語は、ケインズによる芸術文化関係の著作の中には確認できない。また、Upchurch が指摘しているように、「もちろん、ケインズが『アームズ・レングス』と名付けたのでもないし、『距離を置く』という概念の最初の提唱者でもなかった」（Upchurch 2011：72）のである。

　「アームズ・レングス」という用語自体は古くから使用されてきた歴史がある。ただし、アーツカウンシルが誕生する以前の「アームズ・レングス」は、もっぱら「独立企業会計の原則」という意味で使用されてきた。この「独立企業原則」とは、企業が課税を回避することを目的として、関係する企業との取引において価格を操作することを排除するために確立された原則である。そして、OECD（2010）は加盟国の企業が国際的な取引をする際に、「企業の利益水準に関して、特殊な条件下での影響は除去されるべきである」と規定している。換言すると、独立企業原則とは「関連者間取引で設けられる特殊な条件を排除し、各企業が独立企業として活動する環境を設定する」（江波戸 2003：96）ことである。この「独立企業原則」は、1933 年の国際連盟「事業所得に関する条約草案」により国際的なルールとして確立された、といわれている（望月 2004：102）。

　では、ケインズが「アームズ・レングス」について直接言及していないのだとすると、「アームズ・レングス」という用語がアーツカウンシルと結びつけて語られるようになったのは、いったいいつからなのであろうか。

　「アームズ・レングス」という言葉がアーツカウンシルと結びつけて記述されたのは、シカゴ大学教授であった Weiss（Roger W Weiss）が 1974 年の The Musical Times に寄稿した "The Supply of the Performing Arts" がその初出であると推定される[17]。アーツカウンシルについて「顧客から距離を置く関係（arm's length）でありつつも、

顧客にとって必要不可欠な存在であるという点で銀行家のようであるが、また、顧客に要求や命令をしないように慎重にふるまっている」(Weiss 1974：937) と説明しており「アームズ・レングス」は一種の比喩として使用されている。

そして 1975 年、英国教育省 (ministry of Education) の事務次官等を歴任したRedcliffe-maud 卿 (John Primatt Redcliffe-Maud) が作成した報告書の中で、「アームズ・レングスの原則」は初めて定義された、とされている (Hewison 1995：147)。この報告書の中で、アームズ・レングスについて「アーツカウンシルが 1946 年に創設されて以来、1975 年から 76 年にかけては 2,800 万£ もの税金が議決された背景となる原理である」(Redcliffe-Maud 1976：24) と記述されている。もっとも、モード卿はアームズ・レングスの原理に対して諸手を挙げて賛成しているわけではなく、「芸術支援のこうしたしきたりはこの数年にわたって確立されたが、政治家も官僚政治家も最良の方法とは思っていない。こうした状況がこのまま続くと、アーツカウンシルを解体するか、あるいはアームズ・レングスの原則を放棄するかという究極の選択 (madness) になるだろう」(Redcliffe-Maud 1976：24) と指摘している。

翌 1976 年の 3 月、Arts Council of Great Britain の年次報告書 (1975-1976) が発表された。その報告書の中で、アーツカウンシルは、モード卿が作成した報告書を引用しつつ、アームズ・レングスの原理を「政党政治の影響および気まぐれから芸術家および芸術団体を隔離することを意味する『緩衝 (buffer) の原理』」と呼び変えて、「これはまさにアーツカウンシルの存在理由そのもの」と評価した (ACGB 1976：10)。ただし、この時点では、アームズ・レングスの原則は「政府による干渉」という意味ではなく、むしろ「民主主義に対する防御」として意味づけられていた (Hewison 1995：176) 点に留意が必要である。

その後 1979 年に、1975 年から 1978 年までアーツカウンシルでの勤務経験のある文芸批評家のウィリアムズが、"The arts council" の中で「仲介機構 (intermediate) か独立機構 (arm's length) か」という章を設けて、アーツカウンシルの独立とは、中央政府が予算を決定するという制約の中で与えられた独立であると述べている (Williams 1979：157-171)。そして、「アームズ・レングスの原則」が、アーツカウンシルのレトリック (言葉のあや) として、現在も使用されている意味でよく知られている用語となったのは、このウィリアムズの論文が発表されて以降であると推測される[18]。そして、その後はアーツカウンシル自身も、この定義を流用するようになっていったのである。

さて、次の疑問としてあげられるのは、では「アームズ・レングスの原則」について言及していないケインズが、どうしてその提唱者と称されるようになったのであろうかという点である。その背景には、ケインズがアーツカウンシルの初代の会長であったことだけではなく、ケインズの2つの思想が関係しているものと推測される。その1つは「半自治的組織」という組織の提案であり、もう1つは「芸術家の自由」という概念である。

ケインズは、1925年に発表した「私は自由党員か」という小論の中で、「われわれの課題は、できるかぎり地方分権化し、権限委譲をすることです。そして、特に、新旧を問わず、政府の職務を委任する、半独立的な企業および執行機関を設立しなければなりません」（Keynes 1925：167）[19]としており、ここで「半独立的組織（semi-independent corporations）」という概念を提起している。

またケインズは、翌1926年に発表した「自由放任の終わり」というテキストで、この「半独立的組織」という概念をさらに発展させている。ケインズは「半自治的組織（semi-autonomousbodies）」という概念を提起し、その組織は「日常業務では、決められた範囲内でほぼ自治組織として活動するが、最終的には議会を通じて表現される民主主義の主権に従うべきである」（Keynes 1926：195）と説明している。そして、そのような組織体の例として、「大学、イングランド銀行、ロンドン港管理公団（中略）、鉄道会社」（Keynes 1926：195）をあげている。

なお、この「自由放任の終わり」においてケインズはあげていないが、英国博物館（大英博物館）も半自治組織の1つの事例として追加することができる。英国博物館は、「信託者（議会）、受託者（理事会）、運用者（専門家）、および受益者（公衆）の関係」、すなわち「公共文化の信託管理」（伊東 2009：41）を基盤とする組織である。こうした議会と専門家との間の「信託関係」は、「アームズ・レングス」という概念に通底するものがあると考えられる。

さらに1945年のラジオでの演説原稿「アーツ・カウンシル：その政策と期待」において、アーツカウンシルの会長としてケインズは「我々は制度的に独立の、お役所的形式主義から自由な、しかし大蔵省によってファイナンスされ、最終的には議会に対して責任を持つ――議会は、折に触れ我々の支出について票決する際、我々の仕事ぶりに満足していることが必要でしょう――恒久的な機関でなければなりません」（Keynes 1945：499-500）と語っている。ケインズのこれらのテキストが、その後のアーツカウンシルの組織論としての原点になったものと考えられる。

もう1つの「芸術家の自由」という概念が最初に提示されるのは、ケインズが1936年に発表した「芸術と国家」というテキストである。この中でケインズは、「我々のポリシーは、一般的条件のもとで、彼ら（太下注：アーティストおよび文化団体のこと）の仕事と目標を確かめることであり、そして芸術的コントロールは団体と関連する個人にゆだねるということある」(Keynes1936：492)と意見表明している。

　また、上述した「アーツ・カウンシル：その政策と期待」においても、「誰しもが、芸術家の仕事というものは、あらゆる面で、その本質上、個人的で自由な、規制なく、組織化されず、統制されないものだということを承認されると、私は思います」(Keynes1945：500)と述べている。

　さらに、ケインズは新聞記者とのあるインタビューにおいて、「芸術には服従の義務はないのです」(Glasgow1978：341)と語っていた。アーツカウンシルの初代事務局長としてケインズと近しかったMary Glasgowは、「芸術家には芸術家の領域での自由を与えるべきだという主張」が一番ケインズらしい点であった、と回想している(Glasgow1978：338)。ケインズのこれらの発言やテキストに、「アームズ・レングス」につながる思想を垣間見ることができる[20]。ただし、ケインズの思想は、アーツカウンシルが政府から独立しているべきということではなく、芸術および芸術家が政府などから自由独立な存在である、という点に留意すべきであろう。

　以上のように、「私は自由党員か」及び「自由放任の終わり」等で提起された「半自治的組織」という"外形的"な組織のあり方と、「芸術と国家」及び「アーツ・カウンシル：その政策と期待」等で語られた「芸術家の自由」という"内実的"な運営の理念が相俟って、「アームズ・レングス」の提唱者という役割が、ケインズに後世に付与されたものと推測される。

　「アームズ・レングス」という概念は、もともとは1933年に国際的な企業取引のルールとして確立された「独立企業原則」を語源としており、それが1970年代前半にアーツカウンシルの運営に関する比喩として使用され、それが転じて、1970年代後半頃にはアーツカウンシルの理念として援用されるようになったものである。そして、その後になってアーツカウンシル自身がこの概念を流用するようになった。すなわち、「アームズ・レングス」は、アーツカウンシルの設立当初から掲げられた理念ではなく、設立から30年ほど後の時代に、その理論を後付けで説明する表現として登場したものなのである[21]。

6 あらためてケインズに学ぶ

ケインズが「アームズ・レングス」という概念の提唱者でなかったとすると、ケインズは、アーツカウンシル及びその活動を通じて文化芸術の分野にいったいどのような貢献をしたのであろうか。また、今日あらためてケインズの考え方を振り返った場合、今後の文化政策のあり方について、どのような示唆を見出すことができるのであろうか。

アーツカウンシルの最大の意義は、アーツカウンシルという文化芸術の専門家による組織が組成されたこと以上に、中央政府が芸術文化の振興を全面的に支援するようになったことがより重要なポイントであると考えられる。

ケインズが「芸術と国家」の中で「我々は国家が非経済的な目的のために半ペニーでも支出することは、はっきりと悪であると自ら言い聞かせてきた。教育や公衆の健康さえも、それらが『引合う』という論拠に基づく経済的偽名のもとで、辛うじて生き延びているにすぎない。(中略) 我々は今や、国家の義務と目的、名誉と栄光の観念において、そんなにも低く堕落してしまったのである」(Keynes 1936 : 470-471) と述べているとおり、アーツカウンシルが創設される直前は、経済政策を中心に政策全般で「自由放任」があるべき基本だという風潮が強い時代であったのである。

的場が指摘しているとおり、ケインズは名著『雇用、利子、お金の一般理論』において、「それまでの自由放任・安価な政府という考えを 180 度転換させ、政府が民間の経済活動を積極的に補助する混合経済の考えを登場させた」(的場 1993 : 264)。そしてケインズは、この古典経済学を大転換した革命的な考え方を文化政策の分野にも導入したのである。すなわち、文化芸術の分野に公的資金を導入して、文化団体が新しい創造活動に乗り出すように促したことこそが、ケインズによるアーツカウンシル設立の最大の意義であったと言えよう。

今日の社会からみると当たり前のように思えてしまうことであるが、文化芸術の

振興に関して「自由放任」ではなく、政府が主要な役割を果たすという点は、当時としては画期的な思想であったと再評価できよう。しかも、より自由主義的な政策を基本とする保守党の政権において、アーツカウンシルが誕生したことは極めて興味深い。

　Baumol & Bowen が舞台芸術の経済構造を実証的に分析し、公的支援の必要性を理論的に提起したのは 1966 年のことであるが（Baumol & Bowen 1966）、その 20 年前に、当時のケインズ及び英国政府が芸術文化に資金提供すると判断した背景には、大きな Public（公共性）の存在があったものと推察される。ケインズは、「アーツ・カウンシル：その政策と期待」において、「我々の戦時の経験は、既に我々を 1 つの明確な発見に導きました。即ち、まじめな素晴らしい娯楽への満たされざる需要であり、巨大な公衆です。それは確かに数年前には存在しませんでした」（Keynes 1945：501）と述べている。

　すなわち、第二次世界大戦後の時代において、巨大な公衆による文化芸術に対する需要という「公共性」を背景として、アーツカウンシルを通じて中央政府が財政支出するという構造がケインズによって確立されたのである。

　もっとも、芸術文化を取り巻く"公共性"の内容は当然のことながら時代によって変化する。ゆえに、今日におけるアーツカウンシルは、新たな"公共性"を開拓し、これを政策や事業として戦略的に再構築していく必要がある。そして、こうした取り組みのためにも、今まで以上に、文化芸術振興のための財源が必要となる。

　一方で、アーツカウンシルのアームが必要以上に"太い"場合、すなわち、（アーツカウンシルを通じた）中央政府による文化芸術支援が巨額である場合、財政政策において政府支出の拡大が民間需要を抑制するという「クラウディング・アウト（crowding out）」と同様の事態が文化芸術セクターにも起こる懸念がある[22]。具体的には、中央政府が文化芸術支援をあまりに強力に推進することによって、（中央政府以外の）地方自治体や民間の企業メセナによる文化芸術支援を抑制してしまうという懸念である[23]。

　また、芸術支援の財源が多様ではなく、もっぱら中央政府の所管するアーツカウンシルが資金提供者の役割を担う場合、理論的には、アーツカウンシルと芸術セクターとの間の"アーム"は固着化し、アームズ・レングスはより機能しなくなるという懸念がある。

　こうしたことを勘案すると、今後の文化芸術支援において必要な政策の 1 つと

して、財源の多様性の確保が極めて重要であると考えられる。ケインズは「近代世界においては、芸術は古い時代における裕福な階級の庇護に代わるべき新しい後援を要求しているという意見を持っていた」(Harrod 1951：575) とのことである。今日においては、中央政府だけでなく、中央政府に拮抗する規模感のある、多様な文化の後援者の開拓がより重要な課題となりつつあると考えられる[24]。

同時に、政府の役割としては、民間セクターの支援者ではできないことを中心として文化芸術の支援を行うべきである。ケインズが 1926 年に「自由放任の終わり」で述べていたとおり、「政府にとって重要なのは、民間の個人がすでに実行している活動を行うことではないし、それを少しばかり上手に、あるいは少しばかり下手に行うことではない。現状ではまったく手が付けられていない活動を行う」(Keynes 1926：198) べきだからである。

本稿において考察したように、「アームズ・レングス」は一種の理想論ではあるが、具体的な政策でもないし、政策を実施するためのアーキテクチャーでもない。こうした性質を持つ「アームズ・レングス」をそのまま現実の政策や組織に実装しようとすると、大きな誤りを犯すこととなる。

もちろん、資金提供者（政治家、官僚機構など）と芸術セクターとの間に、何らかの緩衝材となるような機構は必要であろう。ただし、それは「アームズ・レングス」というナイーブな理想論で表現されるべきものではない。言説の次元で抽象的な理念のみを抽出して議論をしても、実践的な政策には有用ではない。理念ではなく、より実践的な政策のデザインが必要なのである[25]。

注
1) 英国内閣府による "Public bodies 2013：summary data" によると、2013 年時点で Executive NDPB は 175 法人が存在している。このうち、Department for Culture, Media and Sport が所管する Executive NDPB は 33 法人である。Cabinet Office<https://www.gov.uk/government/publications/public-bodies-2013/public-bodies-2013-summary-data>（参照 2014-06-17）。
2) なお、ここで「アームズ・レングスの原則」とは、今日においては ACE だけに適用されるものではなく、すべての NDPB に共通する原則であるという点に留意が必要である。
3) 後藤 2001, p53
4) 吉本 2011, p56
5) 野村総合研究所 2013, p24
6) ACE. "Arts Council Chair calls for defence of the arms-length principle". (2009.11) <http://press.

artscouncil.org.uk/Press-Releases/Arts-Council-Chair-calls-for-defence-of-the-arms-length-principle-38a.aspx〉（参照 2014-06-17）．

7) 2010年5月に保守党と自由民主党の連立政権が誕生して以降の時期は「第5期」と位置付けられるが、この時期の評価に関しては、今後の政権交代後に発表されるであろう研究に委ねたい。

8) Harrodの指摘する、アーツカウンシルを「大学と同列においた」という点に関しては、学術・研究の内容そのものについて独立性があるという「大学における自治」のあり方が、アーツカウンシルの運営に対して参考になるかもしれないという示唆をもたらす。

9) アーツカウンシルの予算は、各年のAnnual Reportによる。1946年から2000年までの分はACEのReference Onlineから入手。2001年以降の分はACEのウェブサイトから入手。

10) アーツカウンシルの第2期は政治的に複雑な時期であった。1964年10月に労働党政権が誕生した後、1970年6月には保守党政権（エドワード・ヒース党首）となるが、1974年3月には再び労働党のハロルド・ウィルソンが政権を奪還する。そして、同党のジェームズ・キャラハンが引き継ぎ、その後1979年5月に保守党のサッチャーが首相になるまで、労働党政権が続く。

11) 「アームズ・レングス」が阻害されるケースとして、先行研究においては人事的な介入が指摘されている。今後は、アーツカウンシルの人事権（カウンシルメンバーやエグゼクティブボードの任命権がどこにあるか）に関する調査・分析も必要であろう。

12) 二重括弧の部分は、Shaw, R and G, Shaw, (1992) "The Cultural Setting." 2-44 in B.Ford (ed.) .Modern Britain-The Cambridge Cultural History.Cambridge：Press Syndicate of the University of Cambridge. よりの引用．

13) マーガレット・サッチャー首相のこと。

14) 前述したとおり、1994年、アーツカウンシル（Arts Council of Great Britain）は the Arts Council of England, the Scottish Arts Council and the Arts Council of Wales の3つの地域に分割された。また、ACEはその他2つのアーツカウンシルに対してリグラントを行っている。さらに1994年以降は、中央政府からだけではなく、国営宝くじのからもACEに対して資金が拠出されるようになった。したがって、1994年前後でのアーツカウンシルの予算を比較する際には、これらの要因について留意が必要である。

15) なお、文化予算の分析を厳密に行うためには、①政府の全体予算における比率、②各年度のインフレ率、等の要因も考慮する必要があるが、これらについては今後の研究に委ねたい。

16) 国際機関 United Cities and Local Governments（UCLG；都市・自治体連合）によって2004年に提唱された文書。文化発展のために基盤を構築する使命が都市及び地方自治体にあることが記されている。

17) Google Scholar にて、"arm's length" 及び "Arts Council" の両方のキーワードをクロスさせたうえ、年代を特定して検索したところ、1973年以前では関連する論文を検索結果の中に見出すことができなかった。年代を1974年に特定して検索すると、"The Supply of the Performing Arts" を検索結果として確認できる。

18) Williams1979 は、1981年以降で計32件の文献に引用されている（By Google Scholar）．〈参照 2014-06-17〉．

19) 訳文については、宮崎義一の訳を元に、筆者が修整した。

20) 興味深いことに、実はケインズ自身は「アームズ・レングス」を実践していない。持元によると、ケインズがその創設に参加したロンドン芸術家協会において、ケインズはその活動に口をはさみ、その結果として芸術家たちと争ってもいる。こうした事実から、持元は「ケインズは、ロンドン芸術家協会での経験から、"芸術のことを芸術家にまかせる" という教訓を身をもって知ったと考えられる」（持元 2001,p25-26）と推測している。

21) 倉林（1995,P94）が指摘しているとおり、「アームズ・レングスの原則」をアーツカウンシルが公式に導入したのはいつであったのかという点は、すこぶる興味深い問題である。2014年10月7日、英国のアーツカウンシルでのインタビュー調査の結果は「公式な導入の年月は不詳」とのことであった。今回の研究においては、それを特定できる文献を発見することができなかったので、今後の研究課題としたい。

22) 念のため付言しておくと、現在の日本の中央政府による文化芸術支援について、「巨額」であるとは筆者が考えているわけではない。むしろ「極めて少額」であると客観的には評価できよう。

23) 前述のとおり、1994年、アーツカウンシル（Arts Council of Great Britain）は the Arts Council of England, the Scottish Arts Council and the Arts Council of Wales の3つの地域に分割された。今後、日本において地域型のアーツカウンシルの実現に関して検討する際には、スコットランド及びウェールズのアーツカウンシルの経験が参考なると考えられる。たとえば、スコットランド・アーツカウンシル（現 Creative Scotland）は、政府から、そして母体であるアーツカウンシル・イングランドからの"2つの距離"をとるという、「二重のアームズ・レングス」の状態に長らくあり、そうした状況の下で独自の文化を発展させてきた（Galloway & Jones2010）。この事例のように、中央政府と地方政府の「アームズ・レングス」も重要な検討テーマである。

24) この点に関しては本論の主要な検討課題ではないが、以下に7項目のイメージを提示しておきたい。1つは、中央政府の財源をいったん十分に拡充したうえ、これを道州などの単位に分割するという方法。2つ目は、英国のDCMSがクリエイティブ産業の振興において実施したことと同様に、他省庁の予算を文化振興に転用するという方法（太下2009b）、3つ目はIR（カジノ）の収益等、新たな財源を元に文化振興の基金を設立するという方法、4つ目は、地方自治体における文化振興基金及びアーツカウンシルの設立を中央政府が側面から支援するという方法、5つ目は、民間企業によるメセナ活動のさらなる充実と多様な民間基金の造成という方法、6つ目は、2013年末の日本の家計の金融資産残高が1645兆円にも達している中で、寄付の文化を醸成していくとともに、特に遺贈によって「文化の世界に名を残す」という文化を醸成していくという方法。最後に7つ目は、クラウドファンディングのようなP2P等、新しい寄付や資金調達を創造するという方法である。

25) ケインズの評伝『ケインズの闘い』の著者 Dostaler は、経済政策や社会政策に関して、「治療法は、教条的で決まりきった方法で処方されるべきではなく、状況・時期・場所に応じて変わってくるものである。このような意味において、『ケインズ政策』なるものは存在しない」（Dostaler 2008, p567）と喝破している。そして、この指摘は「アームズ・レングス」という言説を巡る文化政策にも当てはまる。

第 3 章

英国：クリエイティブ・スコットランド

1 スコットランドのアーツカウンシル

第2章では、イングランドのアーツカウンシルであるACEについて分析を行った。実は、日本では従前よりアーツカウンシルに関する研究が行われているが（たとえば、太下2014等）、そのほとんどがイングランドのアーツカウンシルを対象とした研究である。

ただし、イングランドのアーツカウンシルは、2012年のオリンピック文化プログラム実施の時点で、約560名もの人員をフルタイムで雇用する大組織であった。一方で、公務員の定員の削減が進行する日本の現在の状況において、このように大規模な外郭団体的な組織を新設するという政策は現実的ではない。

こうしたことから、日本版または地域版のアーツカウンシルの実現に向けて、イングランドではなく、スコットランド、ウェールズ及び北アイルランドのアーツカウンシルの経験を分析することがより有意義であると考えられる。

実際に、関西経済同友会では関西におけるアーツカウンシルのあり方に関して自主研究を進める中で、とりわけスコットランドの文化政策が参考になるとして、2011年に現地を視察し、スコットランドのアーツカウンシルであるクリエイティブ・スコットランド等のヒアリング調査を実施している。

なお、2006年に第28次地方制度調査会が「道州制のあり方に関する答申」を行い、その後2013年には自民・公明両党が道州制推進基本法案をまとめている。そして、2016年4月には自民党道州制推進本部が道州制の党内議論を再開したと報道された（毎日新聞2016年4月26日）。都道府県を再編して国の権限や財源を地方に移譲する「道州制」が実現すれば、スコットランドにおいてクリエイティブ・スコットランドが設置された事例は日本の文化政策においても大いに参考となるであろう。

特に、上述したとおり、オリンピックの文化プログラムを全国で実現していくために、その文化プログラムを支援及び認定する基盤として「地域版アーツカウンシル」の存在が不可欠であることを勘案すると、2012年にロンドン大会の文化プログラム、そして2014年にコモンウェルス・ゲームズの文化プログラムを経験した

スコットランド[1]のアーツカウンシルについて事例研究を行うことは、日本にとって大いに参考となると期待される。

　上述したとおり、アーツカウンシルに関する先行研究はアーツカウンシル・イングランドを対象としたものがほとんどである。そして、それらの研究においては、最も中心的な課題としてアームズ・レングスの原則が従来から取り上げられており、また、同原則に関して批判的に検証するものが大半であった。

　スコットランドのアーツカウンシルに関しては、アームズ・レングスを中心的課題とする先行研究はほとんど行われていない。そうした中で、Galloway & Jones (2010) が、アーツカウンシル・イングランドとスコットランドのアーツカウンシルとのアームズ・レングスを分析した論文であり、貴重な知見となっている。

　ただし、スコットランドのアーツカウンシルを取り巻く環境としては、イングランド（アーツカウンシル）との関係だけではなく、実際のところ、スコットランドの政府・議会の動向、スコットランド独立運動に関する動向、文化政策の変更や文化政策関連組織（アーツカウンシル）の改編等、考慮すべき要因が多数ある。

　そこで、以下の本稿においては、
1. アーツカウンシル・イングランドとのアームズ・レングス
2. スコットランド政府とのアームズ・レングス（権限委譲と独立運動の動向）
3. 行政改革当局とのアームズ・レングス
4. 地方自治体とのアームズ・レングス

すなわち、「4つのアームズ・レングス」という独自の視点を設定する。そして、これら4つの視点から、スコットランドのアーツカウンシルのアームズ・レングスを巡る課題に関して分析を試みる。

2 クリエイティブ・スコットランドの概要

スコットランドにおけるアーツカウンシルの現在の名称は「クリエイティブ・スコットランド（Creative Scotland）」である。

クリエイティブ・スコットランドは、スコットランド映画評議会（Scottish Screen）とスコットランド芸術評議会（Scottish Arts Council）が統合され、2010年7月1日に設立された組織である。

前身の2組織より広範囲にわたる芸術、映画、クリエイティブ業界を網羅し、その活動への投資、援助、開発の役目を担っている。その運営にあたっては国家助成を受けており、また、国営宝くじの収益をスコットランド芸術分野に分配する責務も負っている。

クリエイティブ・スコットランドの2014年から2024年の10年間のビジョンは、「我々は、スコットランドが、誰もが積極的に価値を認め、私たちの生活や私たちが住み、その想像力と物事のやり方を継続的に広げる世界の鼓動として、芸術と創造性を賛美する場所、芸術、映画、クリエイティブ産業が、自信に満ち溢れ、繁栄している場所であることを望む」(Creative Scotland 2014：13) となっている。

そして、5つのアンビション（大志）が設定されている（Creative Scotland 2014：17）。

1. 芸術、映画、クリエイティブ産業にまたがる卓越性と実験が認識され、評価される。
2. 誰もが芸術的で創造的な体験をし、楽しむことができる。
3. 場所と人生の質は、想像力、野心と創造力にある潜在能力を理解することで変容を遂げる。
4. 多様で、熟練し、首尾一貫したリーダーシップと労働によって、アイデアに命が吹き込まれる。
5. スコットランドは、世界と繋がった独自のクリエイティブな国である

上述したビジョン及びアンビションを実現するための、4つの主要な事業は下記のとおりである（Creative Scotland 2014：35）。

Funding	芸術、映画、クリエイティブ産業で働く個人や団体に対する**財政支援**
Advocacy	上記のセクターを代表する国内外での**政策提言**
Development	上記のセクターの発展・成長を継続するための**育成支援**
Influencing	芸術、映画、クリエイティブ産業の価値の理解を伝えるための**働きかけ**

　このうち最も中心となる財政支援については、以下のとおり3種類の支援が実施されている（Creative Scotland 2015a：14）。

1	レギュラー・ファンディング	芸術、映画、クリエイティブ産業に関する団体に対して3年以上の助成。GBP150,000£〜で、合計GBP100m£。
2	オープン・プロジェクト・ファンディング	芸術、映画、クリエイティブ産業に関する個人と団体を対象に、プログラムやプロジェクトに対する2年以内の助成。GBP1,000£からGBP150,000£で、合計GBP10.5m£。
3	ターゲッテッド・ファンディング	特定のセクターやプロジェクト、地理的領域（フィルムやテレビ・プロダクションを含む）における特定の目的に対する助成。

　そして、これらの助成のうち、中核となる「レギュラー・ファンディング」で2013年から2014年に財政的な支援をした団体は合計119団体もあり、うち20団体は新規であった。これらの団体において、3,786名のスタッフが雇用され、4,764名のボランティアが活動している。また、スコットランドや英国全土において、885の場で行われたツアー活動に活用されている（Creative Scotland 2015b：10）。
　こうした事業を実現するためのクリエイティブ・スコットランドのフルタイム雇用スタッフの平均人数は、設立された2010年以降、現在も概ね100人前後で推移している。
　また、2015年度の総予算は、83.3m£であり、このうちスコットランド政府からの助成金が50.9m£、国営宝くじ基金からが32.5m£となっている。

3

歴史的変遷

以下においては、2007年から2008年までの約1年間、クリエイティブ・スコットランドへの移行の責任者であったAnne Bonnerの分析（Bonner 2014）等を参照しつつ、スコットランドのアーツカウンシルの歴史的変遷を整理したい。なお、本論においては、これらの要因のうち、「組織の改編」を最重視し、時代区分を以下のように設定した。

[1] スコットランド・アーツカウンシル（1942年～1994年）

　1942年、英国アーツカウンシルの前身となる音楽・芸術評議会（CEMA：Council for the Encouragement of Music and the Arts）が創設され、同評議会にスコットランド委員会（Scottish Committee）が設置された（Galloway&Jones 2010：27）。

　そして、第二次世界大戦後の1946年に英国アーツカウンシル（ACGB）が創設され、翌1947年にスコットランド委員会（Scottish Committee）が設置された。そして、勅許状の中で、スコットランド委員会がその目的の推進に関して英国アーツカウンシルに対して「助言と支援」をする、という合意がなされた（Siclair 1995：405）。

　その後、1967年に「スコットランド・アーツカウンシル」と改名されるが、1994年にスコットランド政府に権限移譲されるまでは「形式上は英国アーツカウンシルのスコットランド委員会のまま」（Galloway & Jones 2010：27）であり、大きな変化はなかった。

[2] スコティッシュ・アーツカウンシル（1994年～2010年）

　1994年、アーツカウンシル（Arts Council of Great Britain）はthe Arts Council of England、the Scottish Arts Council、そしてthe Arts Council of Walesの3つの地域に分割された。

　ただし、この1994年の組織分割は、「政治的には象徴的な出来事であったにも

関わらず、スコットランド・アーツカウンシルの予算は据え置き」であり、「芸術におけるガバナンスには大きな変化をもたらさなかった」と評価されている（Galloway & Jones 2010：33）。

　実はこの時期は、本体の英国アーツカウンシルに廃止論が持ち上がっていたが、アーツカウンシルには「政府に対する攻撃のシェルターとしての役割」（Taylor 1995：193）があることから、結果として存続することとなった。その一方で、後述するように、スコットランド等の分権化の議論が進展していたのである（石見 2012：1-29）。

　こうしたアーツカウンシル自体の廃止論と、英国全体での分権化という2つの動向が相まって、微妙な政治的バランスの中で、アーツカウンシルの地域分割が実施されたものと推測される。

　そして、このスコットランド・アーツカウンシルは、スコッランドの文化団体に公的補助金を交付するという基本的な役割を担ったが、一方で、「時代遅れの、英国政府のお下がり」（Cornwell 2008：22）と酷評もされた。

[3] クリエイティブ・スコットランド（2010年～）

　前述したとおり、2010年にクリエイティブ・スコットランドが設立され、今日に至っている。

　以上のように外形的な組織論から見ると、スコットランドのアーツカウンシルの歴史的変遷は3つの時期に分割することができる。

　ただし、日本におけるアーツカウンシルの望ましいあり方を検討するにあたり、参考事例となるクリエイティブ・スコットランドのアウトプットとしての事業概要や外形的な組織のあり方を参考とするだけでは不十分であろう。アーツカウンシルを組織形態からのみ分析していては、政策の変遷に関する本質的な考察ができない懸念もある。また、その歴史的変遷を把握したうえで、単に成功事例としてよりも、むしろその課題について学ぶことに、より重要な意義があると考える。

4

アーツカウンシル・イングランドとのアームズ・レングス

　1947年から1994年までの約半世紀におよぶ長い期間、スコットランド・アーツカウンシルは、政府から、そして母体であるアーツカウンシル・イングランドからの"2つの距離"をとるという、「二重の（double）アームズ・レングス」の状態にあった。そして、そのおかげで、「政策についても、資金に関わる決定についても、かなりの自治権を持つことができた」（Galloway & Jones 2010：29）とされる。

　スコットランドのアーツカウンシルの自治を裏付ける主な要素としては3点が指摘されている。1つはスコットランドにおける芸術に対する完全な自治権をACGBがスコットランド委員会に認めたことである。2点目は英国全体の芸術に対する助成金の中で、スコットランド委員会が一定割合を確保していたことである。第3はACGBがスコットランド・アーツカウンシルと政府の間での緩衝装置として機能していたことである（Galloway & Jones 2010：29-30）。

　そして、「二重のアームズ・レングス」のもと、英国政府から遠ざけられていたことによって、スコットランドの芸術団体は、政府からほとんど干渉されることなく、公的助成を受領し続けることができたのである。

　また、このような「二重のアームズ・レングス」のもと、スコットランドにおいてはイングランドとは異なる独自の文化政策が展開されていった。たとえば「ACGBは1950年代に都市部の芸術機関に重点を置くため、主催演劇やコンサートの企画から手を引くという決定をしたのにも関わらず、スコットランド委員会は"主催"の範囲を広げ続け、ウェスタン諸島やオークニー諸島、シェットランド諸島、その他本島の農村地域に至るまで、全国で毎年開催する演劇や音楽、美術展を企画していった」（Galloway & Jones 2010：30）のである。

　そして、前述したとおり、1994年にアーツカウンシルが地域分割されても大きな変化はなかったと評価されていることから、その後2010年にクリエイティブ・スコットランドが創設されるまで、「二重のアームズ・レングス」を継承したものと考え

られる。

　一方、1997年5月に英国政府は、保守党からトニー・ブレアが率いる労働党へと政権交代した。そして同年7月、ブレア政権の下で国家遺産省（DNH；Department of National Heritage）は、文化・メディア・スポーツ省（DCMS；Department for Culture, Media and Sport）に組織改編された。また、ブレア首相は「クール・ブリタニア」というキャッチフレーズを取り入れ、芸術文化やポップカルチャーを国家として支援していくという創造産業政策を開始した（太下 2009：122-131）。

　そして、スコットランドにおいては、1997年4月に、英国全体のクリエイティブ産業に関する動向を先取りするかのようにスコティッシュスクリーン（Scottish Screen）[2] が設立される。この背景としては、1996年にスコットランドで製作された映画『トレインスポッティング（Trainspotting）』が世界的に大ヒットをした点をあげることができる。

　いずれにしても、スコティッシュ・アーツカウンシル本体は「二重のアームズ・レングス」の作用によって、英国政府からの影響はほとんど受けなかったが、創造産業政策に代表される、「狭義の文化政策」以外の領域（クリエイティブ産業など）においては、英国政府の政策や周辺領域の動向が直接的に影響を及ぼしていたと理解できる。

5 スコットランド政府とのアームズ・レングス
（権限委譲と独立運動の動向）

　実はスコットランドのアーツカウンシル及び文化政策により大きな影響を与えていた要因は、スコットランドの「権限移譲」及び「独立運動」の動向であったと考えられる。

　スコットランドの分権の是非を問う住民投票は、直近の2014年9月の投票を含めて計3回実施されている。

　最初は1979年3月であり、投票率は64％、賛成は51.6％であった。2回目が1997年9月で、投票率は60.2％、スコットランド議会の設立への賛成は74.3％で

あった。なお、ウェールズでも同時期に同様の住民投票が実施されたが、投票率は50.1%、議会の設立については50.3%となっており、スコットランドにおける分権化への支持はウェールズと比較して圧倒的に高いという結果となった（石見2012：3-5）。

そして1998年11月、「1998年スコットランド法（Scotland Act 1998）」が施行された。同法において、スコットランド自治政府の法律上の名称は「Scottish Executive（スコットランド行政府）」と規定された（The National Archives 1998）。

[1] 第1期議会

1999年、スコットランドに独自の議会が設立されて権限が委譲された。なお、当時の政府は労働党と自民党の連立政権であった。

2000年から2001年にかけての第1期議会は、環境・スポーツ・文化大臣（Minister for Environment, Sport and Culture）というポストが新設され、労働党議員で神経外科医でもあったSam Galbraithが就任した。2001年11月にJack McConnellが首席大臣に就任し、内閣が改造された。文化政策分野に関しては、文化・スポーツ大臣（Minister for Culture and Sport）のポストが設置され、労働党議員のMike Watson男爵が2003年まで就任した（Scottish Government 2016）。

権限移譲の当初、文化は「国家のアイデンティティを形成する助けになる」として、政策課題の上位項目にあげられていた（Orr 2008：310）。実際、2000年5月14日に当時の連立政権の党首によって発表された共同声明の中においても、「芸術と文化が、新しいスコットランドにおいてコミュニティやシビック・プライドを形成する中心的な役割を果たす」と語られている（BBC 2000）。

また、2000年8月[3]、スコットランドの初めての国家文化戦略であるNational Cultural Strategyが公表される。この文書には次の4つの目標が掲げられていた（Scottish Executive 2001：1）。

1. 創造性、芸術、その他の文化活動を奨励すること。
2. 全ての領域におけるスコットランドの文化遺産を讃えること。
3. 教育、社会参加、人々の生活の質（QOL）向上に対する文化の潜在的貢献度を認識すること。
4. 文化に対する国家の効果的な支援体制を保証すること。

なお、同戦略文書の作成へ向けて調査報告書が作成されているが、同報告書の

中でヒアリング対象となった文化団体や関係者たちの多くは、「現在の文化政策の構造と施策は役に立っていない」（Bonnar Keenlyside 2000：18）と回答している。

2001年、18世紀の紡績工場が立地することで有名なニューラナーク（New Lanark）がUNESCOの世界遺産に登録された。もともと、このニューラナークは1986年に英国内の暫定リストにノミネートされていたものの、その後、実際の登録の話は立ち消えになってしまっていた。それが1999年のスコットランド議会の設立を契機として、スコットランド政府の支援を受け、世界遺産登録の件が復活し、2001年に世界遺産に登録された（山崎他2010：93）。このニューラナークのUNESCO世界遺産への登録は、第一期議会の政治主導による文化政策の象徴的な事例としてあげることができる。

[2] 第2期議会

2003年からの第2期議会において、文化政策に関しては「観光・文化・スポーツ大臣（Minister for Tourism, Culture, Sport）」と所管及び名称が変更され、2003年から2004年にかけてはグラスゴー市議会議長のFrank McAveetyが就任し、2004年から2007年にかけては前・議事大臣（Minister for Parliamentary Business）のPatricia Fergusonが就任した（Scottish Government：2016）。

なお、2003年、当時の首相McConnellがその後の文化政策に大きな影響を与えるスピーチを行っている。「文化は政府のすべての政策に通底する。文化は政府による貧困問題への取り組みの成否を分けるかもしれないし、文化はスコットランドをより健全な場所にすることができ、また、スコットランドの経済振興において重要な貢献をするであろう」（McConnell 2003）。

このマコーネル首相のスピーチに呼応するように、翌2004年4月に最初の文化政策綱領（Cultural Policy Statement）が公表された。この綱領においては、「スコットランドを、活気に満ちた（vibrant）、国際的で、競争力があり、創造的な拠点として国際的に認知されている国家として確たるものにする」（Scottish Executive 2004b：1）と宣言しており、また、「もしも文化振興のための法律が必要であれば、政府は2007年までに法律を制定する」（Scottish Executive 2004b：8）としている。そして、この綱領に基づいて、翌5月に文化委員会（Cultural Commission）が創設される。

翌2005年6月に文化委員会の最終レポートが作成・公表された。このレポートの中で、「政府の出資による文化振興公社（Development Agency）であり、文化セ

クターのすべての分野に補助金を交付する、一元化された組織」として、新たに Culture Scotland という仮称の組織の創設が提案された（Scottish Executive 2005：237）。

　そして、このレポートに対する政府の回答書として、翌 2006 年 1 月に "Scotland's Culture" が発表された。この中で、「スコットランド・アーツカウンシルとスコティッシュ・スクリーンを合併し、同時に National Performing Companies の所管を政府に移すとともに、スクリーン・アーカイブをスコットランド国立図書館に移管することによって、「クリエイティブ・スコットランド」と呼ばれる、スコットランドの文化振興のための新しい独立行政法人（agency）を創設する」（Scottish Executive 2006a：29）ことが提案されている。

　そして同年 12 月に、Culture (Scotland) Bill 草案が提出された。この中で、「クリエイティブ・スコットランド」という節が設定され、その中で「文化大臣は、国立文化振興機関は単一であるべきと確信している。文化団体の課題と活動に密接に関わって取り扱う公的機関が 1 つであることは有意義であり、またより効率的なはずである。従って、本草案においてクリエイティブ・スコットランドの創設を提案する」（Scottish Executive 2006b：6）と記述されている。

[3] 第 3 期議会

　2007 年 5 月の選挙で SNP は第一党となり、少数与党政権を樹立した。

　この SNP の新政権発足に伴う 2007 年から 2011 年の第 3 期議会においては、閣外に文化・欧州・対外関係大臣（Europe, External Affairs of Culture）という名称の首相官邸付き大臣のポストが新設され、初代大臣として Linda Fabiani が任命された。同氏は、クリエイティブ・スコットランドに関して、「アームズ・レングスの原則に対して尽力」し、また、「そのような原則を法律の中に記載することが非常に重要である」と述べている（Robinson 2011：53）。

　一方で、"文化" を明示的に所管する閣僚（国務大臣）のポストが廃止されてしまう。なお、内閣で文化を所管していたのは教育・生涯学習大臣（Cabinet Secretary for Education and Lifelong Learning）であり、2007 年から 2009 年は後に文化大臣となる Fiona Hyslop が、2009 年から 2011 年はテレビ局のプロデューサーであった Michael Russell が就任した（Scottish Government 2016）。

　そして、SNP は前政権が提出した Culture (Scotland) Bill 草案の存在はないとい

う立場をとり、その代わりに 2008 年 3 月に Creative Scotland Bill を提出した。

このように Culture (Scotland) Bill 自体は否定されたものの、Creative Scotland Bill の中で新組織である Creative Scotland の創設に関して、スコットランド政府すなわち SNP は「クリエイティブ・スコットランドを創設するという政策を続行すると判断した」(Scottish Parliament 2008：1) と記述されている。

一方、2009 年 2 月、スコットランド政府はクリエイティブ産業に対する政策文書 "SUPPORT FOR CREATIVE INDUSTRIES：ROLES AND RESPONSIBILITIES -CORE SCRIPT" を発表している。同文書において、"CREATIVE SCOTLAND" という項が設けられており、その中で、新しく統合される組織体であるクリエイティブ・スコットランドが創造産業のパートナーとなることが記述されている (Scottish Government 2009：2-3)。

また、2010 年 9 月、文化分野と教育分野との協調政策として、"EDUCATION AND THE ARTS, CULTURE & CREATIVITY：AN ACTION PLAN" が策定・公表された。この文書の中で、「クリエイティブ・スコットランドは、スコットランドの教育分野において重要なパートナーとみなされるべきである」(Scottish Government 2010：1) と説明されている。

この第 3 議会期は、文化を明示的に所管する閣僚が設置されず、政権交代に伴う政策の転換もあったため、ある意味で文化政策は停滞した時期であると言える。

[4] 第 4 期議会

2011 年から現在に至る第 4 期議会においては、文化を所管する閣僚のポストが復活し、文化・欧州・対外関係大臣 (Cabinet Secretary for Culture, Europe & External Affairs) として、元・教育・生涯学習大臣であった Fiona Hyslop が就任している (Scottish Government 2016)。そして就任直後に、創造産業に関する戦略文書 "Growth, Talent, Ambition – the Government's Strategy for the Creative Industries" が発表されている (Scottish Government 2011)。

2012 年 5 月に「2012 年スコットランド法 (Scotland Act 2012)」が成立した (The National Archives 2012)。同法によって、スコットランド自治政府の法律上の名称は、「Scottish Executive (スコットランド行政府)」から「Scottish Government (スコットランド政府)」に正式に変更された。

なお、2012 年は、ロンドン・オリンピックの文化プログラムがスコットランドを

含む英国全土で実施された年でもあるが、オリンピックの文化プログラムに関しては、項をあらためて検討したい。

　そして、2013年6月、スコットランドの文化担当大臣ハイスロップは次のような内容のスピーチを行っている。「最近、英国政府の文化大臣（太下注：保守党議員 Maria Miller のこと）は、文化に対する従前とは異なるアプローチを設定した。そして、文化が経済成長に貢献するという文脈の論拠を構築することを支援するように、文化セクターに対して呼びかけた。私はこの考えに賛成しない。それは、（スコットランド政府の政策として）私が選ぶ未来ではない。（中略）文化及び文化遺産は、経済的な価値ではなく、それ自身としての文化的価値を持っていると認識している」（Hyslop 2013）。

　しかし実際には、行政改革が文化政策に大きな影響を与えていった経緯を次項において概観するとおり、こうした宣言とは全く逆の方向に政策は進展していっているように見受けられる。

　このスピーチの5か月後となる2013年11月、スコットランド政府は来る2014年9月に実施されるスコットランド独立の是非を問う住民投票に先立ち、独立国家スコットランドの青写真を描いた白書"Scotland's Future"を公表する。同白書の第9章は「文化・情報通信・デジタル政策」となっており、文化面での将来像として次のとおり描かれている。「文化と文化遺産が本質的な価値を有しており、また、それらがスコットランドに貢献する価値があるため、独立後のスコットランド政府は、これらを振興・支援する」（Scottish Government 2013）

　ただし、「二重のアームズ・レングス」によってモラトリアム的に保護されてきたスコットランドの文化シーンは、政治的な権限移譲と、SNPによってスコットランド独立運動の一環として文化政策が重視されたことによって、むしろアームが短くなっていったのである。

6

独立と関連する
オリンピック文化プログラム

　前述したとおり、2012年はロンドン・オリンピックの文化プログラムが集中的に実施された年でもある。この文化プログラムは英国全土で実施されたが、特にスコットランドに関しては、「スポーツはロンドン、文化はスコットランドとアピールしていた」（Hyslop 2015）とのことであり、他の地域と比較してより積極的に展開された。

　たとえば、文化プログラムが集中的に実施されたLondon 2012 Festivalのオープニングは、エジンバラのスターリング城でのGustavo Dudamel指揮による野外演奏会"The Big Concert"であった。

　このコンサートを幕開けとしてオリンピックの聖火リレーの到着までの期間に、Scotland's London 2012 Cultural Programmeとしてスコットランドで合計54のプロジェクト、992の公演及び197の展覧会またはイベントが実施された。そして、これらの文化プログラムに対して、観客は67万1,619人、出演者（関係者）は2万4,008人、アーティストは3,148人が参加した（Creative Scotland 2013：14）。これらの文化プログラムの総事業費は4.52m£であり（Creative Scotland 2013：18）、そのうち63%はLegacy Trust UK, LOCOG, ACE等のパートナーからの支援によるものであった（Creative Scotland 2013：7）。

　このようにオリンピックの文化プログラムをスコットランド政府が活用に努めた背景・目的として、次の3つの点を指摘することができる。

　1つは、新しく合併した組織であるクリエイティブ・スコットランドにとって、最初の大仕事であったという点である。すなわち、オリンピックの文化プログラムへの取り組み（Scotland's London 2012 Cultural Programme）が、その後のクリエイティブ・スコットランドのイメージを大きく左右する可能性を持っていたのである。

　2点目は、2012年のオリンピックの文化プログラムは、Glasgow 2014 Cultural Programmeの開催に繋げるかたちで行われたという点である。Glasgow 2014 Cultural Programmeは、イギリス連邦に属する国や地域が参加して4年ごとに開催

される総合競技大会であるコモンウェルス・ゲームス（Commonwealth Games）の第20回大会が2014年にスコットランドのグラスゴーで開催されたことに伴って、オリンピックと同様に、さまざまな文化プログラムが実施されたものである。そして、Glasgow 2014 Cultural Programmeにおいては3,000以上の公演及び3,600以上の展覧会が開催されるなど、2012年のロンドン・オリンピックの文化プログラムを上回る規模で実施された（Creative Scotland 2015c：1）。

　3点目は、前述したとおり、2011年5月のスコットランド議会選挙で、スコットランド独立を公約に掲げるSNPが議会の過半数を占める大勝利を収め、党首のアレックス・サモンドがスコットランド行政府の首相に就任したことである。そして、オリンピックの文化プログラムが実施された2年後の2014年にスコットランドの独立を問う住民投票が実施されることになる。この住民投票に関しては、「SNP政権は、コモンウェルス・スポーツ大会などを通して、ナショナリズム的な盛り上がりが高まったところで住民投票を行うことをねらって」（石見2012：19）いたとされる。

7

行政改革当局とのアームズ・レングス

　1980年代、英国をはじめとする欧米諸国にて、民間企業において行われているような経営手法を取り入れて、競争原理に則った公共サービスを提供することで、国民により効率的で質の高いサービスを提供しようという「New Public Management」という概念が公共政策の分野に導入されていった。しかし、スコットランドの文化政策に関しては、前述した「二重のアームズ・レングス」の影響で、「比較的軽いタッチでNew Public Managementを行っていた」（Galloway & Jones 2010：30）とされる。

　1999年の権限移譲後、芸術に対する資金提供の仕組みに関して、2つの大きな変化があったと指摘されている。1つは国営宝くじ（National Lottery）である。この時期、「ナショナル・ロッタリーからの助成金に関して、非常に厳しい国家基準や

条件が英国国家レベルで設定された」(Galloway & Jones 2010：35) ことである。この点に関しては、「すべての公的助成は、スコットランドの政治的枠組みに足並みを揃えて実施されると言ってもよい」(Orr 2008：315) と分析されている。

　2点目は、大蔵省主導による公共機関の効率性追求及び行政改革運動である。スコットランドにおいては、「National Performance Framework という形式で『集中経済性主導モデル』を実施することによって、さらに手段化が進んでいる」(ibid.) とされる。

　権限移譲後の文化政策に関して、スコットランド政府は「資金提供の内容がアームズ・レングスを侵害するものであるという見方があることを認識しつつも、次第に成果重視の傾向が強まる財政システムのために、この事態は避けられないという見解を持っていた」(Galloway & Jones 2010：34) とみなされている。

　こうした行政改革の一環として、2006年6月に"transforming public services THE NEXT PHASE OF REFORM"が公表された（Scottish Executive 2006c）。

　同文書は、スコットランドにおける公共サービスの抜本的改革に向けての基本方針を掲げたものであり、同文書の発表に伴う取材において、スコットランド政府の Tom McCabe（Thomas McCabe）財政・公共サービス改革大臣は、「Quango と呼ばれる特殊法人の削減を優先して削減する」(Quote 2006) と発言している。

　こうした削減が実施される背景として、スコットランドの公的部門について「労働力の4分の1にあたる約58万人を雇用する巨大な『雇用主』でもあるが、このように組織の数が多いために業務が重複するなど非効率的な面が指摘されていた」(CLAIR London 2006：1) とのことである。

　続く2007年3月、スコットランド国立劇場（NTS；National Theatre of Scotland）を含む National Performing Companies (NPC) 5団体の所管が、当時のスコティッシュ・アーツカウンシルから政府へと移管された（Bonner 2014：139）。このことは、「政府からアームズ・レングスの距離を保った助成ではなく、政府から直接助成を受けることになった」(Robinson 2011：49) とみなされている。ちなみに、NPC5団体の1つである NTS が創設され、『Home』というタイトルの観客参加型の演劇でこけら落とし公演を実施したのは、つい前年の2月のことであった。

　こうした状況に関して、「スコットランド・アーツカウンシル（太下注：またはその後継組織であるクリエイティブ・スコットランド）経由の助成によって与えられていた、政府からアームズ・レングスの距離を保っていた立場を失ったことで、資金こ

そ得られたものの、NTSは政治的な意思決定の緊急性や気まぐれに影響されやすい立場におかれている」(Robinson 2011：54) と評価されている。また、このことは、「NTSが政府からの要請に応じることに難色を示せば、結果として金銭的な制裁を受けるか、あるいは最終的には"国立"の看板を失う可能性もある」(ibid.) とも懸念されている。

　なお、NTSとして判断される基準（National Performing Company Criteria）に関して、政府は8項目を提示している（Scottish Government 2015a）。このことは、「理論上、一定の基準を満たせば、スコットランドに拠点を置くどの劇団・劇場も"国立"の資格を申請できる」(Robinson 2011：52) ことを意味している。すなわち、現在のNTSが政府からの要請に応じることに難色を示した場合、すげ替え可能な組織体になったということを意味しているのである。

　スコットランドの独立を問う住民投票の実施（2014年9月）に先立つ同年6月に、NTSは「独立についてどう考えるか」を問答する5分間の演劇 "The Great Yes, No, Don't Know Five Minute Theatre Show" をスコットランドの200カ所及びWeb上で上演した。この作品は、「観客の誰もがスコットランド独立にまつわる5分間の演劇を制作し発表することができるという自由参加型演劇で、1つの声ではなく多様な声を届けること」(国際交流基金 2014) に焦点が当てられていたとのことである。しかし、国立の劇場がこうした作品を制作・上演すること自体が、スコットランドの独立に関して世論を喚起しようと図っているSNP政権の目標に沿うものであると考えられる。

　なお、こうした（NTSを含む）NPCを巡る行政改革の動きと並行して、スコットランドのミュージアムを取り巻く環境も大きく変化していった。2007年、スコットランドにおける博物館セクターの国家的な開発を担う機関であるスコットランド博物館・ギャラリー（MGS；Museums Galleries Scotland）が、スコットランドの国家としてのアイデンティティや多様性を象徴する重要なコレクションなどを国立美術館・博物館・ギャラリーの所蔵品・コレクションなどとは別に認定し、その発展に対し助成を行うことでより多くの人々に親しんでもらうことを目的として「認定（Recognition）スキーム」を開始している。これはスコットランド政府の政策を、MSGが政府に代わり管理し、助成しているものである（Museums Galleries Scotland 2014：2）。

　その後2010年からMGSは、博物館や美術館におけるサービスの成果を評価す

る仕組みとしてQuality Improvement Frameworkを導入している（Museums Galleries Scotland 2010：1-3）。

すなわち、この時期にはミュージアムの分野においても、アームズ・レングスの原理ではなく、政府による直接的な文化政策や行政評価が実施されるようになったのである。

さらに同じ2007年に、スコットランドの図書館及び情報推進協議会（SLIC；Scottish Library and Information Council）によって、公立図書館サービスのための品質改善ツールである「公立図書館品質改善マトリクス（PLQIM；A Public Library Quality Improvement Matrix for Scotland）」が開発された（Scottish Library and Information Council 2014：4）。

その他、2007年から、文化の分野に関しても「国家指標（National Indicator）」のデータ収集が開始された（Scottish Government 2015c）。

以上のようにスコットランドに権限委譲がなされた1999年からSNPが第一党となる2007年にかけての時期に、ミュージアムや公立図書館など、文化政策の近接領域から、行政改革と中央集権化が同時に進行していったのである。

そして、この時期については、「英国アーツカウンシルからの権限移譲を受けて、スコットランド・アーツカウンシルが直接的に予算決定に影響力を持つことができるようになり、スコットランドは前進したように見えた。しかし、現実は異なり、もっと複雑なものであった」（Galloway & Jones 2010：36）と評されている。

その後2010年3月に、公共サービス改革法案（Public Service Reform Bill）が議会に提出された。これは2008年に、3年後の2011年までに、公共機関の数を199から121まで削減（合併）させるという公共サービスの簡素化（Simplifying Public Services）に関する政府の公約（Scottish Government 2008）が公表されたことを背景としている。

すなわち、スコティッシュ・アーツカウンシルを解体し、新組織に移管するために必要な法案は、文化政策の分野ではなく、政策全般を網羅する上述の公共サービス改革法案に含まれることとなったのである（Stevenson 2014：179）。換言すると、NSPは文化政策の一環としてクリエイティブ・スコットランドの創設を判断したのではなく、基本的には政府関係機関の効率化という背景・目的の中で、スコティッシュ・アーツカウンシルとスコットランド・スクリーンの合併を決定・実施したのである。

この法案提出の前年である2009年1月に、国立の主要な文化機関であるスコ

ティッシュ・アーツカウンシルとスコットランド・スクリーンを合併し新組織のクリエイティブ・スコットランドを創設するという企てに関して、スコットランド議会議員（MSP：Member of the Scottish Parliament）に対して、投票で否決するように呼びかける文書に、440名のアーティスト、作家及び製作者が署名した。この背景として、アーティストたちが、「新しい組織を設定するための莫大なコストは、資金面でしわ寄せを受けることとあいまって、結果として、アーティストや文化団体に対して不利益な補助金の削減を必ずもたらす」と信じていることが指摘された。合併のためのコストは公表されなかったけれども、約200£から700万£と見積もられた（Miller 2009：3）。

このような動向の中で、2010年7月にスコットランド・アーツカウンシルとScottish Screenが合併して、クリエイティブ・スコットランドが誕生したのである。

そして、行政改革がスコットランドのアーツカウンシル及び文化政策に大きな影響を与えていく過程で、大きな混乱も生じていった。

この"混乱"が発生するきっかけとなったのは、「60の組織に対して非公式の周期に基づき、2年から3年単位の助成を行う『柔軟性のある助成（flexible funding）』として知られる助成の仕組みを廃止する計画が持ち上がった時のことであった」（Stevenson 2014：180）とされる。「柔軟性のある助成」とは、高い水準の創造的活動を行う芸術団体に対して助成される仕組みである。当該作品の全部でなくてもよいが、大部分がスコットランドにおいて制作され、かつ提供・公開される必要がある。そして、2012年における廃止の直前である2010年には、スコティッシュ・アーツカウンシルとスコットランド・スクリーンの合同理事会は、この「柔軟性のある助成」として、年間798万£を2011年から2013年の3年間にわたって助成すると公表していた（Scottish Arts Council 2010）。

「柔軟性のある助成」の意義は、以下の3点に整理することができる。

1つは、複数年にわたって継続される助成であったので、団体の活動に中期的な安定性をもたらすこと。2点目は、プロジェクト単位ではなく、活動全般に対する支援であることから、実質的には経常補助のようなかたちで運用されたと推測されること。3点目は、トリエンナーレのような数年に一度のプロジェクトへ向けての活動も資金的に保証されていたこと、である。

しかし、クリエイティブ・スコットランドは、設立された翌年の2011年に、最初の3カ年計画である"INVESTING IN SCOTLAND'S CREATIVE FUTURE"の中で、

2013年から柔軟性のある助成に替えて、「戦略的委任（Strategic Commissioning）」という新しい助成システムを導入すると発表した（Creative Scotland 2011：35）。

一方で、「柔軟性のある助成」に関しては、「現実問題として、アーティストが芸術活動において危ない橋を渡るためには、ある種類の安全なベースが必要である。そして、近年のスコットランドにおいて、このための最も一般的であった仕組み」（Bonnar 2012）であったと評価されている。こうした助成が廃止されてしまうことによって、「クリエイティブ・スコットランドの助成に強く依存するかぎり、理事会と有給スタッフたちを雇用する伝統のある小規模な文化団体の活動は、持続不可能となってしまっている」（Bonnar 2012）と批判された。

オリンピックの文化プログラムが終わった翌10月8日に、まるでクリエイティブ・スコットランドの忙しさが一服するのを待ち構えていたかのように、スコットランドの100名のアーティストが、クリエイティブ・スコットランドの会長であるSir Sandy Crombieあてに、「小規模な文化団体に対する、2～3年単位の安定した補助金を維持すること」等の7項目の要望を記述した公開質問状を送付した（Higgins 2012a）。こうしたことから2012年は「混乱（Stooshie）の年」と名付けられている（Stevenson 2014：179-180）。

このような"混乱の年"を経た2013年1月に、クリエイティブ・スコットランドの初代CEOであったAndrew Dixonが「スコットランドの芸術コミュニティから尊敬を得られなかったことに失望して」（Higgins 2012b）、その職を辞任した。

現在のクリエイティブ・スコットランドは、2014年から2024年までの10年間にわたる長期計画"Unlocking Potential, Embracing Ambition"の初期段階という位置づけにある。同計画の目次に"working with government"というタイトルが掲げられており、このタイトルが象徴しているように、「政府とともに活動すること」が現在の主要な目的となっている（Creative Scotland 2014b：52）。

こうした経緯を踏まえ、クリエイティブ・スコットランドは、「スコットランド政府が採用した数あるガバナンス・ツールの1つであり、政府の戦略的目標（中略）を達成するため、スコットランド国内における文化の制作に対して、権力を行使するために使われている」（Stevenson 2014）と批判されている。

以上のように、スコットランドのアーツカウンシルは、イングランドから分離・独立したものの、その一方で、独立運動や行政改革という大きなうねりに巻き込まれ、政治とのアームはむしろ短くなっていったと指摘できる。

8

地方自治体との
アームズ・レングス

スコットランドの文化政策において未解決の領域の1つとして、「英国議会、スコットランド議会、そしてスコットランド議会、そしてスコットランドの32の地方自治体を含む、統治機関の権限、支配権、職務の相関関係」があると指摘されている（Bonner 2014：137）。

スコットランドの地方自治体による文化（Cultural and Related Services）に対する総支出（Net Expenditure）は、2013-2014年期に6億2,000万£（Scottish Government 2015b）にも達しているのに対して、前述したとおり、クリエイティブ・スコットランドの2015年度の総予算は8,330万£にとどまっている。ちなみにスコットランドと同様に、日本においても地方自治体の文化予算の合計が文化庁の予算をはるかに上回っている。

こうしたことから、スコットランドの文化政策を考察するにあたっては、国（クリエイティブ・スコットランド）だけではなく、地方自治体の文化政策を合わせて把握する必要がある。

スコットランドにおける地方自治体の文化政策に関しては、Local Government and Planning (Scotland) Act 1982 の43章14条において、「レクリエーション、スポーツ、文化的及び社会的な施設と事業の提供に関連する島嶼またはディストリクト（太下注：日本の市町村に該当する地方自治組織）の議会の義務」について謳われている（The National Archives 1982）。

そして、スコットランドにおける地方自治体の文化政策に関しては、グラスゴー市が最も顕著な事例となっている。地方自治法が施行された翌1983年、グラスゴー市において、マイルズベター・キャンペーン（Glasgow's Milles Better Campaign）が開始される。このキャンペーンは、グラスゴーにつきまとう失業や犯罪に悩まされる工業都市という従来のイメージを一新し、新しいイメージを再構築することを目的としていた（渡部 2009：241）。また、同キャンペーンと歩調を合わせて文化活動が活発化していった。マイルズベター・キャンペーンと同年から、グラスゴー最大の芸術祭であるメイフェスト（Mayfest）が開始された（渡部 2009：242）。

そして1990年、グラスゴー市において欧州文化都市（European City of Culture、2005年以降の名称は欧州文化首都；European Capital of Culture）が開催される。
　グラスゴー市は欧州文化都市を中核とする文化政策の展開によって、グラスゴー市の社会・経済に以下のような3点の大きな変化が生じた。1つは市民の同市に対するイメージの改善、2点目は文化消費の拡大とツーリズムの進展、3点目は創造産業の発展、である（渡部2009：256）。
　一方で、前述したとおり2000年8月に、スコットランド初の国家文化戦略"National Cultural Strategy"が公表されたが、この戦略には「地方自治体を戦略体制に含めるところまでは至らなかった」とされている（Orr 2008：311）。これに対して2002年9月、政府は同戦略を実施するにあたっての地方自治体向けのガイド"Implementation of the national cultural strategy：draft guidance for scottish local authorities"を作成・公表した。そして、同ガイドの中で、「文化の提供が、地方自治体の9つの重要な活動分野において主要な役割を果たす」と提言している（Scottish Executive 2002：13）。そして、この9つの重要な分野とは、（狭義の）文化政策、コミュニティ再生政策、経済政策、厚生及び社会福祉政策、文化遺産政策、教育政策、図書館及び情報政策、記録（アーカイブ）政策、スポーツ政策である。
　すなわち、スコットランドの地方自治体における文化政策は狭義の文化政策としてではなく、総合政策として展開されるようになっていったのである。
　もっとも、スコットランドの地方自治体は、一言でくくれないほど多様である。人口規模からみると、グラスゴー市が最大で約60万人となっている一方で、人口が2万人ほどの島嶼部の自治体もある。
　こうしたことから、スコットランドにおいては、「中規模の地方自治体による文化組織が比較的小規模の都市に4つ、非常に大きな都市文化組織がグラスゴー市に1つあるだけである」（Orr 2008：310）とのことであり、ほとんどの地方自治体においては小規模な文化事業が行われているのみであると推測される。
　なお、スコットランド最大の都市であるグラスゴー市のアーツカウンシルである「グラスゴーライフ（Glasgow Life）」（2007年設立）は、クリエイティブ・スコットランドのレギュラー・ファンデッド・オーガニゼーション（RFO）の1つである。この事例が象徴しているように、クリエイティブ・スコットランドは地方自治体に対しても助成を行っており、結果としてスコットランドの地域的な文化多様性の維持・確保にも寄与していると考えられる。

9

クリエイティブ・スコットランドからの示唆

　本章においては、スコットランドのアーツカウンシルの歴史期な変遷を概観したうえで、「アーツカウンシル・イングランドとのアームズ・レングス」「スコットランド政府とのアームズ・レングス（権限委譲と独立運動の動向）」「行政改革当局とのアームズ・レングス」「地方自治体とのアームズ・レングス」という主に「4つのアームズ・レングス」の視点から分析した。そして、これらの分析の視点を加味すると、スコットランドのアーツカウンシルの歴史は、以下のように6つの時代に区分することが適切であると考える。

　また、本論における考察を踏まえ、スコットランドのアーツカウンシルに関して、特に「アームズ・レングス」という観点からみると、以下の4点の示唆を得ることができる。

　1つは、スコットランドのアーツカウンシルの"アーム"は、概ね時代の変遷とともに短くなっているということである。もっとも、この傾向はアーツカウンシル発祥の地であるイングランドでも同様である（太下2014：9-12）。第2章で述べた通り、先行研究では、政府による芸術支援の国際的な比較研究の結果、短いアーム（shorter arm）式の芸術支援方法の方が、長いアーム（longer arm）式よりも一般的である、と結論付けている（Madden 2009：27）。

　特にスコットランドの事例においては、英国政府からの権限委譲により、スコットランド政府が"国家"としての体裁を確立していくとともに、"アーム"も短くなっていったという経緯が特徴的である。

　2点目は、行政改革の進展とともにスコットランドのアーツカウンシルの"アーム"が短くなっているということである。本論において明らかにしたとおり、そもそもクリエイティブ・スコットランドの創設自体が、文化政策としてではなく、公共機関の行政改革の一環として実現したものである。また、こうした組織の転換と並行して、助成金のスキームに関しても、安定的かつ経常的なものから、より競争

図表1　スコットランドのアーツカウンシルの時代区分

年次	組織	特徴	政権政党
1947年~1967年	スコットランド委員会	「二重のアームズ・レングス」の時代（前期）	―
1967年~1994年	スコットランド・アーツカウンシル	「二重のアームズ・レングス」の時代（後期）	―
1994年~1999年	スコティッシュ・アーツカウンシル（前期）	組織分割の時代	―
1999年~2007年	スコティッシュ・アーツカウンシル（中期）	権限移譲に伴う文化推進の時代	労働党
2007年~2009年	スコティッシュ・アーツカウンシル（後期）	行政改革の時代	SNP
2010年~	クリエイティブ・スコットランド	オリンピックとそのレガシーの時代	SNP

（出所）各種資料をもとに筆者作成

的かつ限定的なものへと変質していったものと推測される。

　もっとも、ミュージアムや図書館のように歴史の蓄積がある文化施設に関しては、国家がサービスとして提供すべき一定の水準を提示することもある程度は可能であると考えられる一方で、芸術文化全般に関しては、分野または水準の多様性を鑑みると、むしろ一定の水準を提示することは困難であると考えられる。今後、日本も含めて国際的に行政改革や行政評価はより一層進展していくことが予想されるが、文化政策分野における導入に関しては、慎重な議論が必要であると考えられる。

　3点目は、オリンピックの文化プログラムまたは政治的な独立運動のような大規模な国家的かつ国民的レベルのイベントの開催にあたっては、国家の政策とアーツカウンシルの施策が直結して実施されることとなる、という点である。こうしたことから、今後、日本においてもオリンピックの文化プログラムが全国的に実施されると期待されているが、この過程において、いわゆるアームズ・レングスは必然的に短くなると予想される。

　実際、ロンドンの文化プログラムのディレクターであった Ruth MacKenzie は、「テレビで世界中に放送されるニュースで流れる重要な思い出やイメージのいくつかが実際に文化的なものになるように」求められたと語っている（McGillivray & McPherson 2014：25）。

　2020年の東京オリンピックにおいても同様の事態が発生することが想定される。

たとえば、仮に沖縄県内の地方自治体が文化政策を実施する場合、当然のことながら、沖縄のアイデンティティや歴史的認識を強調したものが中心に据えられることになるであろう。そして、そのことはいわゆるアームズ・レングスの維持・確保とはむしろ逆のベクトルの力学をもたらすこととなる。

4点目として、地方自治体のアーツカウンシルは、文化政策に関して、国家とは別の政策の体系を構築する可能性を有しているという点である。スコットランドにおいても、特に顕著な事例であるグラスゴーは独自のアーツカウンシルを創設し、創造的な文化政策（創造都市政策）を展開している。そして、スコットランドの地方自治体における文化政策は、狭義の文化政策としてではなく、地域コミュニティや地域経済等に関する政策分野においても重要な役割を果たしており、総合政策として展開されている点が特徴となっている。このように国家のアーツカウンシルとは別の存在として、地方自治体のアーツカウンシルが総合政策的な文化政策を実践していくことは、一国全体の文化政策としてみると、文化的多様性を確保するとともに、財源や雇用の確保という面における余剰性または冗長性（redundancy）・代替性（substitutability）の確保にも寄与し、結果としてマクロなレベルでのアームズ・レングスを維持することに貢献すると期待される。

なお、本章の冒頭でクリエイティブ・スコットランドが日本における地域版アーツカウンシルの参考になり得ると記述した。ただし、上述したとおりスコットランドにおいては、基礎自治体によって設置されたアーツカウンシルとクリエイティブ・スコットランドの2種類のアーツカウンシルが併存している。その意味では、クリエイティブ・スコットランドは、たとえば、東京都のような大規模な地方政府のアーツカウンシルの参考事例になり得ると同時に、国の広域ブロックを担うアーツカウンシル（たとえば、アーツカウンシル・イーストなど）の参考事例にもなり得ると考えられる。この2つの方向での検討が、今後の日本の文化政策においては必要であろう。

注

1) スコットランドの人口は約530万人（英国全体の約8.4％）、面積は約7.8万平方キロメートル（英国全体の約1/3）と、どちらも北海道とほぼ同じ規模である。外務省Webサイト〈http://www.mofa.go.jp/mofaj/press/pr/wakaru/topics/vol120/index.html〉より。
2) 前述したとおり、2010年にスコティッシュ・アーツカウンシルと合併して、クリエイティブ・スコットランドとなる前身の組織。
3) Bonner2014の図1においては、National Cultural Strategyの公表年月が2000年6月と記述されているが、正しくは2000年8月である。

第 4 章

日本：アーツカウンシル的組織「自治体文化財団」

1 自治体文化財団の現状

本章においては、日本における地域版アーツカウンシルに関する研究の基礎資料として、現在の日本でアーツカウンシル的組織と見なすことができる「自治体文化財団」を対象にした現状と課題の整理を行う。なお、ここで言う「自治体文化財団」とは、地方公共団体が設置（出資、出捐）した全国の財団法人のうち、文化関連事業を行うもの、である。

日本においては、「地方公共団体が文化施設の運営を円滑に行うために設立した文化振興財団が、アーツカウンシルの組織に近い存在である」（吉本 2008：90）とされる。ただし、これらの自治体文化財団は、「アーツカウンシル的な組織として機能しているところは、ほとんど存在していない」（ibid.）のが現状となっている。

本稿では最初に「自治体文化財団」の設立年、職員数、収入・支出、助成事業等の概要について整理する。現状分析にあたっては、「SUAC 芸術経営統計」（調査対象：計 442 団体）等を元に、主として平成 24 年度（2012 年度）のデータを整理する。

自治体の公益法人全体の中で、文化関連の団体はどのくらいの割合を占めているのかについては、㈶地方自治総合研究所（2009）の調査によると、「文化・芸術・芸能・文化財保護」を事業分野とする団体は 296 件で、農林水産業関連に次いで多い分野となっている。

また、総務省（2016）「第三セクター等の状況に関する調査」によると、地方公共団体が出資（「出捐」を含む）を行っている公益財団法人（1,912 団体）のうち、「文化・教育」を業務分野とする団体は 724 団体で、最多となっている。

[1] 自治体文化財団の設立年

自治体文化財団の設立年を見ると、1990 年代（1990～1999 年）が最も多く、全体の半数近く（45.0％）がこの年代に設立されていることがわかる。

90年代に自治体文化財団の設立が集中した理由については後段で分析を行う。次いで設立が多いのは1980年代となっており、この連続した20年間で全体の8割強（83.0%）の自治体文化財団が設立されている。

図表1　自治体文化財団 設立年

	設立年		法人格を最初に得た年		現在の法人格を得た年	
	件数	%[※1]	件数	%[※1]	件数	%[※1]
1949年以前	2	1.2	1	0.7	0	0.0
1950~1959年	1	0.6	1	0.7	0	0.0
1960~1969年	3	1.8	2	1.4	0	0.0
1970~1979年	11	6.4	9	6.1	0	0.0
1980~1989年	65	38.0	57	38.8	2	1.4
1990~1999年	77	45.0	66	44.9	4	2.8
2000年以上	12	7.0	11	7.5	137	95.8
合計	171	100.0	147	100.0	143	100.0

※1 小数点第2位を四捨五入。

（出所）SUAC 芸術経営統計

[2] 自治体文化財団の職員数

　自治体文化財団の職員数は全体で8,155人となっている。このうち7割弱（68.2%）が指定管理施設に勤務している職員であり、（指定管理業務以外で）文化支援を担っていると推測される財団本部の事業系職員は967人（全体の11.9%）にとどまっている。

図表2　自治体文化財団 職員数（総数）職種別 雇用形態別

		回答数 Number of samples	総職員数 Total number of employees
総数	Total number of employees	167	8,155
財団本部に勤務している職員	Employees working at a headquarter	167	1,818
うち管理系	Administration	166	754
うち事業系	Production	166	967
指定管理施設に勤務している職員	Employees of designated administrative facilities	167	5,560
指定管理以外の管理施設等に勤務している職員	Employees of Management facilities except designated administrative facilities	167	777

図表3　自治体文化財団 収入額（総額）部門別

		A. 統計	B. %
回答団体数	Number of samples	165	
総収入額	Total revenue	88,959,160	100.0%
基本財産運用益	Basic AssetInvestment Profit	553,061	0.6%
特定資産(財産)運用益	Designated AssetInvestment Profit	160,834	0.2%
事業収入	Sales	23,923,356	26.9%
指定管理料	Designated administration fee	50,080,539	56.3%
補助金・助成金 （公的支援・民間支援）※2	Public and private subsidy	11,014,276	12.4%
公的支援	Public subsidy National government	9,309,336	10.5%
国 文化庁・基金	Grant from Agency for Cultural Affairs	741,808	0.8%
その他の国からの支援	Others grant from national government	54,609	0.1%
地方公共団体	Local government	8,512,919	9.6%
うち公募	Public offering	25,658	0.0%

単位：件数、人　Numbers,persons

常勤			非常勤	パート・アルバイト	協力会社からの派遣職員等
	うち他機関からの出向者	うち任期付			
Ful-time employees	Loaned employees	Fixed term employees	Part-time employees	Part-time employees (hourly wage)	Employees from other organizations
5,685	325	2,216	448	1,926	96
1,456	149	459	110	238	14
640	82	152	31	76	7
733	59	272	80	147	7
3,690	144	1,526	304	1,484	82
539	32	231	34	204	0

（出所）SUAC 芸術経営統計

単位：千円　One thousand yen

		A. 統計	B. %
民間支援	Private subsidy	320,970	0.4%
助成財団	Foundation	285,892	0.3%
うち公募	Public offering	184,450	0.2%
一般企業	Profit corporation	35,078	0.0%
うち公募	Public offering	2,975	0.0%
寄附金	Donation	464,690	0.5%
個人	Individual	57,996	0.1%
法人	Corporation	406,694	0.5%
会費	Membership fee	214,902	0.2%
個人	Individual	148,616	0.2%
法人	Corporation	66,286	0.1%
その他	Others	2,547,502	2.9%

（出所）SUAC 芸術経営統計を元に筆者加筆

第4章　日本：アーツカウンシル的組織「自治体文化財団」

[3] 自治体文化財団の収入と支出

自治体文化財団の収入を見ると、収入の過半（56.3%）を指定管理料に頼っている一方で、地方公共団体からの収入は1割未満（9.6%）にとどまっていること、また、財団の基本財産の運用益ならびに特定資産（財産）運用益は、それぞれわずか0.6%、0.2%にとどまっていることが理解できる。

そもそも自治体文化財団とは、ある特定の地方自治体から拠出された財産（基本財産）で設立され、その運用益である金利を主要な事業原資として運営される法人のことであるから、近年の低金利政策の中で、「財団法人」という仕組み自体が成立困難となっている実態が浮かび上がっている。

図表4　自治体文化財団 支出額（総額）部門別

		A. 統計	B. %
回答団体数	Number of samples	163	
総支出額	Total expenditure	87,736,725	100.0%
人件費[※2]	Personnel expenditure	27,419,785	31.3%
うち 役員報償費	Executive Remuneration	543,458	0.6%
うち 給与・賞与	Wage and Alowance	18,359,416	20.9%
うち 非常勤職員報酬	Part-time Remuneration	1,877,102	2.1%
うち 臨時雇賃金費	Temporary wage	2,591,105	3.0%
物件費	Expenditure other than personnel expenditure	59,299,392	67.6%
管理部門	Administration expenditure	26,679,791	30.4%
事業部門	Production expenditure	31,081,475	35.4%
うち財団から芸術文化団体に支出している補助金	Grant for arts organizations	204,893	0.2%
その他	Others	1,538,126	1.8%
その他(債務返済等)	Others(ex：debtrepayment)	1,017,548	1.2%

※2 人件費のうち数については未回答施設があるため合計と合わない。
※2 The number of personne lexpenses is not equal to the total because of unanswered organizations.
（出所）SUAC 芸術経営統計を元に筆者加筆

また、自治体文化財団の支出を見ると、事業部門の経費（物件費、35.4%）、管理部門の経費（30.4%）、人件費（31.3%）が概ね3分の1ずつを占めているという支出構成となっている。ただし、自治体文化財団から芸術文化団体に支出している補助金は支出全体のうちわずか0.2%、全国合計でも2億円ほどにとどまっている。

上述した収入の大半が指定管理料である実態と重ね合わせると、自治体文化財団の主要な業務は指定管理業務であり、文化芸術団体の支援（補助金）は些末な位置づけしかないという実態が理解できる。

[4] 自治体文化財団の助成事業

自治体文化財団のうち助成事業を実施しているのは50団体であり、全体（171団体）のうち3割弱（29.2%）にとどまっている。

自治体文化財団で実施されている助成事業の対象となっている事業を見ると、公演（84.0%）が最も多く、次いで展覧会（54.0%）となっている。

また、助成事業の活動分野を見ると、音楽（83.3%）が最も多く、次いで演劇（70.8%）、美術（58.3%）、伝統芸能（56.3%）となっている。

そして、それらの助成事業の応募方法については、公募を行っている団体が8割強（82.6%）となっている。その選考方法については、選考委員会によって選考している団体が6割強（60.9%）、財団内部で選考している団体が4割弱（39.1%）となっている。

図表5　自治体文化財団 助成事業の対象事業

	件数	%[※2]
実施団体数[※1]	50	100.0
公演	42	84.0
展覧会	27	54.0
国際交流	8	16.0
収集、修復、保存	9	18.0
出版	13	26.0
調査研究	4	8.0
人材育成、研修、留学	10	20.0
その他	10	20.0

※1 実施団体数とは、助成事業のうちひとつでも実施した団体数を示す。
（出所）SUAC 芸術経営統計

図表6 自治体文化財団 助成事業の活動分野

	件数	%[※2]
実施団体数[※1]	48	100.0
美術	28	58.3
メディア芸術	24	50.0
音楽	40	83.3
演劇	34	70.8
舞踊	25	52.1
伝統芸能	27	56.3
大衆芸能	23	47.9
生活文化	23	47.9
文化遺産	7	14.6
その他	12	25.0
無回答	125	—

※1 実施団体数とは、助成事業のうちひとつでも実施した団体数を示す。
※2 小数点第2位を四捨五入。
（出所）SUAC 芸術経営統計

図表7　自治体文化財団 助成事業の実施状況

	実施団体数[※1]	件数	応募方法[※2](%[※4])			選考方法[※3](%[※4])		
			公募	推薦	その他	選考委員会	財団内部	その他
助成	46	490	82.6	8.7	17.4	60.9	39.1	8.7
奨学金	0	0	0.0	0.0	0.0	0.0	0.0	0.0
顕彰	10	44	80.0	30.0	10.0	60.0	40.0	0.0

※1 実施団体数とは、助成事業のうちひとつでも実施した団体数を示す。
※2 応募方法の比率は、実施団体数に対する比率である。
※3 選考方法の比率は、実施団体数に対する比率である。
※4 小数点第2位を四捨五入。

(出所) SUAC 芸術経営統計

2　歴史

次に自治体文化財団の歴史（1960年代以降）を振り返ってみたい。日本の文化政策における自治体文化財団の位置づけが明確になると考えるためである。

なお、自治体文化財団の歴史を振り返るにあたっては、文化庁に代表される国の文化政策との関連は当然のこととして、国全体のマスタープランとも言える「全国総合開発計画」（後述）との関連も踏まえて考察する。

[1] 1960年代：全国の均衡ある発展のための「公の施設」の時代

1962（昭和37年）10月5日、国土総合開発法（昭和25年法律第205号）第7条第1項の規定に基づいて、「全国総合開発計画」が閣議決定された。同計画は、地域間の均衡ある発展を図るために、長期的かつ国民経済的視点に立った国土総合開発の方向を明らかにしたものであり、工業の分散の必要性を指摘し、拠点開発方式を打ち出した。

そして、「開発地域」において「行政、経済、文化等都市的機能を綜合的かつ高度に具備することにより、これらの機能の過大都市への依存状態の緩和をはかり、当該地方発展の中枢主導的役割を果す大規模地方開発都市を配置すること」（経済企画庁 1962：19）とした。ここで言う「開発地域」とは、「東京、大阪、名古屋から遠距離にあって、それらの外部経済の集積の利益の享受が薄い地域であり、積極的に開発を促進するための基盤整備を行う地域」（経済企画庁 1962：8）のことである。すなわち、国土計画において、都市的機能としての"文化"に関して、全国（特に三大都市圏以外）で均衡ある発展が目標とされたのである。

　一方で、1963年の地方自治法改正によって、「公の施設」という概念が初めて創設された。地方自治法第二百四十四条によると、「普通地方公共団体は、住民の福祉を増進する目的をもつてその利用に供するための施設（これを公の施設という。）を設けるものとする」となっている。

　この改正の趣旨については、「それまでの『営造物』という財産管理の観点からではなく、『公の施設』という市民になじみやすい名称とともに、行政的管理の見地から新たに1章を設けたとされている」（自治労 2008：2）とのことである。

　それに加えて、上述した「全国総合開発計画」の存在を勘案すると、国土の均衡ある発展を目標とする中で、地方自治体における文化面での都市機能を担う受け皿として「公の施設」という制度が創出されたと見ることもできる。

　そして、この改正の際、第二百四十四条の2として「公の施設」の管理についても定められた（その後、2003年の地方自治法の一部改正により、「指定管理者制度」が導入された）。この「管理委託」については「通常の業務委託と異なる点は、施設の維持管理とその施設で実施する事業を、通常の場合1つの団体に委託することであって、このことから『丸ごと委託』ともいわれてきた」（ibid.）とのことである。

　次いで1967年に、文化会館等の建設費の一部を定額補助する制度「公立文化施設整備費補助金」が創設された。この補助金は原則として、「都道府県、人口10万人以上の都市等が設置する文化施設で、ホール、展示場等の床面積が1500㎡以上かつ固定席が500席以上、練習場3室程度を有することを条件に、建設費の3分の1以下の定額を補助する制度」（根木ほか 1997：17）であった。

　当時の劇場・ホールの整備状況に関しては、佐藤（1966）の調査によると、1960年以前に800席を超す大規模な公立ホールは全国に65館となっている（佐藤 1966：12-17）。

また、一般財団法人地域創造の調査によると、1960年以前に整備された公立文化施設はわずか43館となっている（地域創造 2015：13）。一方で、1960年代に開館した公立文化施設は全国で165館となっており（ibid.）、公立文化施設の数は急増したと言える。1960年代に開館した文化ホールの事例としては、青森市民会館（1960年開館、2007年閉館）、長野市民会館（1961年開館）、高松市民会館（1961年開館、2004年閉館）、福岡市民会館（1963年開館）岡山市民会館（1963年開館）、弘前市民会館（1964年開館）などがあり、三大都市圏以外の主に県庁所在地等に市民会館という名称でホールが整備されていった。

　そして、これらの市民会館については、「地方都市や、あるいは大都市での小地域社会を対象とするところでは、あらゆる種目の行事、公演等を使用対象とする、いわゆる多目的ホールとしての多元的な性格付けがむしろ強く要請」（佐藤 1966：43）されたとのことである。

　このようにして整備された「公の施設」のうち、公立文化施設の管理委託先として、自治体文化財団が成立されていったものと推測される。もっとも、前述した「SUAC 芸術経営統計」によると、1960年代に設立された（と回答した）自治体文化財団は、わずか3団体にとどまっている。

　なお、上述した「公立文化施設整備費補助金」の創設前年の1966年に、文部省社会教育局芸術課が文化局に昇格している。また、1968年には文化庁が設立されている。

　以上のように、1960年代は、全国の均衡ある発展が目指され、そのための施設としての市民会館の整備が牽引するかたちで、文化政策の前身に相当するものが胎動し始めた時代であると言える。

[2] 1970年代：列島改造のための文化施設整備の時代

　前述したとおり、70年代に先立つ1968年に文化庁が設立される。さらに同年に、文化庁による都道府県への文化活動助成が開始された（根木 2001：16-17）。

　そして1969年に第2次の全国総合開発計画として「新全国総合開発計画」が策定された（1972年に増補）。同計画の「地方都市の環境保全のための主要計画課題」においては、「住宅建設及びこれに関連する各種の日常生活圏施設が整備され、基礎的な生活環境が確保される。さらに、生活環境を充実するため、より高度の都市的サービス機能を享受しうるよう、地方中核都市における広域共同利用施設を整

備するほか、高次圏域施設を選択的に設置する」（経済企画庁 1972：36-37）としている。ここで言う「広域共同利用施設」等の具体的なイメージは下記のとおりである。同計画によると、地方中核都市において、劇場・音楽等、文化センター、美術館等の文化施設の整備が目標とされていたことが理解できる。

図表 8　地方都市の環境保全のための主要計画課題

区分	日常生活圏施設	広域生活圏施設 （広域共同利用施設）	高次圏域施設
文化	図書館、 児童文化会館	映画館、総合図書館、劇場、 展示場、催場、美術館、音楽堂	国立劇場、博物館、 資料館、科学館
集会	集会所、 公民館	文化センター、市民会館、勤労青 少年センター、結婚式場、葬祭場	国際会議場、国際 文化センター

（出所）経済企画庁（1972）「新全国総合開発計画（増補）」を元に筆者作成

ちなみに、「新全国総合開発計画」が増補された 1972 年には、田中角栄が内閣総理大臣に就任している。そして同年、田中は「日本列島改造論」と名付けた政策綱領、及びそれを現した同名の著書を発表している。すなわち、上述した地方中核都市における、劇場・音楽等、文化センター、美術館等の文化施設の整備は、列島改造という構想の中にあらためて位置づけられたことになるのである。

なお、1974 年には、自然環境の保全と健康で文化的な生活環境の確保とともに、地価の安定をめざした「国土利用計画法」が制定された。さらに、国土行政を担う中央官庁として「国土庁」が新設された。

前述したとおり、1960 年代に地方自治体による文化施設等のハード面の支援は既に開始されていた。このようなハード面の支援と比較して、文化政策や文化事業を担う人材育成などのソフト面の支援は遅れて導入されており、最初に 1973 年度から「公立文化施設技術職員研修会」が、その後 1977 年度から「芸術文化行政基礎講座」が開始されている（根木ほか 1997：18）。

一方、地方自治体による文化政策も 1970 年代から実質的にスタートした。中川（2001：2）によると、「自治体首長部局主導型の『文化行政』は、大阪府文化振興研究会（梅棹忠夫、司馬遼太郎、宮本又次等）の提言が出された 1970 年代から実質的にスタートしたといわれている」とのことである。

1973 年には、大阪府の黒田知事が「大阪文化振興研究会」を設置し、3 カ年の

研究成果を2冊の本にまとめている（森 1993：335）。

また、「地方自治体において『行政の文化的展開』という言葉が公式文書に使われたのは、1975年4月に兵庫県文化局が発行した『新しい生活文化の創造』といういわゆる『兵庫パンフ』とよばれるものが、最初である」とのことである（河野 1992：69）。

そして、「1977年9月に第1回全国府県文化行政連絡会が、79年11月には第1回全国文化行政シンポジウムがそれぞれ開催」（吉本 2008：45）された。以上のように、1970年代には、地方自治体において文化政策に関する取り組みがさまざまに開始されたのである。

この1970年代には、地域創造（2015）によると427館の公立文化施設が整備されている。また、「SUAC芸術経営統計」によると自治体文化財団は11団体が設立されている。

そして70年代に自治体文化財団に対して文化施設を含む社会教育施設の管理委託が進展した。施設の「委託先は行政が全額出費して創設した財団法人であるケースがほとんどであり、その意味からすれば、これまでの社会教育行政部門における委託は、あくまで行政の内部的制約からのがれるための手続き的工夫であり、行政外部へは閉ざされた運営形態であったといえる」（石井山 2004：190）と指摘されている。このような展開は、「1970年代、財政削減、職員数削減（退職者の再雇用先確保）といった、いわば『行政スリム化』の手法として登場したという歴史的経緯がある」（ibid.）と指摘されている。

[3] 1980年代：地方定住のための文化の時代

1980年代は、「文化の時代」「地方の時代」の標語の下に、「自治体文化行政」が推進された（根木 2001：29）時代であった。

80年代の幕開けに先立つ1977年、「定住圏構想」を掲げた「第三次全国総合開発計画」（通称：三全総）が策定される。この「定住圏構想」とは、「第1に、歴史的、伝統的文化に根ざし、自然環境、生活環境、生産環境の調和のとれた人間居住の総合的環境の形成を図り、第2に、大都市への人口と産業の集中を抑制し、一方、地方を振興し、過密過疎に対処しながら新しい生活圏を確立すること」（国土庁 1977：27）と定義された。そして、そのための新しい生活圏は「定住圏」と名付けられた。これは、「自然環境をはじめとした国土の保全と利用及び管理、生活環

境施設の整備と管理並びに生産施設の設置と管理等が一体として行われ、住民の意向が十分反映され得る計画上の圏域」(ibid.)のことである。

そのうえで、「地方における高次の教育、文化、医療機能の不足、不備が各種の社会的、文化的活動を不活発なものとする等地域の魅力を相対的に減殺しており、これが若年層をはじめとする人口の流出又は定住条件の低下の原因となっている」（国土庁1977：85）との認識のもと、「地域の特性を生かしつつ、地域社会にとけ込んだ教育・研究施設や図書館、博物館等の教育・文化施設を整備し、地域の教育文化水準の向上を図るとともに、高学歴者の雇用の場を確保する」（国土庁1977：78）と構想された。具体的には、文化施設の配置に関して、下記のような方向性が提示されている。

図表9　「第三次全国総合開発計画」における文化施設の配置

(i)	全国的な文化施設として、歴史・民俗資料の収集展示のための施設及び大衆芸能のための施設の設置を進める。また、その他の現代舞台芸術や古典芸能のための施設等の整備についても配慮する。これらの施設の配置については、国際美術館等を大阪に設置するほか、地域（ブロック）施設とあわせて全国的に適正な配置を図る。また、以上の文化施設の整備に当たっては、環境、利便等の面で都市計画等と整合したものとなるよう十分配慮する必要がある。
(ii)	これらの高度な文化施設を中心として、定住圏においては、地域の状況に応じ地域の文化活動の振興を図るため、文化会館、博物館、美術館、図書館、文化財の保存・活用のための施設等について、総合的に整備を進めるとともに、定住区においては、住民が身近なところで自ら文化活動を行うことができるよう公民館等各種施設の整備を行い、史跡、名勝、天然記念物、埋蔵文化財等の保存整備を図る。また、これらのほか、広く民間の手による多種多様な文化施設の設置とその活用を促進する。
(iii)	これらの施設の体系の整備とあわせて、博物館、美術館等の内容の充実、機能の高度化を図るため、研究者の交流、収蔵品の交換等を行う。また、地域において文化活動及び文化団体等を支援することに努める。

(出所) 国土庁（1977）「第三次全国総合開発計画」

そして1978年7月には、「長洲神奈川県知事の提唱で、首都圏地方自治研究会によるシンポジウム『地方の時代』が開催された。この背景に上述した三全総が存在していたことは間違いないであろう。このシンポジウムを契機として『地方の時代』が叫ばれるように（中略）保革を問わず大きな流行語とさえ」（神奈川県1979：6）なった。

そして、こうした流行を背景として、「四十三年の文化庁発足当時七都道府県にしかなかった独立の文化行政担当課は、五十四年にはすべての都道府県に設置されるに至り、文化行政の体制が整備されると同時に、芸術文化関係予算も大幅に伸びた」(文部省 1992)とのことである。

実際に地方公共団体の文化予算が急増するのは、都道府県・市町村ともに1980年代後半からである。ただし、この芸術文化関係の内訳をみると、「文化施設建設費が全体の55.4%を占めているのに対し、芸術文化事業費は全体の17.1%となっている」(文部科学省 1993)とのことであり、文化施設の建設が急増したことが文化予算増額という見え方となっていたのだと理解できる。

実際、1980年代に開館した公立文化施設は地域創造(2015)によると810館にものぼっている。また、「SUAC芸術経営統計」によると、1980年代に新設された自治体文化財団は65団体に達しており、この時代以前に設立された自治体文化財団の約4倍もの団体がこの10年間に設立されたこととなる。

なお、当時の文化財団の主たる目的に関しては、「市民文化の担い手を市民主導という考え方に基づき、これを支援することに置いている」(瀬沼 1991：228)と説明されているし、また、「住民パワーを誘導する文化財団」(瀬沼 1991：225-238)という章の題名が象徴しているとおり、1990年までの文化財団に関しては、文化芸術に関する専門性が期待されていたと言うよりは、文化振興の主役である住民の主体性を尊重し、これを支援するための窓口や裏方としての役割が期待されていたのだと理解できる。

一方で、文化庁による地域文化の振興に関しては、1984年度から「中学校芸術鑑賞教室」が開始された。この事業によって、全国の児童、青少年の間に優れた舞台芸術に直接触れる機会の充実が図られた(文部省 1992)。

そして1986年度には「国民文化祭」が開始された。「国民文化祭」とは、「全国各地で国民一般の行っている各種の文化活動を全国的規模で発表し、競演し、交流する場を提供することにより、国民の文化活動への参加の機運を高め、新しい芸術文化の創造を促すことを狙いとした祭典」(文化庁Webサイト)である。この国民文化祭は、「各地方に対し、広く文化活動への参加の機運を高め、新しい芸術文化の創造を促す上で大きな役割を果たすことになった」(文部省 1992)との自己評価がなされている。

以上のとおり、1980年代においては、「定住圏構想」を掲げた三全総を背景とし

て、自治体と文化庁の双方の取り組みを通じて、「地方の時代」「文化の時代」が進展したと言える。

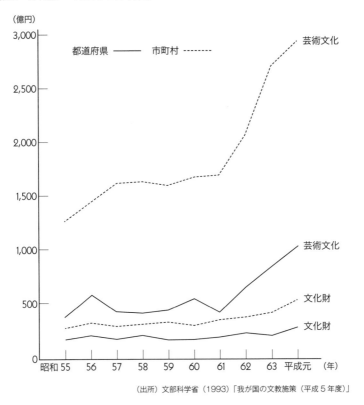

図表9　日本版アーツカウンシルの体制

（出所）文部科学省（1993）「我が国の文教施策（平成5年度）」

[4] 1990年代：日米構造協議を背景とする内需拡大のための文化施設整備の時代

「『文化行政』という用語が登場して、かなりの予算を獲得するようになるのは、欧米では第二次世界大戦後であり、日本では1990年代からであるとみてよい」（池上1993：6）とされる。この背景として、1990年に芸術文化振興基金及び企業メセナ協議会が設立され、官民の双方で文化芸術支援の基盤が整ったことが挙げられる。また、1990年3月の国立劇場法の一部改正により、文化芸術活動に対する助成業務が追加されて、芸術文化振興基金が設けられた。これに伴い、法人の名称は特殊法人日本芸術文化振興会に改称された。ただし、後述する通り、1990年代

における文化政策の動向の背景には、これだけでは語ることのできない大きなうねりがあったのである。

1990年代に先立つ1987年、交流の拡大による地域相互の分担と連携関係の深化を図ることを基本とする「交流ネットワーク構想」を掲げた「第四次全国総合開発計画」（通称：四全総）が策定された。そして、この「交流ネットワーク構想」において、「交流の活発化による地域づくりを進めていくためには、交流を促進する役割を果たすソフト面の施策が重要であり、文化、スポーツ、産業、経済等各般にわたる多様な交流の機会を国、地方、民間諸団体の連携により形成する」（国土庁1987：8）と構想されている。また、地域文化の活性化のため、「全国的な文化施設について、地方都市の活性化にも十分配慮した整備を進めるとともに、地域において固有の文化をはぐくみ、広域的な交流の契機となり得る特色ある文化施設等を整備する。その場合、人材、情報の交流などを通じて文化施設等のネットワーク化を図るとともに、文化活動のリーダーの養成、芸術文化団体の育成など地域の文化活動の充実のための人づくり、組織づくりの施策を講ずる」（国土庁1987：78）としている。

前述したとおり、1990年代から「文化行政」が予算を獲得し始めたのであるが、その背景として、1990年代以降における、地方債を活用した地方自治体による文化施設の整備を指摘することができる。

日本会計検査院（2003）が「平成14年度決算検査報告」において、地方公共団体に対する財政資金の流れに関して、公共投資により整備された施設のうち箱物施設を取り上げ、その整備状況と財源を調査している。同報告によると、1994（平成6）年度から2001（平成13）年度の期間における「文化施設」[1]は合計384箇所、事業費は1兆6,906億円となっている。このような文化施設の整備状況は、文化以外の学校や体育施設等、その他の区分の箱物と比較して最も多く、箱物全数の約18％を「文化施設」が占めている。また、同調査で把握された15道府県及び781市町村等による箱物全体の事業費の合計は9兆4,445億円となっており、事業費ベースでもこの時期における公共投資全体のうちの2割弱を「文化施設」が占めていたことになる。

ちなみに、地方の公共事業の財源には、①地方自治体が国庫補助金等を受けて行う「補助事業」と、②地方が国庫補助金等を受けないで行う「単独事業」の2種類がある。上述した「文化施設」に関して、財源内訳を見ると、箇所数では325

箇所（84.6％）、事業費では1兆4,560億円（86.1％）を「単独事業」が占めている。そして、この「単独事業」で整備された「文化施設」のさらに財源内訳をみると、地方債の割合が76.9％と高くなっている。同報告において、文化施設に関して地方債の割合が高い理由としては、「事業費の75％以上を充当できる地域総合整備事業債等を積極的に活用したためであると思料される」と分析している。ちなみに、この「地域総合整備事業債」の制度は2002年度に廃止されている。

　上述のように、文化施設の整備において地域総合整備事業債が積極的に活用された理由を詳細に見ると、「起債充当率は75％であるが、財政力の弱い団体は最大で元利償還金の55％が交付税に算入される。とくに積極的に推進する事業は、さらに一般財源分25％のうち15％が『現年事業費補正』となる」（持田2007：12）だけでなく、さらに「初年度は、地方債75％と交付税15％で90％が賄え、残りの10％の金額で、その10倍の事業を開始できる」（ibid.）という財政面での事情があった。

図表11　地方単独事業における地方の実質負担

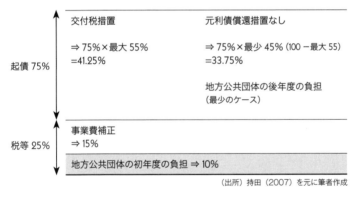

（出所）持田（2007）を元に筆者作成

　換言すると、財政力の弱い地方公共団体からみると、初年度は事業費総額のわずか10％の負担で事業を開始することができるうえに、後年度においては地方総合整備事業債の元利償還金のうち最少で45％分を負担すればよいことになるので、実質負担は図のとおり、33.75％で済ませることができるのである。

　そして、前述のとおり、強いインセンティブを有する制度が構築されただけではなく、さらに「交付税措置のある地方債を活用して地方単独事業を伸ばすよう国か

らも強い働きかけがあった」(牧 2002：10) とのことである。

　以上のとおり、地域総合整備事業債における交付税措置が大きなインセンティブとなり、また、国からも強い働きかけがあって、1990年代における地方自治体による文化施設の整備が進展したものと推測される。

　ではなぜ国は、地方自治体に強い働きかけをして、文化施設を含む社会資本の整備を推進したのであろうか。実はその背景には「日米構造協議」という大きな国際問題が横たわっていたのである。

　日米構造協議 (Structural Impediments Initiative；SII) とは、アメリカと日本の間で、日米貿易不均衡の是正を目的として1989年から1990年までの間、計5次開催された2国間協議のことである。

　そして1990年に「日米構造問題協議最終報告」が発表されるが、その中に、貿易摩擦解消のための対応策のうち「今後の積極的な取り組み」として、「21世紀に向けて、着実に社会資本整備の充実を図っていくための指針として、新たに『公共投資基本計画』を策定したところである」と明記されている。

　実際に、日米構造協議を契機として90年に、貿易摩擦解消のための内需拡大を目的とする「公共投資基本計画」が策定された。当初の計画投資規模は、1991年度から10年間でおおむね430兆円とされ、その後の計画改定により最終的には1995年から2007年度までおおむね630兆円の投資規模を確保するとされた (田中 2010：133)。

　すなわち、1990年代においては、文化振興が真の理由ではなく、もともとは日米構造協議を契機とする内需拡大のために地方債に大きなインセンティブが付与された。国からの強い働きかけもあって地方債が多額に発行され、その地方債を活用して地方自治体によって箱物が多数整備されたが、その中でも文化施設が最も多い分野であったというわけである。換言すると、一連の「政策連鎖」の末端に文化政策は位置付けられていたということである。

　そして、このような文化施設の建設ラッシュという現象とその運営をどうするのかという現実的な課題を前にして、市民が文化の担い手であり、その市民の文化活動を自治体文化財団が支援するという都合のよいロジックが編み出されたのである。

　また1990年代に文化施設の整備を中心とする文化予算が増額できた背景として、地方財政計画における芸術文化支援経費の存在を指摘することができる。こ

の「地方財政計画」とは、「全国の地方公共団体が予算を組む際の指針となる計画」であり、「国として全国の地方団体にどのような事業を期待しているのかを示す」（岡本 2003：12）ものである。そして総務省は、この地方財政計画に見合った財源を確保することとなる。この地方財政計画に芸術文化支援経費が明示的に計上されたのは、1993 年度からであり、それまでは一般行政経費に含まれていた（岡本 2003：12）。翌 94 年には、自治省（現・総務省）の外郭団体として、財団法人地域創造が設立される。そして、地方財政計画の芸術文化支援経費はその後毎年増額されていったが、2004 年度に 1,630 億円が計上されたのを最後に、明示的な項目としては登場しなくなってしまう。

　なお、芸術文化支援経費の計上がどの内閣で行われたのかをみると、明示的に計上されたのは宮澤内閣（1991 年 11 月 5 日〜 1993 年 8 月 9 日）の時であり、計上されなくなったのは第二次小泉内閣（2003 年 11 月 19 日〜 2005 年 9 月 21 日）の時のことである。そして、芸術文化支援経費という費目が消えた背景として、小泉内閣による「聖域なき構造改革（小泉構造改革）」の存在を指摘することができる。この構造改革の一環として、2003 年に閣議決定された「骨太の方針 2003」にて、2006 年度までに地方財政計画の歳出を見直すことにより、地方交付税総額を抑制することが決定されたのである。

　実際に前述した地域創造（2015）によると、1990 年代に開館した公立文化施設は 1,224 館にものぼっている。この水準は他の年代と比較して圧倒的に多く、現存する公立文化施設全体の 4 割弱（36.7%）にも達している。

　そして、この地域創造という組織が、文化・芸術の振興による創造性豊かな地域づくりを目的として、全国の地方団体等の出捐により、自治省（現・総務省）の外郭団体として設立されたのは 1994 年のことである。同法人がこの時期に設立された背景は、前述の歴史を勘案するとよく理解することができる。すなわち、自治省の主導で全国に短期間で整備された文化施設の運営に関して、文化庁ではなく（もちろん大蔵省／財務省でもなく）自治省（現在の総務省）が、地方自治体を指導していく責務を深く感じたということであろう。

　この時期は、「文化国家ではなく文化土建国家」と批判されることがあるが、前述した経緯に鑑みると、そもそもそうした批判は的外れである。国が強く働きかけてあえて土建国家になろうとした時期に、土建の主要なアイテムとして文化施設が整備されたのがこの時代であったのである。

そして1990年代当初において、「文化基金、財団の組織化は、まだ、今後の課題と言ってもよいのではないか」（瀬沼1991：209）と指摘されていたが、その後、文化施設が多量に整備された時代を経て、30年近くにわたってこの課題は放置されていくこととなる。

　また、「SUAC芸術経営統計」によると、1990年代に新設された自治体文化財団は77団体となっており、他の年代に比べて最も多く、全体の約半数（45.0％）を占めている。そして、これらの自治体文化財団は、前述のとおり、圧倒的な量で整備された公立文化施設の管理運営を担うために成立されたものと推測される。

　なお、1991年の地方自治法の一部改正によって、「利用料金制度」が新たに導入された。この「利用料金制度」とは、「利用料金（あるいは使用料）を公の施設の管理受託者の収入にできる道を開いた」（自治労2008：3）ものとされる。

　なお、一般に舞台設備（機構、照明等）の更新周期は、15〜20年とされている（草加2010）。すなわち、1990年代に開館した公立文化施設では、この2010年代に入ってから、続々と舞台設備の更新時期を迎えていることになる。自治体の財政が極めて厳しい状況において、これらの施設の整備更新が適切に実施されるかという点に関して、今後は関係者による注視が必要であろう。

[5] 2000年代：三題話（指定管理者制度、公益法人改革、平成の大合併）の時代

　21世紀の幕開け直前の1998年、「21世紀の国土のグランドデザイン」（通称：五全総）が策定された。同計画においては、これからの国土構造を規定していく要素として、「20世紀の国土構造の形成を主導してきた人口と工業の集積の比重が下がり、文化と生活様式創造の基礎的条件である気候や風土等、そして、生態系のネットワーク、海域や水系を通じた自然環境の一体性、さらには、交流の歴史的蓄積と文化遺産、アジア・太平洋地域に占める地理的特性等」（国土庁1998：7）をあげたうえで、「これらの要素における共通性に根ざしたそれぞれに特色のある地域の連なりが、国土を構成する大括りな圏域としての輪郭を次第に明瞭にしていくとともに、相互補完によりそれぞれの特色を生かした連携を通じて国土空間を多様性のあるものにしていく」（ibid.）という多軸型国土構造形成の概念が提示された。

　そして同計画においては、「文化の創造に関する施策」が1つの章として設けられており、この中で「文化会館や美術館等の文化施設について、地域住民の自主的な文化活動の場等に積極的に活用するなど、地域固有の魅力の形成と発信の場

として、地域特性を生かした環境整備を進める。その際、我が国の文化に関する情報のデータベース化、内外からのアクセス機会の確保等を進めるとともに、ジャンル別専用ホール等の特色ある文化施設を効率的に活用するため、地域連携による広域的観点からの整備及び運営を進める。また、施設等の整備の進展に比して、指導的スタッフや企画制作のノウハウの不足等により、自主公演や企画展が十分でないなどソフト面での基盤が脆弱であることを踏まえ、今後、文化施設の運営や芸術家・芸術団体の活動を支えるアート・マネージメントに係る人材育成の強化等ソフト面の施策に重点を置きつつ、その整備を推進する。さらに、健康的で活力に満ちた地域づくりが行われるよう、指導者や団体の育成や施設整備、地域レベルの大会や講習会の支援、コンクールの開催等を通じて、地域住民が継続的に文化・スポーツ活動に参加できる環境を整備する」（国土庁1998：51）とされた。特筆すべき点として、全総の歴史において初めて、地域の文化振興を担う人材の育成という視点が提示されたことがあげられる。

　そして2001年（平成13年）、文化芸術振興基本法（平成13年12月7日法律第148号）が制定された。同法は、文化芸術が人間に多くの恵沢をもたらすものであることにかんがみ、文化芸術の振興に関し、基本理念を定め、並びに国及び地方公共団体の責務を明らかにするとともに、文化芸術の振興に関する施策の基本となる事項を定めることにより、文化芸術に関する活動を行う者（文化芸術活動を行う団体を含む）の自主的な活動の促進を旨として、文化芸術の振興に関する施策の総合的な推進を図り、もって心豊かな国民生活及び活力ある社会の実現に寄与することを目的とした法律である。そして同法の第四条においては、「地方公共団体は、基本理念にのっとり、文化芸術の振興に関し、国との連携を図りつつ、自主的かつ主体的に、その地域の特性に応じた施策を策定し、及び実施する責務を有する」と、文化芸術振興に関する地方公共団体の責務が明記された。

　以上のように、五全総において「アート・マネージメントに係る人材育成の強化等ソフト面の施策に重点」を置くことが謳われ、文化芸術振興基本法が制定されて、21世紀は幕を開けたのであるが、一方でこの時期に、自治体文化財団の解散や統合が相次いだ。

　全国の劇場・ホールの運営に関わる自治体出資法人のうち、2009年4月から2010年3月のわずか1年間という短い期間だけでも、解散した法人は10団体、統合対象となった法人は20法人となっている（これらが統合して9つの法人となった）

(徳永 2012：144-145)。

　こうした現象が生じた理由として、「指定管理者制度導入（2003年に地方自治法の一部改正）」「公益法人改革（2008年に公益法人制度改革関連3法」の施行）」、そして「平成の大合併（1999〜2010年）」という3つの理由が指摘されている（徳永 2012：145-146)。

　「指定管理者制度」とは、自治体文化財団以外の組織にも公共施設の管理運営を開放する制度である。そして、「公益法人改革」によって、NPOや公益法人など、公を担う主体の多様化が進展した。さらに、「平成の大合併」によって、自治体の外郭団体の解散・統合が進展するとともに、中長期的には公共施設の廃止・集約も視野に入ってきている。すなわち、これらの改革の背景には、主として公共施設の維持管理に関する地方自治体の財政負担を軽減させようという一貫した意図が透けて見える。ただし、こうした改革を通じて、地域の文化を振興するという、自治体文化財団が本来持つべき機能は弱体化していくこととなったのである。

　内閣府の「公益法人に関する年次報告」(2008) によると、都道府県から委託等を受けて行う「行政委託型法人」の事務・事業の内容に関して、国からの委託等と比較して、「施設・設備等の管理・運営が最も多くなっている」と分析されている。これは上述したような背景のもと、地方自治体による社会資本整備が進む一環として、公共施設も建設ラッシュとなり、その管理・運営のために財団などの行政出資法人が活用されたためと推測される。

[6] 2010年代以降：日本版及び地域版アーツカウンシルの幕開け

　2005年、従来の全総の法的根拠であった国土総合開発法が国土形成計画法へと抜本改正された。この改正は、人口減少・高齢化、環境問題、厳しい財政制約などといった時代の転換期を迎える中、国土計画制度が抜本的に見直されたものであり、「『開発基調』・『量的拡大』を目指していた全国総合開発計画に代えて、国土形成計画による、新しい国土計画づくり」（千葉県Webサイト）の時代に転換したとされる。そして、これまでの全国総合開発計画に代わり、新たに国土形成計画を策定することになった。

　そして2008年、「国土形成計画（全国計画）」が策定される。同計画においては「文化芸術と国民とを結び付ける業務等を行うアートマネジメント担当者を育成することも必要であり、大学等の高等教育機関が文化芸術活動の調整役を担うことも

考えられる」及び「文化芸術活動の拠点である文化施設（文化会館、美術館・博物館、図書館等）については、その整備が相当程度進んできているものの、十分に活用されていないとの指摘もある。このため、複数の施設が相互に連携し、美的・知的関心を抱く地域住民のニーズも踏まえながらネットワーク化を図る」（国土交通省 2008：66）と記述されている。

また2015年には、新しい「国土形成計画（全国計画）」が策定された。同計画においては、「2020年東京オリンピック・パラリンピック競技大会は、我が国の文化の価値を世界に発信するとともに、文化芸術が生み出す社会への波及効果によって諸課題を解決するまたとない機会である。この機会を捕まえて、さらなる文化芸術の振興、地域資源を活用した観光振興等により国内外各層の対流を促進し、地域の活性化につなげることが重要である」（国土交通省 2015：97）と記述されている。

そして、「文化芸術活動の拠点である文化施設（文化会館、美術館・博物館、図書館等）について、複数の施設が相互に連携したネットワーク化を推進する。また、余裕教室や廃校施設、廃工場等の遊休施設も含めたさまざまな空間を、地域の芸術家、文化芸術団体、住民等の公演、展示や練習の場として有効活用を図る。これらの文化施設において、民間の資金、能力やノウハウを活かした、より柔軟な運営によって優れた文化芸術活動が行われるように必要な支援を行う」（国土交通省 2015：101）としている。前回の国土形成計画と比較すると、民間活力の導入により重点が置かれるようになっていることが理解できる。

なお、「このような取組を通じ、文化芸術に対する鑑賞活動を行う国民の割合を2009年の62.8％から、2020年までに約8割とすることを目指すほか、文化芸術活動を自ら行う国民の割合を、2009年の23.7％から2020年までに約4割とすることを目指す」（国土交通省 2015：100）という目標が掲げられている。

一方、文化政策の分野では、第1章で紹介したとおり、2012年度から、いわゆる「日本版アーツカウンシル」と呼ばれる、文化芸術活動への助成に関する新しい審査・評価等の試行的な取り組みが開始された。

そして、こうした国による「日本版アーツカウンシル」と並行して、地方自治体によるアーツカウンシル「地域版アーツカウンシル」の設置も進んでおり、これらの事例についても、第1章で触れたとおりである。

3 意義と課題

日本における自治体文化財団の歴史に関しては前項に整理したとおりであり、そもそも自治体文化財団が設置された背景は主として内需拡大のために建設された文化施設の管理・運営にあったことを解明した。

もっとも、実際に設立された自治体文化財団は、地域の文化振興に関して一定の役割を果たしているため、その意義・効果を以下に5項目で整理したい。ただし、これらの役割に関しては、いずれも大きな課題を抱えているため、併せて課題についても整理する。

[1] 公立文化施設の柔軟な運営／二層の職員構成

指定管理者制度の導入以前において、自治体が自治体文化財団を設置するそもそもの理由については、「行政の出資により文化財団が作られるのは、何らかの公立文化施設や文化事業を、文化財団のような外郭団体に委託することによって、行政特有の規則に縛られず柔軟に運営実施するためである」（吉澤 2012：153）と説明されている。なお、この論考においても、自治体文化財団の設立の目的が主に「文化施設の運営」であると指摘されている点は注目すべき点である。

この「行政特有の規則に縛られず柔軟に運営実施」に関しては、具体的には、①自治体においては職員の定数制約があるなかで独自に人材の雇用ができること、②自治体においては専門職の雇用と育成が困難であるなかで、専門的知見のある人材を雇用できること、③自治体の財政は単年度主義であり、複数年度にわたる事業予算の管理・処理が困難であるなかで、複数年度にわたる事業も実施可能であること、等の点をあげることができる。

そして、こうした専門人材を活用して、自治体からの「委託事業だけではなく、事業団独自の事業展開にも着手することができた」（益川 2009：79）のである。換言すると、文化振興の主体としての独自の事業展開に関して、一定の独立性が確

保されていたと見ることができる。

　一方で、指定管理者制度の導入以前の自治体文化財団の組織・人事に関しては、石井山（1998）は、自治体の教育文化施設管理財団の組織体制を対象として、①自治体からの派遣（出向）職員、②財団雇用職員、の二層で構成されていると分析したうえで、その双方について課題を指摘している。

　なお、こうした自治体文化財団の組織の二層構造に関しては、「一方に年輩のOB、他方に新採用のプロパーの若手という人事体制になりがちである」（瀬沼 1991：237）とも指摘されてきた。

　上記の二層構造のうち、特に自治体からの出向者に関しては、従来からさまざまな課題が指摘されてきた。たとえば、「理事長・理事・館長などの要職には行政側の派遣や兼務、天下りが多くみられる」（笠井 2007：56）という指摘に代表される「天下り」の問題があげられる。また、「文化領域に対する理解度の低い職員や天下りで人事が行われると、問題は深刻となる（中略）役所よりも役所的と揶揄されることもたびたびである」（小林 2001：188-189）と指摘されている。そして、「①頻繁な人事ローテーションによって長期的視点に立った事業運営が行われにくい」「②財団出向を、あくまでも研修期間として一過的に過ごそうとする傾向が生まれがちである」（石井山 1998：74）といった点も指摘されている。その他として、「市職員の人事異動によって、それまで蓄積されてきた成果や課題が振出しに戻ることは往々にして起こって」（益川 2009：79）いたという、専門的組織としての継続性に関する課題も指摘されてきた。

　一方で、財団雇用職員に関しては、「人材確保、養成に関する関心が比較的薄い」（石井山 1998：74）及び「財団の役員層、管理職層を本庁人事のはけ口として利用されるケースが多い」（ibid.）と指摘している。そのうえで、「このような労務・給与面の二重・三重構造があるため、職場集団がチームとして機能しにくい」（ibid.）と分析している。

　こうしたことから、「多くの外郭団体は経営的に自立した環境におかれていない。団体の組織においては、その中枢を自治体出向職員が担い、意思決定の仕組みや業務運営の方式に自治体の事務形態をそのまま移行したため、ほとんど自治体の出先機関化した団体が多いのが実情である」（松浦 2001：68-69）と喝破している論者もいる。

[2] 文化振興の専門職のプレカリアート化

　そして、指定管理者制度の導入以降は、新たな課題が生じており、「地方公共団体の中には、文化施設の運営管理を目的に設立した文化振興財団に、文化振興の中核的な役割を期待するところもあるが、指定管理者制度の導入によって、文化振興財団のそうした役割はあいまいなものとなりつつある」（地域創造 2008：15）と指摘されている。

　2002 年、公益的法人等への一般職の地方公務員の派遣等に関する法律（平成十二年四月二十六日法律第五十号）が施行されたことにより、公益法人等への派遣制度が新たに設定された。これによると、公益法人等（民法法人、特別の法律により設立された一定の法人及び地方六団体）のうち、その業務が地方公共団体の事務・事業と密接な関連を有し、施策推進を図るため人的援助が必要なものとして、条例で定める団体への自治体職員の派遣は、3 年以内（5 年まで延長可）となった。そして、この対象に自治体文化財団も含まれることとなる。すなわち、指定管理者制度の導入に先立って、自治体文化財団への自治体職員の出向に一定の制限が課せられるようになったのである。

　上述したとおり、自治体文化財団への自治体職員の出向は従前から問題視されてきたので、自治体職員の出向に制限を課すことによってある程度の課題が解決されると想定されたのかもしれないが、実際には新たな別の課題を生み出したのである。

　さて、指定管理者制度の導入による大きな成果としては、「経費の多くを占める人件費を削減できたこと」（益川 2009：79）があげられることが多い。しかし、その一方で指定管理者制度の導入によって、「人件費の安い、不安定な雇用形態のスタッフが増加する懸念もある」（古賀 2005：58）と指摘されていた。

　全国の公立文化施設 1,384 施設の全職員を対象とした調査によると、非正規（正規職員以外）の職員の割合は 41.0％となっている。このうち、自治体直営の施設では 30.5％、指定管理者の施設では 44.0％となっている（五島 2013：15）。

　なお、雇用者全体における非正規雇用（正規の職員・従業員以外の雇用）の割合は 38.2％（総務省統計局 2013）となっているので、公立文化施設における職員の非正規雇用の割合は一般の職場と比較して高く、特に指定管理者においては職員の半数近くが非正規雇用であることが確認できる。なお、調査対象となった公立文化施設の指定管理者の大半は自治体文化財団であるため、自治体文化財団において非正規雇用が多いとも言える。

自治体文化財団の職員の大半が非正規雇用となってしまうことによって、経費を削減したい自治体にとって都合のいい「非正規雇用の専門職」が増加したが、その一方で、地域の文化振興を担う専門職が不安定化してしまうという大きな課題が生じた。また、非正規という形態で雇用される個人から見ると、正職員と比較した所得格差の拡大、中長期的な「専門職」としてのキャリア形成が困難となる、といった課題が指摘できる。

　すなわち、地域の文化振興を担う専門職が「プレカリアート（precariat）」[2]化しているとも言えるのである。

[3] 地域の文化政策自体の弱体化

　また、指定管理者制度の導入以降は、指定管理者としての指定期間が期限付きとなったことから、自治体文化財団による長期的なビジョンに基づいて継続的な文化振興を図るという取り組みが、必ずしも担保されるとは限らない状況となってしまった（地域創造2008：17-18）と指摘されている。

　この点に関して付言すると、自治体文化財団自身による長期的ビジョンの有無よりもむしろ、自治体文化財団が、通常は公募のプロポーザルを通じて選定されるという指定管理者となったことによって、自治体との一体性、すなわち文化政策との連携・連動が弱くなってしまったことが、より重要な課題として指摘できる。

　日本の自治体文化財団と出資者である行政とのアームズレングスに関する論考は現時点では存在しない。ただし、瀧端（2010）が公立博物館をケーススタディとして、両者の法的関係について整理されているので、本論においても紹介しておきたい。

　同論文によると、自治体は「あくまで設立時に定める寄付行為で目的や理事選任方法等を明確にするところまでが自治体の意思の及ぶ範囲で（中略）直接、命令、決定、手続きを行うことはできない」（瀧端2010：133）とされている。

　一方で、以下のように「人事による直接的関与」及び「監査等による間接的関与」が可能となっている（瀧端2010：133-134）とされる。

　自治体文化財団と自治体との関係は、もともとは"短く・太い"アームズレングスであったが、指定管理者制度の導入によって、両者の関係は引き裂かれたのである。換言すると、指定管理者制度の導入によって、自治体文化財団と自治体文化政策とのアームはより"長く・細く"なってしまったのである。そして、自治体文

化財団による中長期的な文化政策への関与が低下・減少したことで、地域の文化政策自体も弱体化している懸念がある。

図表12　自治体文化財団に対する地方自治体の関与方法

関与方法	概　要	根拠法
直接的関与	役員に自治体の長、副知事・助役が就任できる	地方自治法第142条 同、第166条第2項 地方自治法施行令第122条
	条例化により、自治体職員を派遣することができる	公益的法人等への一般職の地方公務員の派遣等に関する法律
間接的関与	報告徴収、書類・帳簿提出命令、実地視察権	地方自治法第157条第2項
	監査委員による監査権	地方自治法第199条第7項
	収支実績・見込みの報告徴収権、これに基づく必要な措置の要求権、その他の調査・報告徴収権	地方自治法第221条第3項

（出所）瀧端（2010）をもとに筆者作成

[4] 助成財団としての文化振興／助成金額の減少

　自治体文化財団が抱える基金に関して、その本来の目的については、「果実を文化事業の助成に当てる（ママ。正しくは「充てる」）という趣旨」（瀬沼1991：208-209）と記述されている。ここで言う「果実」とは、基金を原資として、その運用を通じて得られる利息等のことである。

　文化芸術に対する地方自治体関連の公的な助成において、交付金額ベースでみると、自治体出資の文化財団は過半以上のシェアを占めており（吉本2015：9）、地域の文化支援において一定の役割を果たしていることが理解できる。

図表13　都道府県、政令市及び芸術文化財団による助成

	配布数	回答数	助成あり	助成実施率	プログラム数	交付金額
都道府県	46	26	14	53.8%	26	20,699
政令市	19	12	6	50.0%	9	6,762
芸術文化財団	30	16	14	87.5%	16	32,083
合　計	95	54	34	63.0%	51	59,543

（出所）吉本（2015：9）。
元資料は大阪府・大阪市（2013）。大阪府・大阪市が実施した調査のため、大阪府と大阪市は調査対象に含まれていない。

ただし、こうした助成の現状に関して、マクロ的には「専属の組織を設けるだけの規模の助成事業を行う都道府県や政令市は一握りに過ぎない」（吉本 2015：9）と分析されており、また、ミクロ的には「個々の助成プログラムを見ると、必ずしも審査や評価を行う専門的な組織が必要と思われないもの（採択率が100％のもの、1件当たりの助成額が10万円未満のものなど）も少なくない」（ibid.）とされる。
　近年の大きな課題としては、低金利政策の影響で基金が果実（利息）を産まなくなってしまい、その結果として助成金額が減少している、という点があげられる。
　自治体文化財団だけを対象とした調査は残念ながら存在しないが、助成財団全般を対象とした（公財）助成財団センター（2016）による2015年度調査（調査対象は938財団）の結果によると、近年の助成事業費は減少傾向にあり、その理由として、「助成事業費の減少は、ここ数年の日本の超低金利政策の影響によるものであり、現在でも助成財団の資金事情は極めて厳しい状況にあることに変わりはない」と分析されている。
　さらに指定管理者制度の導入によって、自治体文化財団の財政基盤が揺らぎ始めているという課題も指摘されている。たとえば、横浜市文化芸術振興財団の事例について、「経理的基礎が『公益認定』に不可欠であるにもかかわらず、その財政的健全さは、指定管理料の抑制によって脅かされている」（瀧端 2010：123）と財団運営の課題が指摘されている。

[5] 文化政策における自治体文化財団の位置づけ

　実は、自治体文化財団についての記述がある論文は数多く存在するが、それらは、①指定管理者制度に関する論文、②文化施設の運営主体として補足的に触れられた論文、がほとんどである。
　一方で、池上＆山田（1993）、根木ほか（1996）、根木ほか（1997）、井口（1998）、池上ほか（1998）、池上ほか（2001）、後藤（2001）、中川（2001）、根木（2001）、伊藤ほか（2002）、上野（2002）、根木（2003）、小林（2004）、松本（2011）、そして、文化経済学会〈日本〉（2016）といった日本の文化政策に関する主要な文献の索引において、「自治体文化財団」または「文化財団」というキーワードは全く採録されていない。
　上記のように索引の用語として「文化財団」は登場しないことからも、日本の文化政策において、実は「文化財団」は正面から議論されてこなかったことは明らか

である。

　すなわち、自治体文化財団という組織は、「文化政策」の主体ではなく、主に文化施設の運営主体として捉えられてきたのである。このことが、自治体文化財団に関して、文化政策面からのある意味で最大の課題といえよう。

4

地域版アーツカウンシルになれるか

　本論においては、日本における地域版アーツカウンシルとしての可能性を有する自治体文化財団を対象として、現状と歴史、そして課題を概観した。

　実際、自治体文化財団の今後の方向性の1つとして、地域創造による調査では「地域アーツカウンシル型財団」が提案されている。この「地域アーツカウンシル型財団」は、「文化政策や文化振興に関する専門機関として、調査研究機能、中間支援機能を備え、地方公共団体の文化政策に関する評価や提案なども行う」とし、また、「文化行政に関する専門家を起用し、文化施設の運営管理以外の面で、地方公共団体の文化政策の中核を担う」（地域創造 2008：27）とイメージされている。

　ただし、自治体文化財団が「地域版アーツカウンシル」として再編される以前の問題として、本論で概観したとおり、自治体文化財団が現在抱えている問題が山積しているのが実態である。

　一方で、日本における「文化政策」という用語の使用に関しては、「戦後50年間、『文化政策』という用語が用いられるとき、多くの知識人の中には、ある種の痛みと抵抗があったことは否めない事実として残っていた」（上野 2002：4）と指摘されている。すなわち、国家や地方自治体が主導する「文化政策」に対して、未だ警戒心が解かれていなかった戦後50年間という歳月が存在したのである。

　この延長線上で考えると、中央官庁の中で文化を所管する「文化庁」が現在に至るまで"省"ではなく、"庁"にとどまっており、また、その予算も微増程度にし

か増えていないという現実、そして自治体文化財団が文化政策において正面から論じられてこなかったことは、いずれも表裏一体の現象であり、それらは実は日本の知識人の思い込みと呪縛が招いた結末であるとも言えるのである。

　自治体文化財団を「地域版アーツカウンシル」として再編していくためには、まずはこうした「思い込みと呪縛」から、「文化政策」を解放していく必要があると言えよう。

注
1) 同報告における「文化施設」とは、県民会館、市民会館・公会堂、公民館、図書館、博物館、美術館、音楽・劇場、青年の家・自然の家、その他文化施設（文化センター、コミュニティセンター、文化財センター、情報センター等）。また、対象となったのは、実地検査を実施した15道府県及び管内市町村等の普通会計において平成6年度から13年度までに完成した1施設当たり事業費が10億円以上の箱物施設。
2) 「プレカリアート（precariat）」とは、「不安定な」（precarious）と「労働者階級」（Proletariat）を組み合わせた語で、1990年代以後に急増した不安定な雇用・労働状況における非正規雇用者のこと。

第 5 章

日本：びわ湖ホール

1

2008年3月問題

2012年6月、いわゆる「劇場法」（劇場、音楽堂等の活性化に関する法律）が公布された。この「劇場法」は、劇場、音楽堂等を設置・運営する者、実演芸術団体等、国、地方公共団体の役割を明確にするとともに、これらの関係者等が相互に連携協力することを明確にする法律である。ただし、劇場法が公布されたとはいえ、公立文化ホールの運営には依然として課題が山積している（太下 2013）。

こうした背景のもと、本稿は、公立文化施設の課題を議会と行政の関係性から考察することを主たる目的としている。

なぜ「議会」に着目するのかという点について補足の説明をしておきたい。そもそも議会とは、日本国憲法第93条に規定が設けられた普通地方公共団体に、その住民に直接公選された議員をもって組織する議会を議事機関として置くことが明記されており、条例の制定や改廃、予算の決定、決算の認定、公の施設の条例で定める独占的利用等の議決をすることとなっているほか、地方公共団体の長に対する不信任議決をすることができる。すなわち、文化政策を含むさまざまな政策に関して、政策の立案と実行は行政だけで完結するものではなく、行政（専門機関である文化財団等を含む）、首長と住民の代表である議会で1つの生態系を構築しているとみることもできる。

そして、こうした研究を実施するにあたり、研究対象として「滋賀県立芸術劇場びわ湖ホール」（以下「びわ湖ホール」）を選定した。びわ湖ホールを選定した理由は、後述するとおり、ホールの運営を巡って議会（特定の会派）と行政（知事）との間で「2008年3月問題」と呼ばれる議論が生じたからである。

この「2008年3月問題」は、後述するとおり、極めて興味深い問題をはらんでいる。ただし、びわ湖ホールの運営に関する既往研究は7件が確認できたものの、滋賀県議会の会議録を詳細に分析した論文は存在しない。たとえば、石田・根木（2002）及び上原（2007）はそもそも事件の発生前のものであるし、松本（2012a）

は議員発言に関する言及がない。また、その他の松本（2012b）、藤野（2008）、上原（2009）、狭間（2009）は、いずれも議員発言に対峙する側からの分析となっている。

そこで、本稿においては、主として滋賀県議会の会議録を一次資料として、既存研究においては分析されていない「びわ湖ホール」に関する議論のプロセスとその課題を解明することを主たる目的とする。

2 びわ湖ホールの概要

びわ湖ホールは、「国際的水準の舞台芸術を最高の鑑賞条件で提供するとともに、プロデュースオペラの制作などを通じた『舞台芸術の創造』『観客の創造』に取り組み、滋賀のシンボルとして国内外に情報を発信していく」（滋賀県）施設である。

そして、このホールを文字どおりに舞台として、1998年9月の開館から2012年までの15年間に合計1,571件の自主事業公演を実施している（公益財団法人びわ湖ホール 2012）。このうち、最も公演数が多いのは「自主事業」（722件）である。自主事業の代表例としては、国内有数の4面舞台を備えた特色ある施設機能を生かしたプロデュースオペラ（2012年度はヴェルディ作曲『椿姫』等）があげられる。

ただし、年度ごとの実施数をみると、2009年以降は「普及事業」の公演数の方が多くなっている。普及事業の代表例としては、「びわ湖ホール 音楽会へ出かけよう！」（ホールの子事業）があげられる。この事業は、子どもたちが本物の舞台芸術に触れるための取り組みであり、県内小学校や特別支援学校の児童・生徒（小学校3～4年生）を対象として、声楽アンサンブルが出演するオーケストラ公演を開催するものである。

そして、自主事業公演を実施してきた結果として、自主事業公演への来館者数は15年間で累計77万人弱に達している。このうち、来館者数が最も多いのは、公演数の傾向と同様に「自主事業」（47万2,788人）となっている。ただし、前述のとおり、2010年以降は「普及事業」での来館者数が急増している。

上述したような事業を提供するための施設としてのびわ湖ホールは、図表3のような施設概要となっている。なお、びわ湖ホールの総工費は約245億円である。

図表1　びわ湖ホールの外観

（出所）筆者撮影（2014年7月）

図表2　びわ湖ホールの年度別公演数（単位：件）

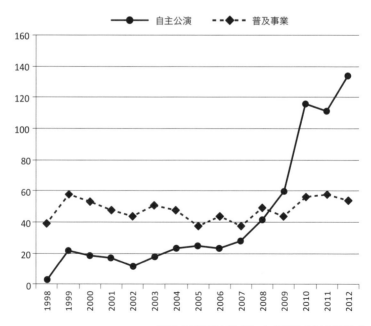

（出所）公益財団法人びわ湖ホール（2012）をもとに筆者作成

図表3　びわ湖ホールの施設概要

敷地面積	20,000㎡
建築規模	地上4階・地下2階
構　　造	鉄骨鉄筋コンクリート造 鉄筋コンクリート造、一部、鉄骨造
建築面積	13,960.05㎡
延床面積	29,264.25㎡
規　　模	大ホール：1,848席（車いす席を含む） 中ホール：804席（車いす席を含む） 小ホール：323席
その他施設	リハーサル室 練習室3室 研修室 舞台芸術情報サロン レストラン、等

（出所）公益財団法人びわ湖ホール（2012）をもとに筆者作成

3

「事件」の概要

　2008年3月1日、京都新聞が「県予算32年ぶり修正案」と題した記事において、滋賀県議会の最大会派「自民党・湖翔クラブ」が「県が財政構造改革プログラムで削減した乳幼児などの福祉医療費約4億円を増額し、前年度と同水準に引き上げる。その財源として、びわ湖ホール（大津市）を約半年間休館し、その間に民間会社も含めた管理者を公募して自主運営費を削減することなどを検討している」と報道した。これが、いわゆる「2008年3月事件」の発端となった。

　この記事に対し、同じ京都新聞で3月8日付「びわ湖ホール　自民会派の削減計画に知事困惑」と題した記事において「滋賀県の嘉田由紀子知事は（中略）びわ湖ホールの運営費について、『4億円も削りようがない』と述べ、削減は難しいとの見解を示した」と報道をしている。

1日おいて3月10日に開催された予算特別委員会にて、この記事を巡って2名の議員から「びわ湖ホールを半年間休館にすると、だれも言ったわけでもございません」のほか、「根拠不明の報道を信用して発言」「議場外で全く根拠のない数字に対してコメント」「我々の会派にとって非常に迷惑な話」、そして「根拠のない新聞報道に基づいて署名活動が行われたり、無用の不安をあおられたり、文化のわからない連中とのレッテルを貼られたり、また、そのことを肯定して助長するかのような知事発言はまことに遺憾」というように、厳しい批判が相次いだ。

　その後、3月19日の予算特別委員会において、福祉医療費の助成増額分は、財政調整基金を取り崩す案が採択された。また、同日の予算特別委員会にて、びわ湖ホールの管理運営について、「経営課題を分析し、自主事業の内容や更新に係る施設整備など、短期・長期的な課題に関して根本的なあり方を検討されたい」と勧告され、「2008年3月事件」は一応の決着を見た。

4　「事件」に関する表層的な問題

　上述した「2008年3月事件」とは、表層的には「首長（行政）と議会の対立」と整理することができる。そこで本稿においては、滋賀県議会の議事録[1]を原資料として、「びわ湖ホール」に関して県議会において、その構想当初からどのような議論が展開されてきたのかを分析する。

　滋賀県議会においては、1990年12月7日に稲葉稔知事（当時）が「仮称びわ湖ホール」の基本計画の概要を説明したことが、びわ湖ホールに関する議論の初出となっている[2]。そしてそれ以降、2014年3月14日までの間に、のべ338件、合計86人の議員が滋賀県議会においてびわ湖ホールについて発言をしている[3]。

　このうち、びわ湖ホールを批判的な文脈で発言しているケースは、合計100件（29.6％）となっている。そして、滋賀県議会における発言数の推移をグラフ化してみると、図表4のとおりであり、びわ湖ホールに関する批判的な発言は、2つの期間に集中していることがわかる。

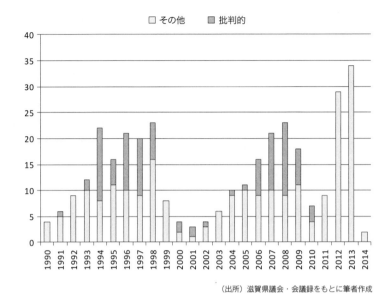

図表4 びわ湖ホールに関する発言数の推移（単位：件）

（出所）滋賀県議会・会議録をもとに筆者作成

　1つは1994年から1998年の期間である。1994年はびわ湖ホールの建設工事（1995年着工）のための予算を審議した年であり、1998年は、同年2月に県議会において「滋賀県立劇場びわ湖ホールの設置及び管理に関する条例」制定されて開館後の事業方針が決定されたほか、同年9月にびわ湖ホールが開館した年であることから、この期間に発言が集中した事情は理解できる。

　もう1つの期間は、2006年から2009年の4年間である。この期間は、2006年7月20日に嘉田由紀子知事が就任（1期目）し、2010年7月20日に同氏が再選されて2期目の就任を果たしたことを勘案すると、この時期の批判的発言は1期目の嘉田知事に対する批判であったと理解することもできる。

　そして、これらのびわ湖ホールに対する批判的な発言は、その内容面に関して、以下のとおり、「3種類のアンバランス」として概ね整理することができる。

　1つは「予算が多すぎる」という指摘である。2点目は「滋賀県民以外の来館者の比率が高すぎる」という指摘である。そして3つめは「オペラが偏重されすぎている」という指摘である。

　1点目の「予算が多すぎる」という点から順にみていきたい。まず、びわ湖ホー

ルについて、滋賀県の財政問題と絡めている発言が全体で合計67件（19.8%）である。このうち批判的な文脈でびわ湖ホールと財政問題について議論している発言は71.6%（48件）もある。

　実は滋賀県においては、びわ湖ホールの建設工事が着工された1995年、滋賀県行政改革委員会の中間報告において、びわ湖ホールなどの大規模施設が財政硬直化の重大な要因になるおそれがあると指摘されていた。そして、開館（1998年）後の2002年12月には「財政構造改革プログラム」が策定されており、それ以降、2005年3月に「財政危機回避のための改革プログラム」、さらに「2008年3月事件」と同月、嘉田知事の就任（2006年7月20日）直前の3月に「滋賀県財政構造改革プログラム～滋賀の未来に向けての財政基盤づくり～」が策定されている。

　こうした一連の財政構造改革は、国の「三位一体の改革」により地方交付税が大幅に削減されたことや税源移譲額を上回る国庫補助金負担金の額が削減されたこと、さらには「歳入・歳出一体改革」で地方の一般歳出の削減方針が示されたこと（滋賀県2008）等を背景としている。

　以上のように、滋賀県の財政が極めて厳しい状況にある中で「2008年3月事件」が起こったということを理解する必要がある。その意味では、仮に「2008年3月」に事件が起こらなかったとしても、2011年度以降の各年度において140億円から260億円にもおよぶ財源不足が見込まれた状況においては、いずれ「2008年3月事件」と同様に、びわ湖ホールに関する大幅な予算の削減が県議会において討議された可能性が高いものと考えられる。

　次に2点目の、「滋賀県民以外の来館者の比率が高すぎる」という指摘についてみてみたい。びわ湖ホールの来館者のうち滋賀県内の比率は、2012年度の自主公演のアンケート調査結果によると58.4%となっている。仮に開館から15年間、これが同じ比率であったと設定して、滋賀県民の来場者を試算してみると、のべ45万人弱という数値となる[4]。また、仮にびわ湖ホールの自主事業費のうちの「県補助金（指定管理料）」の割合（54.7%）が一定であるとすると、滋賀県民以外のために使用された金額は、15年間合計で35億1,467万円にも達している計算となる。

　こうしたことを背景として、議員より「S席1万6,000円に対して、3万円以上の県費補助を必要としている。京都府や大阪府から見に来ていただいた方々に、その払っていただいた倍以上の滋賀県民の血税が使われている」（2008年3月10日）、または「県外の人に高額補助が出ているように思ってしまいます」（2009年10月16日）

といった批判がなされたのである。

　さらに、3点目の「オペラが偏重されすぎている」という点についてみていきたい。びわ湖ホールの来館者数を公演の分野別にみると、「オペラ・ミュージカル」の来館者数は、15年間合計で14万7,261人となっており、最も来館者の多い分野となっている。こうした状況に対して、次項において詳述するとおり、「オペラが偏重されすぎている」という批判が議員からなされている。

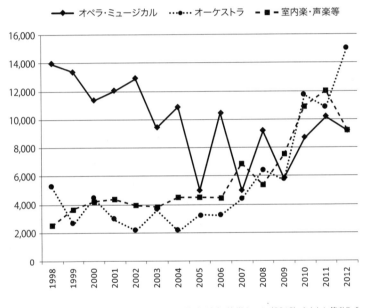

図表5　自主事業の来館者数（単位：人）

（出所）公益財団法人びわ湖ホール（2012）をもとに筆者作成

　ただし、このデータを年次別にみてみると、図表5のとおり、開館から10年ほどは「オペラ・ミュージカル」の来館者数が多いものの、2010年以降は「室内楽・声楽等」及び「オーケストラ」に逆転されている。すなわち、開館当初はたしかにオペラ等の来館者が多かったものの、ちょうど「2008年3月事件」を境として、びわ湖ホールにおけるオペラ等の来館者は減少していることが理解できる。

　なお、このようにオペラの来館者が減少し、その一方で「室内楽・声楽等」の分野での来館者数が大きく増加している背景としては、1つにはびわ湖ホールに対す

る県補助金が大幅に削減されたため、プロデュースオペラの制作が困難になったということと、一方で、びわ湖ホールの「声楽アンサンブル」の活動による普及活動の効果も寄与しているものと推測される。

5 「事件」に関する本質的な問題

前項においては、「2008年3月事件」を表層的に分析してみたが、3つの課題それぞれについて、より本質的な問題は別に所在すると推測される。

まず1つ目の「予算が多すぎる」という指摘に関して、さらに分析してみたい。びわ湖ホールには、15年間の累計で110億円以上が費やされてきた[5]。財源のうち最も割合が高いのは、「県補助金（指定管理料）」であり、累計額は60億円以上に達している。ただし、2011年には「チケット収入」及び「助成金等」の金額がともに「県補助金（指定管理料）」を超えるという逆転現象が起こっている。ちなみに、「県補助金（指定管理料）」は開館初年度の1998年度には7億374万円であったものが、2012年度には1億9,280万円と、当初の3割弱の水準にまで激減している（なお、その他の助成金等を加算した自主事業費は合計で4億5,986万円）。

一方、びわ湖ホールの建設を議論するなかで、議員より「私たちの調査によりますと、全国の施設の例では、一般的に建設費の約10％の維持管理運営費が必要と言われております」（1994年10月5日）という発言もされていたのである。

また、びわ湖ホールと比較するにあたり、①専属のオペラ団体を抱えておらず、②地方自治体が運営予算の大半を拠出しており、③比較的近年に開館した、という3つの条件を全て満たしているオペラハウスとして、リール市（フランス）のリール・オペラ座があげられる。リール・オペラ座の年間の事業予算は約1,200万ユーロとなっており、そのうち約52％（約624万ユーロ）を地方自治体（リール市及びリール広域市）が拠出している[6]。仮に1ユーロ＝150円で換算すると、地方自治体の拠出は年間9億3,600万円となる。

こうしたことを勘案すると、びわ湖ホールは「予算が多すぎる」ことが課題なのではなく、より本質的には、前述した「国際的水準の舞台芸術を最高の鑑賞条件で提供するとともに、プロデュースオペラの制作などを通じた『舞台芸術の創造』『観客の創造』に取り組み、滋賀のシンボルとして国内外に情報を発信していく」施設であるには、実は「予算が少なすぎた」ことが課題だと考えられる。

　たとえば、開館後10年間で一定水準以上の成果をあげることを条件として、開館後10年間の補助金総額として、建設費と同程度の予算を債務負担行為によって担保すべきであったと考えられる。この場合、当然のことではあるが、議会（議員）が理解と共感をできるような、10年後の目標を設定しておくことが必要である。

図表6　びわ湖ホールの自主事業費（決算額、単位：千円）

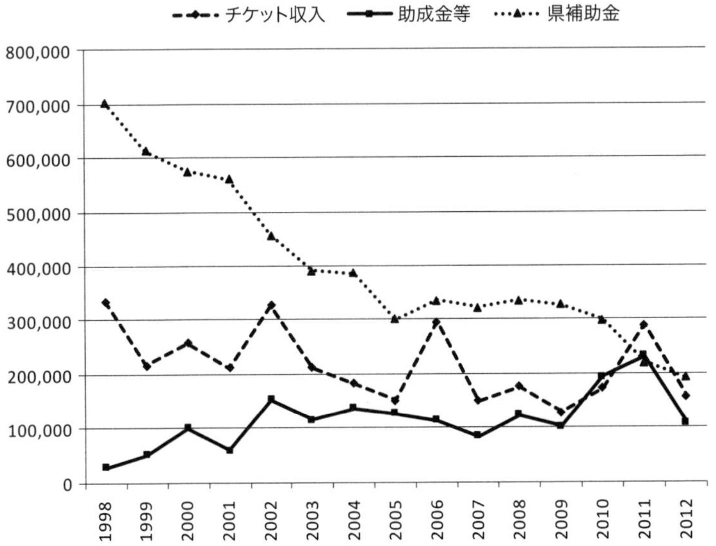

（出所）公益財団法人びわ湖ホール（2012）をもとに筆者作成

　また、2点目の「滋賀県民以外の来館者の比率が高すぎる」という点に関しては、そもそも課題の設定が真逆であり、正しくは「滋賀県民の来館者が少ない」ということを課題として提起すべきであろう。

　実際のところ、滋賀県民はどのくらいびわ湖ホールでの文化事業に参加しているのであろうか。財団法人びわ湖ホールが立命館大学衣笠総合研究機構地域情報研

究センターに委託した調査「公立文化施設としてのびわ湖ホールの存立、あり方、運営についての評価の研究」(2009年1月)[7]によると、「びわ湖ホールの催しの中心であるクラシック音楽・オペラ・ミュージカル・演劇バレエ[8]・ダンスのいずれにも参加したことがない者の割合が87.5％と高い」という結果となっている。

ただし、①この調査対象は滋賀県内の有識者名簿をもとに(年代・地域の人口比率に応じて無作為抽出)していること、②びわ湖ホールへの関心が比較的高い人々が回答(有効回答率：34.7％)したと想定されること、といった理由から、上述した来館していない者の割合に関しては、実際にはもっと高い水準であることが推測される[9]。

また、びわ湖ホールに対して批判的な発言をした議員の選挙区を地域区分したものと、びわ湖ホールへの県内来館者の居住地を比較してみると、興味深い結果となる。図表7のとおり、びわ湖ホールへの県内来館者の居住地は、3分の2以上がびわ湖ホールの立地する大津市内であるのに対して、びわ湖ホールに対して批判的な発言をした議員の選挙区は、8割以上が「大津市以外」となっているのである。

もとより、びわ湖ホールは県民全員が来館することを目指すような施設ではない。しかし、びわ湖ホールで実施される文化事業への来館がごく一部の県民にとどまっており、また特定の地域に偏っているという事実については十分に理解しておく必要があるだろう。

図表7　びわ湖ホールの県内来館者及び批判議員の選挙区の比較[10]

	大津市内	その他県内
県内来館者の居住地	66.9%	33.1%
批判的発言をした議員の選挙区（延件数）	19.1%	81.9%

(出所) 滋賀県議会・会議録をもとに筆者作成

その意味では、びわ湖ホールの開館からちょうど10年目の節目に勃発した「2008年3月事件」は、開館から10年もの活動を経たにもかかわらず、県内来館者の水準が、県民ならびにその代表である県議会議員が得心できる水準までには達していなかった、ということが表出したものと理解することもできる。

そして、仮に「県内からの来館者数またはその割合」が重要な指標となるという

判断をするのであれば、計画の当初から、県内からどの程度の来館者を呼び込むのかなど、目標を設定しておくべきであったと考えられる。こうした目標が設定されていなかったことが、びわ湖ホールにおけるより本質的な課題である。

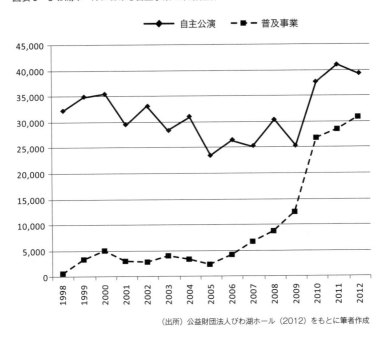

図表8　びわ湖ホールにおける自主事業の来館者数

(出所) 公益財団法人びわ湖ホール (2012) をもとに筆者作成

　もしも仮に、県内の来館者数またはその割合に関して目標が設定されていたのだとすると、その目標達成のために、県民に対してオペラをはじめとする、さまざまな文化芸術を普及することが重要な施策となっていたであろう。たとえば、こうした普及事業に自主公演と同程度またはそれ以上の予算を投資するという判断があったかもしれない。

　前述したとおり、びわ湖ホールにおいて普及事業が活発化するのは、2010年度以降のことである。本来であれば、開館の数年前からこうした普及事業を展開して、文化事業を鑑賞する需要を喚起しておくべきであったと考えられる。

　そして、より多くの県民がびわ湖ホールの自主事業に来館するようになると、県民にとっては「びわ湖ホールのチケットがとれない」ことが課題となっていたはず

である。すなわち、別の意味で「滋賀県民以外の比率が高すぎる」ことが課題となり、むしろ「滋賀県民に対するチケットの優先販売」が必要、という議論が起こってしかるべきであった。

以上から、びわ湖ホールに関しては、その計画段階において、普及のためのビジョン及び具体策を欠いていたことがより本質的な課題であったと指摘できる。

本項の最後に、3点目の「オペラが偏重されすぎている」という問題について考察したい。当然のことながら、予算が無限に提供されるわけではないのであるから、一定の制約のもとで、どのような政策分野をより重視すべきかについて判断することが議会の役割である。このように考えると、文化予算を削減して福祉予算を増額するべき、という考え方自体は、(その是非や好き嫌いはともかく) 最終的には議会が判断すればよい事項にすぎない。「2008年3月事件」は、その「事件」という名称が象徴しているように、文化政策の分野では批判的な文脈で語られることがほとんどであるが、ある意味では実は議会としては正統的な反応であったに過ぎないとみることもできる。

このように考えると、文化予算の中で特にどの文化分野をより重視すべきか、についても最終的には議会が判断すればよいことであると考えられる。

問題は、そもそも議会で「オペラを重視すべきかどうか」という議論が十分になされていなかった点にある。すなわち、「オペラが偏重されすぎている」ことが課題なのではなく、「何らかの分野を重視すべきかどうか」及び「もしも特定の分野を重視するのであれば、どの分野を重視すべきか」に関する議論がなされていないまま、実質的にオペラハウスが建設されてしまったことが、より根深い課題なのである。

先行研究においても、滋賀県議会におけるびわ湖ホールの事業費及び管理運営費に関する議論について、「県政に携わる人々の中で、オペラやバレエが上演可能なホールをつくることの意義について、十分な理解を得られていなかったことが浮き彫りとなった結果である」(松本 2012：152) と考察されている。

滋賀県議会の会議録を分析してみると、びわ湖ホールにおいて「オペラ」を上演することについてについて言及があったのは、1990年2月定例会 (3月16日) における教育長 (当時) の「オペラ、バレエ、ミュージカル等にも対応できる舞台設備を備えたもの」という発言が初出である。

その後、この「オペラ」を重視することについて特段の議論がないまま、1994

年2月の定例会では、「オペラが上演できる4面舞台を持つ国内有数の本格的舞台芸術施設」が既定路線として発言されている。

また、1994年9月定例会では、知事によって「議員各位の御意見も踏まえながら、計画的な実施を図ってきた」という答弁がされているが、実態としては議員の意見は基本的には反映されていない。

そして、滋賀県議会における「オペラ」を巡る発言は、その後も継続されていくことになるが、ここに興味深い1つの特徴を見出すことができる。

それは、議員がびわ湖ホールに関して「オペラが偏重されすぎている」ことについて批判する発言をした場合、その答弁は、オペラだけに偏らずに「幅広く多彩なジャンル」にわたって公演に取り組んでいる、と強調している点である。

具体的には、1994年9月定例会に始まって、1995年9月定例会、1996年12月定例会、1997年9月定例会、1998年2月定例会、2000年2月定例会、2001年2月定例会、そして2005年9月定例会と、あらかじめ台詞が決められた芝居でもあるかのように同じ構造の答弁が8回ほど繰り返されている。

特に1994年から2001年までの期間は、まるで約束事でもあるかのように、知事が交代してもほぼ年に1回のペースで継続されているのである。

図表9　滋賀県議会において「オペラ」について言及のある発言及び答弁

会議の年月日	発言	答弁
1990年2月定例会（3月16日）	―	◎教育長 オペラ、バレエ、ミュージカル等にも対応できる舞台設備を備えたもの
1994年2月定例会（3月16日）	オペラが上演できる4面舞台を持つ国内有数の本格的舞台芸術施設であり、別に800人収容の演劇ホールを有するというデラックスなもの（中略）不安を持つ	◎文化長 第二国立劇場や愛知芸術劇場など、びわ湖ホールと同じような多面舞台や充実した機構を持つ劇場を初め、特色ある企画を展開している他のホールと事業提携
1994年7月定例会（7月8日）	オペラなど音楽専用ホール2,000席	◎教育長 自主事業につきましては（中略）世界的水準のオペラ、バレエ、ミュージカル、オーケストラ、演劇、舞踊などの鑑賞機会の提供（後略）

会議の年月日	発言	答弁
1994年 9月定例会 （10月5日）	オペラやコンサート、演劇などの鑑賞人口が一挙に増大することは不可能（中略）観客動員においても極めて深刻な不安要因が存在	◎教育長 バレエ、オペラなどの魅力のある事業（中略）などによりまして、県内のみならず、京阪神や全国からも観客が動員できるような事業を展開
1994年 9月定例会 （10月5日）	4面舞台を生かした出し物の上演には1回5、6億円必要（中略）県費による相当な裏打ちが必要（中略）維持管理の経費についても大きな問題	◎知事 議員各位の御意見も踏まえながら、計画的実施を図ってきた
1995年 2月定例会 （3月02日）	4面舞台を持ったオペラのできる音楽ホール、バブルの絶好期に計画されたぜいたくな施設、観客動員の不安、膨大な維持管理費、財政負担のしわ寄せ等	◎教育長 本県文化の振興を図る上での拠点となる施設として、計画どおり進めてまいりたい
1995年 9月定例会 （10月5日）	超一流のオペラハウスびわ湖ホールが約230億円かけて3年後に開館する、しかし、複数の音楽関係者は、音楽人口が少ない上に、内容が定まっていない、先行きが心配	◎教育長 バレエ、オペラ、ミュージカル、コンサート等、魅力ある公演事業（中略）について検討を進めてまいりたい
1996年 12月定例会 （12月6日）	オペラハウスとか本場の舞台芸術とか前宣伝されますと、宮廷芸術という感じも強くして、日常の県民生活文化との乖離が懸念	◎教育長 バレエ、ミュージカル、演劇などの事業についても相互の企画に可能な限り連携を持たせるなど、特色ある事業展開を図ってまいりたい
1997年 9月定例会 （9月26日）	オペラばかり上演されるのではとの声を耳にするのですが、何もオペラばかりが高い水準の舞台芸術ではありません	◎企画県民部長 オペラ、オーケストラや室内楽のコンサート、演劇、バレエ等、幅広いジャンルにわたり、（中略）バラエティー豊かなものに
1997年 9月定例会 （10月2日）	びわ湖ホールへの批判は、（中略）4面舞台を持ちオペラの上演にふさわしいホールを売り物にしたことに起因	◎企画県民部長 びわ湖ホールでは、施設の特色を生かした事業を中心
1998年 2月定例会 （3月4日）	オペラ、シンフォニー、バレエ、オーケストラなどの西洋文化の言葉が目につくだけであり、日本の古典芸能についてのことはまるでありません	◎理事 県内公立ホール等での公演状況、観客の皆様の御要望などを勘案しながら、より多くの方々に足を運んでいただける多彩な企画を行ってまいりたい
2000年 2月定例会 （2月28日）	国際的水準のオペラをよい鑑賞条件でもって提供することが、びわ湖ホールを中心とした芸術、文化の熟成や特色ある創造活動に資するのかどうか、大変疑問（中略）びわ湖ホールとオペラはミスマッチ	◎企画県民部長 音楽、舞踊、演劇等、さまざまな分野のすぐれた舞台芸術公演を多彩に開催

会議の年月日	発言	答弁
2000年2月定例会（2月28日）	何億円のオペラを呼ぶことによって、他の劇場とはそれは違う企画ができるかもしれません。それを果たして県民が願っているのかどうか	―（明確な答弁なし）
2001年2月定例会（3月7日）	大きな経費のかかるオペラはやめ（中略）小さなオペラ、つまり日本オペラでも十分に文化は育つと思う	◎企画県民部長 オペラに限らず、演劇、ダンス、伝統芸能、コンサートなど多彩なジャンルの公演を行っており（中略）西日本唯一の4面舞台を生かしたプロデュースオペラは、我が国でも水準の高いものとして全国からも高く評価
2005年9月定例会（10月5日）	本県はこの際、びわ湖ホールにおけるオペラ中心主義の文化行政から撤退し、滋賀県が有している真の文化資源を守り、育て、発信していく文化振興政策へ変更される意思はないのでしょうか	◎知事 びわ湖ホールでは、総合芸術として世界じゅうに親しまれているオペラを初め、バレエ、ダンス、演劇、古典芸能など、幅広いジャンルの公演（中略）など、さまざまな活動に取り組んでいる
2006年12月定例会（12月6日）	びわ湖ホールのオペラにつきましては、西洋芸術やオペラに関心が薄い生活者にとっては、費用対効果という点でまさにもったいない	―（明確な答弁なし）
2008年2月定例会（2月22日）	1年間に鑑賞した芸術・文化のジャンル（中略）、クラシック音楽、オペラはずっと低く、7.5％となっております。また、今後鑑賞してみたいジャンルでも、（中略）クラシック音楽、オペラは同様に低い数値でしかありません。	◎知事 今後鑑賞してみたいとする人の割合が18.6％となっていることから、県民の皆さんのクラシック音楽、オペラに対する潜在的ニーズはあるものと考えており（中略）自主事業においては、オペラ、コンサート、バレエ、ダンス、演劇、伝統芸能など、ジャンルを超えて多彩な感動のステージを県民の皆さんにお届けしております
2008年予算特別委員会（3月10日）	平成20年度に大オペラ公演トゥーランドット、サロメに対する県費は約1億円（中略）同じ1億円の県費を使うのに、福祉医療費とびわ湖ホールのオペラのどっちを取るか	―（明確な答弁なし）

（出所）滋賀県議会・会議録をもとに筆者作成

　ではなぜ、このように本質的な事項が議会において議論されていなかったのであろうか。

　ところで、びわ湖ホールの運営や事業に関するソフト面の発言は、25年間で47件（13.9％）となっている。ただし、こうしたソフト面の議論が最も必要であったと

考えられる、開館（1998年）までの期間で集計すると、18件（13.5%）にしかすぎない。

さらに、開館までの重要な期間において、びわ湖ホールの運営方法について「財団法人」という組織形態に関してまで言及している発言は、わずか3件（2.3%）にしかすぎない。

財団に関する発言数は3件と極めて少ないが、びわ湖ホールの運営に関する建設的な批判が議員より提示されていた。この時、行政はこれに対して文化政策の面から適切な政策デザインを検討のうえ、真摯に回答するべきであったと考えられる。

その一方で、びわ湖ホールの駐車場またはアクセス道路に関する発言が、25年間で34件（10.1%）にも達している。さらに開館までの期間で集計すると、30件（22.6%）となっており、同じ期間で運営方法について言及した発言（18件）よりもはるかに多い。

こうした結果を見る限り、滋賀県議会においては、びわ湖ホールの整備及び運営を巡って、一部には財団の運営のあり方など、意識の高い議論が展開されていたものの、残念ながら多くは駐車場などの議論に費やされており、総じて建設的な議論が展開されてこなかったことが理解できる。

6 何が議会で議論され（なかっ）たのか

以上、本稿において、議会と行政が十分な議論を展開できていなかったことが解明されたと考える。

具体的には、「いずれかの分野を重視すべきかどうか」及び（重視する場合には）「どの分野を重視すべきか」に関する議論がなされないまま、実質的にオペラハウスが建設されてしまったことが根本的な課題である。

オペラを重視するという判断を議会ができていないため、滋賀の文化的シンボルとなる施設に相応しい自主事業費を確保することが困難となってしまったのである。

また、同様の理由から、オペラ鑑賞の需要を喚起するような普及事業の展開も、結果として県民比率が低いということが問題化してからの後手の対応となってしまったのである。

　文化政策を含むさまざまな政策に関しては、政策の立案と実行は行政だけで完結するものではなく、行政（及びその長である首長）、住民の代表である議会で相互に関連する、ある種の生態系を構築しているべきものであるにもかかわらず、びわ湖ホールに関しては、議会と行政が本質的な議論を展開できてこなかった。

　議会の議員という存在は、行政の職員とは異なり、連続性や継続性が担保されていない。そして、選挙を通じて改選が行われること自体がむしろ「民主的」だと理解されている。

　その意味では、文化政策の議論において、単に「文化に理解のない議員が悪い」であるとか「文化的危機である」などと教条主義的に批判をするだけでは、現実の文化政策の課題を明確化することにはならず、結果として文化政策を変革することもできない。

　議会と行政が本質的な議論を行うためには、本来望ましいかたちとしては、施設整備に先立ってアーツカウンシル（文化財団）等の専門組織を立ち上げ、このアーツカウンシルが将来の文化事業のプログラム企画とそれを実現するための施設内容を行政に提言するかたちで計画案を取りまとめ、その計画案について議会で議論が行われる、というプロセスが必要であったと考えられる。

　すなわち、文化政策とは、行政のみでデザインするものではなく、議会や専門機関（アーツカウンシル）と一体となった、いわば「拡張された政策デザイン」というフレームで企画・構築する必要があると考えられる。

　本稿で分析した事例は、びわ湖ホールを巡る特定の事例であったが、これはけっして滋賀県特有の事象ではなく、他の地方自治体でも起こり得るし、現に起こっているかもしれない課題であると推測される。

　また、ここでは、新たに整備されたびわ湖ホールの事例を取り上げたが、今後は文化施設の再整備やリニューアルなどにおいて、同様の事態が生じる懸念がある。そこで、議会において文化政策（または文化施設の整備・リニューアルなど）の予算が議論される前に、行政と文化政策の専門機関（アーツカウンシル）が議論を重ねて、一定のまとめを行っておく必要がある。

注

1) 滋賀県議会。1988年以降の会議録を公開。<http://www.shigaken-gikai.jp/voices/g08v_search.asp>
2) 同発言以前に、たとえば「県民文化会館」等の名称で発言されているケースもあると推測されるが、本稿においてはそれらの発言は分析の対象には含めていない。
3) 知事及び行政職員による答弁を除く。また、議長や委員長などが議事進行のために、議題に含まれている「びわ湖ホール」の名称を読み上げるケースも除いた。
4) 2014年9月1日現在の滋賀県の総人口は141万6,302人。
5) 決算額。以下、同様。
6) 予算総額については仏ル・モンド誌 <http://paulinevandermersch.blog.lemonde.fr/2013/05/19/apero-opera-a-lille/>（2013年5月19日）。予算内訳については筆者によるヒアリング調査（2012年12月12日）。
7) 同調査に関しては、たとえば、「びわ湖ホールで行われた催し（舞台芸術公演など）に参加したことがきっかけとなって、文化芸術への関心が以前よりも高まったか」「びわ湖ホールなどの県立文化施設の運営の主要な原資としては何が望ましいと考えるか（県の予算、入場料などの受益者負担、企業などのメセナ活動費、貸館料収入、など）」または「他の政策分野の予算を削減して、びわ湖ホールなどの文化芸術予算をより拡充すべきかどうか」などの設問を県民に確認した方がより良い調査になったと考える。
8) 原文のママ。
9) もし仮に同調査に回答しなかった県民が「びわ湖ホールでの催しに参加したことがない」との前提で試算すると、95.7%（100-34.7）＋（34.7 × 87.5/100）の県民が「びわ湖ホールでの催しに参加したことがない」という結果となる。
10) ただし、びわ湖ホールの構想当初から一貫して反対していた特定政党に関しては地域性と関連しないため、同党議員の発言を除いて集計した。

第 6 章

アームズ・レングスの原則

1

4つの異分野から考察する

ここまで考察してきたとおり、日本の自治体文化財団に関しては、従来の文化政策論の分野においてはこれを正面からとらえた研究がなされてこなかった。一方で、2020東京オリンピックの文化プログラムを全国で実施するにあたり、「地域版アーツカウンシル」の必要性が提唱され、その議論が盛んとなっている。

そこで、本章及び次章においては、英国のアーツカウンシル・イングランド及びクリエイティブ・スコットランドの事例研究、そして日本の自治体文化財団の事例研究の成果を踏まえて、今後の日本において「地域版アーツカウンシル」の設置を実現していくための要点を整理したい。

検討にあたっては、「地域版アーツカウンシル」に関して文化政策の分野ではほとんど議論がなされていないことを踏まえ、本章においてさまざまな分野からの学際的なアプローチを試みることとする。

具体的には、「大学自治とアームズ・レングス」「編集の自由とアームズ・レングス」「経営ガバナンスとアームズ・レングス」「科学技術振興マネジメントとアームズ・レングス」という4つの分野から、「地域版アーツカウンシル」におけるアームズ・レングスのあり方について考察する。

2

大学自治

[1] アーツカウンシルと大学

　世界で最初のアーツカウンシルを提唱・設立したケインズが、「アームズ・レングスの原則」の提唱者であると誤解された背景に関しては、ケインズが「半自治的組織（semi-autonomousbodies）」という概念の提唱者であった点を既に第2章で考察している。

　この「半自治的組織」について、「日常業務では、決められた範囲内でほぼ自治組織として活動するが、最終的には議会を通じて表現される民主主義の主権に従うべきである」（keynes1926：195）と説明しており、そのような組織体の事例の筆頭に「大学」をあげている。

　こうした背景を踏まえ、望ましい地域版アーツカウンシルのあり方を考察するにあたって、本章において最初に分析するべき対象は「大学」であり、特に「大学の自治」に関してであると考えられる。

　一方で、日本の大学自治の原型は、「東京帝国大学における『戸水事件』（1905年）と京都帝国大学における『沢柳事件』（1914年）により形成された」（大崎1998：52）とされ、その自治の中核とは「教授全員が参加する学部教授会の決定を、大学の管理運営の基盤とするところにある」（大崎1998：53）とされる。

　そして、このように帝国大学で培われた大学の自治の慣行は、「ほぼそのまま新制大学に受け継がれた」（大崎1998：55）が、その理由については、「戦前の大学の自治が、国家権力に対し学問の自由、大学の独立を守った輝かしい伝統として、大学関係者はもちろん、政府も一般国民も高く評価していたからに他ならない」（ibid.）と考察されている。

　また、上述したような戦前の歴史的事実を背景として、戦後における大学の自治は、「政府の施策に対する大学（学部や教授）の反対運動、あるいは大学執行部に対する学部の抵抗の制度的・精神的バックボーンとなった」（山本2010：5）と評価されている。

こうした「大学の自治」を巡る議論は、第1章で考察した、文化政策の分野における「アームズ・レングスの原則」に関する旧来の論考にも適応が可能であると考えられるため、以下においては、日本の大学を中心として、「大学の自治」に関して考察したうえ、アーツカウンシルにとっての示唆としたい。
　なお、日本における「大学の自治」に関する既存研究は、法的位置づけに関する議論、国立大学及びその法人化に関連する議論、私立大学に関連する議論、に大別することができる。そこで、以下においてはこの順序で検討を進めたい。

[2]「大学の自治」の法的位置づけ

　日本国憲法は「学問の自由」について、「第23条　学問の自由は、これを保障する」と規定しているが、「大学の自治」に関する規定は明示していない。ただし、この23条の規定に関しては、「この規定は要するに、いわゆる"学問の担い手"（あるいは学問が行われる場所）である『大学』にこれまで伝統的に認められてきた自治慣行を、それをそれとしてそのまま残存させることを宣言したものである」（奥平1993：204）との解釈が有力である。たとえば、こうした学説においては、「学問の自由の保障の歴史的沿革的な観点から学問の自由と大学の自治は密接不可分な関係にあり、大学の自治もまた二三条の学問の自由によって保障される」（高野1995：202）とみなされている。そして、大学の自治の内容・範囲に関しては、「教授の自由、教員人事の自主決定を中核とする教授会の自治、その他管理運営の諸相における自治」（奥平1993：204-205）であるとされる。
　なお、2006年に改正された教育基本法においては、第7条第2項として「大学については、自主性、自律性その他の大学における教育及び研究の特性が尊重されなければならない」という項目が新設されている（文部科学省2006）。
　また、同法の第16条教育は、「教育は、不当な支配に服することなく、この法律及び他の法律の定めるところにより行われるべきものであり、教育行政は、国と地方公共団体との適切な役割分担及び相互の協力の下、公正かつ適正に行われなければならない」としている。この「不当に支配」に関しては、「例えば人種、信条、性別等によって教育上差別を設けるような教育上または教育行政上の措置を国や地方公共団体が行ったり、私的団体や個人がかような運動をおこしたり、教育者を圧迫したり、ファシズムや共産主義のような民主主義に反する思想を学校内で宣伝したり、その他学園を政治的闘争の舞台にしたりすること」（田中1961：863）が含ま

れるとされる。

　そして、学校教育法の第93条においては、「大学に、教授会を置く」及び同条2項において、「教授会は、学長が次に掲げる事項について決定を行うに当たり意見を述べるものとする」と規定している。その事項として「一　学生の入学、卒業及び課程の修了」「二　学位の授与」「三　前二号に掲げるもののほか、教育研究に関する重要な事項で、教授会の意見を聴くことが必要なものとして学長が定めるもの」を列挙している。そして3項において「教授会は、前項に規定するもののほか、学長及び学部長その他の教授会が置かれる組織の長（以下この項において「学長等」という。）がつかさどる教育研究に関する事項について審議し、及び学長等の求めに応じ、意見を述べることができる」、4項においては「教授会の組織には、准教授その他の職員を加えることができる」としている。

　さて、現代日本における大学の自治に関して、最高裁判所判例を最初にもたらしたのが、いわゆる「東大ポポロ事件」であるとされる。この「東大ポポロ事件」とは、東京大学の公認学生団体「ポポロ劇団」が演劇発表会を行った際に、学生が会場にいた私服警官に暴行を加えた事件である。この「東大ポポロ事件」（事件番号：昭和31（あ）2973）の最高裁判例（昭和38年5月22日）においては、「大学における学問の自由を保障するために、伝統的に大学の自治が認められている。この自治は、とくに大学の教授その他の研究者の人事に関して認められ、大学の学長、教授その他の研究者が大学の自主的判断に基づいて選任される。また、大学の施設と学生の管理についてもある程度で認められ、これらについてある程度で大学に自主的な秩序維持の権能が認められている」と判決理由が述べられている。

　ただし、東大ポポロ事件の判決に関しては、「それによって大学の自治の法律的概念がはっきりしたかと言えば、そうなっていない」（奥平1993：205）との批判もある。

[3]「教育権の独立の原則」に関する考察

　第二次世界大戦後の日本の大学における「大学の自治」を考察するにあたっては、法哲学者の田中耕太郎が提唱した「教育権の独立」について触れることがまず第1に必要であろう。田中は、第1次吉田内閣において文部大臣（在任期間1946年5月22日-1947年1月31日）となり、1947年3月31日に公布・施行された教育基本法（旧法）の制定にも尽力しており、わが国における教育論のパイオニアであ

ると高く評価されている。

　田中は「教育権の独立の原則」に関して、教育が「不当な政治的及び行政的干渉の圏外におかれることを意味する」（田中 1948：101、太下注：旧字は新字に変換）及び、「教育は政治的干渉より守られなければならぬとともに、官僚的支配に対しても保護せられなければならない」（田中 1948：104、同上）と論じている。

　そして、「司法権の独立が近代国家の要請であるごとく、教育権の独立も一つの政治原則として確認せられなければならない」（田中 1948：58、同上）と論述しているほか、司法と教育に関しては「これらの活動は自由でなければならず、独立が保障されていいなければならない。独立であることは裁判官と教育者の職業倫理である」（田中 1961：856-857）と記述しており、「教育権の独立」に関する先行研究においても、この司法と教育のアナロジーは指摘されている（岡 2001：85）。

　また、田中は「教育者と被教育者との関係―教育関係―は芸術家と作品との間のものと同様に、極めて個人的な関係であり、そこに国家の介入を許さないのである」（田中 1948：55、同上）とも論じている。

　ただし、こうした「教育権の独立」に関しては、限定的な理解が必要であると指摘されている（岡 2001：86）。

　実際に田中は、「教育は国家社会の健全な発展のために大いなる重要性をもっている」ため、「教育に関しては、たとえ教育関係が個人的性質のものであっても、国家はある程度においてそれが自己の管理の下におかれることを要求する」と考察したうえで、「近代国家はいづれもその機能の中に教育をとり込み、教育は文化国家の一大任務と認められるにいたっているのである」（田中 1948：56、同上）と論じている。ここにおいては、教育に対して、国家が関与する正当性が論じられているのである。そして、こうした考え方のもと、国や地方公共団体は教育に対して「積極的な役割を演じなくてはならない」（田中 1961：870）こととなり、「教育行政は決して無用ではなく、教育についての根本的理解の下に、干渉的取締的の立場からではなく、助長的奨励的立場において遂行されねばならぬ」（田中 1948：105、同上）と田中は主張している。

　こうしたことから、田中の提唱する「教育権の独立」に関しては、限定的な理解が必要となる。すなわち、「教育権の独立」という字句のイメージとは裏腹に、「『国家』の関与を認め、『政策当局』が専門家の意見を聞くという条件の下で決定し、その政策を『文教行政当局』が実行すること」及び「教育の条件整備につい

ては中央集権的な組織の頂点に位置する文部省が力を持つこと」（岡2001：91）を田中は意図していた、と先行研究においては分析されている。

　そもそも日本の大学制度は、西欧諸国の大学と比較して、「近代国家の成立・成長とともにできたから、国の主導的性格が強い」（渡部2003：24）という特徴がある。そこから考えると、田中の提唱する国家が関与する中での「教育権」のあり方についても、腑に落ちるものである。

　なお、田中は地方教育行政に関しても、「教育権の独立」に関連する、きわめて興味深い発言を行っている。すなわち、地方教育行政（特に初等・中等教育）を内務官僚ならびに文部官僚の指揮監督から切り離し、地域ブロック別の「地方教育委員会および地方教育研究所」の設置を提言しているのである（田中1961：854-855）。そして、その実現のために、「残された唯一の可能性は大学を地方教育行政の拠点とすることである」（田中1961：856）と提言している。この発言に関しては、「従来の行政の弊害である硬直した官僚制から教育を独立させ、社会的に学問・研究を預かる大学教授達の自治によって地方ごとの教育行政を確立する」構想（梅本2009：72）であると評価されている。なお、実際にはこの構想は実現することは無く、その代わりに米国教育使節団の勧告に基づき、「教育委員会」制度が導入されることとなる。

　この田中の「大学区」に関する発想を展開していくと、今後の「地域版アーツカウンシル」の実現にあたって、各自治体が設立している大学の一組織として設置するという構想に応用することも可能であろう。

[4] 国立大学と独立行政法人化における「大学自治」

　国立大学は、全国的な高等教育の機会均等の確保、世界最高水準の教育研究の実施、社会・経済的な観点からの需要は必ずしも多くはないが重要な学問分野の継承・発展、計画的な人材養成等への対応、地域の活性化への貢献等の役割を担っている（文部科学省2010：2）。このような国立大学の使命をより確実に果たすべく、明治以来、国の内部機関として位置付けられてきた国立大学に、独立した法人格を付与して、自律的な環境下で裁量の大幅な拡大を図り、大学をより活性化し、優れた教育や特色ある研究へ向けた積極的な取り組みを促し、より個性豊かな魅力ある大学の実現を目指して「国立大学の法人化」が行われた（ibid.）。そして、この「国立大学の法人化」を議論する過程で、やはり「大学自治」が大きな論点と

して注目されたのである。

　たとえば、国立大学等の独立行政法人化へ向けての最終報告においては、「憲法上保障されている学問の自由に由来する『大学の自治』の基本は、学長や教員の人事を大学自身が自主的・自律的に行うことである」（文部科学省 2002）と記述されている。

　ただし、同報告を詳細に分析した蟻川（2002）によると、「大学の自治」という言葉を「『最終報告』が、全行論を通じて、周到にその使用を避け続けた言葉」（蟻川 2002：60）だと喝破している。そして、「『最終報告』は、これまでの『大学の自治』を、いわゆる『教授会の自治』と見ているのである」（蟻川 2002：61）と考察している。この「教授会の自治」に関して、「最終報告」がどう見ているかについては、同報告の文言を引用しながら、「『大学運営における権限と責任の所在』が『明確』でない、『適正な意思決定の担保』がない」（ibid.）と分析している。こうした分析のうえで、同報告における上述の「大学自身」という言葉を「『教員団』とも『管理者』ともとれる言葉」（蟻川 2002：63）であると推理している。そして、このような論理のすり替えが生じた背景として、「『大学本来の自主性・自律性』と『大学運営の自主性・自律性』とを区別することなく、専ら既存のいわゆる『教授会自治』に立て籠るばかりであった旧来の『大学の自治』論の陥穽がある」（ibid.）と、痛烈な批判を加えている。この批判は、大学の自治に関して、「概念の内包も外延もはっきりしない、一種のスローガンとしての『大学の自治』コンセプトが、あるレベルで、それとなく機能しているという法社会学的な事実の現れであるらしく思える」（奥平 1993：205）という意見とも呼応している。実はこうした議論は従前からも指摘されてきた。たとえば、「教授が大学自治の制度によって享有する特権は、個人的性質のものではなく、研究という事項の性質から必然的に生じるものである」（田中 1961：778）、または、「『大学の自治』とは大学が、真理の探究、学問の研究を重要な使命として担っている施設であるが故に、特に大学に認められた相対的な自主権の表れであるとみるのが正しい」（神谷 1963：7）といった議論等が挙げられる。

　なお、2003年7月に国立大学法人法等関係6法が成立（10月施行）した際には、「国立大学の法人化に当たっては、憲法で保障されている学問の自由や大学の自治の理念を踏まえ、国立大学の教育研究の特性に十分配慮するとともに、その活性化が図られるよう、自主的・自律的な運営を確保すること」（参議院 2003）との付帯

決議が採択されている。

　そして、国立大学の法人化にともない、「大学自治」に関しては、「(a) 学長・教授その他の研究者の人事の自治、(b) 施設および学生の管理のみならず、(c) 予算管理における自治（財政自治権）、(d) 研究・教育の内容と方法等に関する自治の点でも、その自由度は格段に大きくなったことが確認できる」(中富 2010：2502) と評価されている。

　一方で、「(ⅰ) 財務上の自治や大学の自主性・自律性の向上と (ⅱ) 文部科学省のコーディネーションの強化という、一見概念的には相反するように思われる2つの力の共存を示唆している」(横山 2005：221) との分析もあり、ベクトルの相反する2つの側面があったことが伺われる。

　そして今後の法人化後の大学運営に関しては、「自主的・自律的な大学運営を図る重要な方法として、寄付の受け入れが重要な比重を占めることになろう」(吉田 2009：455) と予測されている。

[5] 私立大学における「大学自治」

　前項においては、独立行政法人化と国立大学について考察したが、これら国立大学を含む公立大学と、学校法人が設置する私立大学では「大学自治」を巡る状況は大きく異なっている。

　私立大学の自治に関しては、「公共面という面からのみ、公権力の制約を受けるだけで、本来的に経営の主体性や自治が保障され、大学の営み自体もそれに包括されると考えてよい」(和野内 1998：27) と評価されている。

　そして、こうした私立大学の自治に関しては、「教育という作用のもつ公共性と、私学という高度の自主性を有する機関を設置する法人は、それぞれの管理機関にふさわしい人的構成をもって公共性と自主性を担保しなければならないことは当然である」(東 1998：37) とされる。ただし、「理事側の『大学の自治』についての認識の欠如や、大学側の大学の自治についての過度の拡大解釈は、私学の特性の一つである自主性、自律性を自ら否定することになる」(東 1998：40) とも懸念されている。要するに、大学という専門的機関の公共性と自律性のバランスが、私立大学においてはより重要ということであろう。

　そして、「大学自治」を巡る状況が国立大学とは大きく異なる私立大学に対する国庫補助金のあり方は、「私学の自治の観点からの問題がある」(東 1998：38) と指

摘されている。

　より具体的には、「私立大学が補助金の交付を受ける場合の公の支配に属することについてどこまでが憲法上の要請なのか、どこからが政策上の要請なのかが整理されていない」(渡部 2003：35) という課題が指摘されている。

　日本国憲法の第89条では「公金その他の公の財産は、宗教上の組織若しくは団体の使用、便益若しくは維持のため、又は公の支配に属しない慈善、教育若しくは博愛の事業に対し、これを支出し、又はその利用に供してはならない」と明記されている。

　この規定が、「私立学校および社会教育活動にたいする国公費補助は (中略) 憲法八九条後段との関係を問われ続けている」(兼子 1989：242) とされるゆえんである。

　ちなみに、この点に関して、「憲法改正議会における金森国務大臣の見解では、『公の支配』とは国又は公共団体自身ではなくてその監督下にある別のもの、すなわち民間団体にして国または公共団体の特別な監督に属しているものというのであって、私立学校は憲法制定当時すでに特殊な監督を受けているので、『公の支配』に属していることは政府の一致した見解であった」(松井 1966：20) と見解がある。しかし憲法制定後、「法制当局は『公の支配』を厳格に解し、『公の支配』とはその事業の構成人事内容および財政等について決定的な支配を持つ法上の具体的な権限を有することという見解」(ibid.) と変化した。すなわち、憲法第89条との関係で、国は私立学校に助成をすることができないという見解となってしまったのである。

　この点に関して、「八九条後段の教育助成制限は、文字通りでは、教育人権条項たる憲法二六条と矛盾対立してしまう。二六条には、国民の教育をうける権利を積極的に保障してくために教育条件整備として私的な公教育活動を助成するという国家の義務が原理的に含まれていると解されるからである。そして前述のごとく国民の教育の自由を前提とする以上、そこには、イギリスの教育財政法が明確にしてきたsupport、but no controlという教育財政原則が予定されていることになろう」(兼子 1989：242) との憲法解釈がなされている。

[6] support but no control という"通説"に関する考察

　「support without control / support but no control」とは、「教育に対する財政的支

援（サポート）はするが、統制（コントロール）はしないという原則」（安彦ほか2002：248）と説明される。これは、アーツカウンシルにおける「アームズ・レングス」と相通じる概念であると考えられる。

　この「support without control / support but no control」という言説については、「教育行財政の分野においては、『統制を伴わない補助金』や『財政支援は必要であるが、それを通じた統制は望ましくない』ということを強調する言説が長年にわたって常識とされてきた」（上田2009：54）とされる。

　先行する私学法制研究を概括した荒井（2011）によると、日本私学振興財団が設立された1970年頃（高度成長期）の私学法制研究の特徴として、「『サポート・バット・ノット・コントロール』という教育財政の原則の具体化を志向しながら、人件費を含む経常費補助の実現を好例とする私学助成の拡充を主張し、新たな助成に伴う規制強化に対しては批判する」（荒井2011：33）というものであった。

　こうした背景の中で1970年に日本私学振興財団が設立されたことに関して、「日本国憲法八九条およびいわゆるアームズ・レングスの原則の観点があったものと考えられる」（渡部2003：40）と推察されている。

　ただし、この「support without control / support but no control」に対しては2つの問題点が提起されている。1つは、「財政民主主義のさらに上位にこれをおくことを主張する」（上田2009：62）という点であり、それは論理的整合性が成立しないと批判している。もう1つは、アカウンタビリティとの関係についてであり、「経費の支出を担当している者にたいする白紙委任を許容しているのではない」（上田2009：63）と考察している。これは、アーツカウンシルの「アームズ・レングス」論にも相通じる議論であろう。

　実際に、この財政という問題に関しては、「こと財政という問題に関するかぎり、日本の大学に『自治』はない」（寺崎1998：50）とされている。そして、この財政面の管理権限は、大学の設置者及び設置者が組成する理事会にあると考えられている。

　こうしたことから、「大学の管理システムの特色は、法律上、大学の設置者が大学管理に関して権限と責任を持つ（学校教育法第5条）一方、大学自治が憲法上、学問の自由の制度的保障として尊重されるところにある」（大崎1998：52）と分析されている。

　さらに先行研究においては、1950年に刊行された『私立学校法解説』をこの

「support without control / support but no control」の初出・起点であるとしたうえで（上田2009：65）、この言説に対して、「理論的根拠や学説上の正当性が確認できない」（上田2009：68）と結論付けている。

このように外来の言説が、根拠や学術的な正当性が不明確なままに「一人歩き」してしまい、いつの間にか「定説」や「原理」に昇格してしまうさまは、文化政策の分野における「アームズ・レングス」の経過と同様であると考えられる。

[7]「大学自治」論のパラドクス

以上において考察してきたとおり、「大学自治」という問題は、その字句が甘美な表層のイメージをもたらしているが、その実態にはさまざまな論点を内包している。この「大学自治」に関する検討の小活として、本項においては、「大学自治」を巡る4つのパラドクス（ジレンマ）について考察したい。

① 自由と閉鎖性のパラドクス

「教育研究の自由」に関しては、それが大学の存立基盤であるとともに、「そのために閉鎖的になるという、自由と閉鎖性が表裏で実在していることは否定できない」（大南1998：17）としており、大学の自由（自治）と閉鎖性（独善性）の二項対立というパラドクスを生んでいる。

こうした大学の「閉鎖性」あるいは「独善性」に対する決定的な処方箋は存在しないのかもしれないが、「『独善的な大学の自治』のひとつの回避策として、あるいは『大学財政の国家依存と学問の自由を両立させる』知恵として、ドイツやフランスの大学では、人事や学位審査を、できるかぎり公開にするという原則を保ってきた」（猪木2009：43）という点について参考になるものと考えられる。そして、こうした仕組みが実践されている背景としては、「学問の自由を侵す危険性は、国家権力だけではなく、大学それ自体の内部構造、とくに閉鎖性の中に潜んでいるという認識がある」（猪木2009：44-45）からだと考察されている。

また、大学の意思決定については、「理事会と教授会の信頼を軸とし、双方の意思のフィードバックを基礎とする健全な緊張関係を前提とすべきである」（宮部1998：32）との主張がある。この主張の「理事会」を「行政」または「議会」に、そして「教授会」を「地域版アーツカウンシル」に置き換えると、そのまま地域版アーツカウンシルのマネジメントにも援用できるものと考えられる。

② 集権化と末端化のパラドクス

　前述したとおり、2015年4月1日から施行された「学校教育法及び国立大学法人法の一部を改正する法律」においては、「教授会は、学長が次に掲げる事項について決定を行うに当たり意見を述べるものとする」と規定している。ただし、改正前の「学校教育法（昭和二十二年法律第二十六号）」においては、「第九十三条　大学には、重要な事項を審議するため、教授会を置かなければならない」（文部科学省2014）という規定であった。この改正に関しては、「教授会の性格を完全に否定して、それを学長決定に変質させた」（折出2015：18）との批判がある。

　そして、「学長を長とする大学が組織としての自由度を相対的に増大させていくとき、これまでの『大学の自治』とはもちろん、『大学構成員』（＝個人）の『研究・教育の自由』とも緊張の度合を強めつつあるのも確かである」（中富2010：2503-2504）と指摘されている。

　さて、このように学長に権限を集権化させていくことが、「大学の自治」を維持するという観点から望ましくないということであるとすると、「大学の自治」に関する権限を教授会にダウンサイジングしていくことが望ましいのであろうか。

　この点に関して望月（1998）は、「学長に対して学部の自治を主張する学部長も、自分の学部が複数の学科から成っている場合には、それぞれの学科という組織の決定には従わざるをえない」（望月1998：24）と例示したうえで、「このような『自治の末端化』の行き着く最悪の終点は、強固な官僚制についてよく揶揄的に言われるような『省益あって国益なし』の行動パターンと同じく、『学部あって大学なし』」（望月1998：25）であると強く批判している。

　このように権限が末端化し、排他的となっていくパターンは、まさに大学自治における「集権化と末端化のパラドクス」とでも呼べる現象であろう。

③ 生産者（教員）と消費者（学生＝学習者）のパラドクス

　大学を巡るさまざまな課題の背景として、「大学教育が生産者（教員）の論理で運営され、消費者（学生＝学習者）の利益を中心に考えることが少なかったことにもよる」（和野内1998：29）との指摘がなされている。そして、「学習者の利益を社会の要請との関係においてどう実現するかという教育中心に重要な問題を審議し、共通理解をしていくのが教授会設置の趣旨」（ibid.）だと主張している。

　ただし、留意しなくてはならないのは、「消費者（学生＝学習者）」の利益を誤った

かたちで重視してしまうと、たとえば、単に講義や研究室、教授の人気コンテストに堕してしまうという点である。

　こうしたことから、大学にとっての「真の消費者」とは、「学生＝学習者」ではなく、「社会の要請」、すなわち「公共性」であるとみることが適切である。ただし、この「公共性」をどのように捉えるのかによっては、次項の「知性と世俗のパラドクス」を誘発することになるのである。

④ 知性と世俗のパラドクス

　大学の主体性に関して、一橋大学学長、国立大学協会会長等を歴任した阿部謹也は、「世俗社会からの主体性である」（阿部1998：15）と論じている。そして、「大学は世俗社会の中にありながら世俗社会の論理に翻弄されることなく、将来のわが国のあり方を見据えていかなければならない。そのために大学に特別な空間が必要になる。世俗社会の論理に翻弄されないためには独自な財政上の基礎をもち、独自な空間が必要になる」（阿部1998：14）と、世俗社会からの距離（アームズ・レングス）の必要性を主張している。

　ここで言う「世俗」とは、市場や経済のことも包含される。これに関連して、「大学の自治の保障は、政治的な介入もさることながら、経済的妨害からの排除を課題としている」（吉田2009：435）との意見もある。これは具体的には、「投資に値しない研究（見返りの期待できない領域）は見捨てられる」（吉田2009：436）ことなど、学問研究（科学知）が「経済的価値（企業の利）によって左右される」（ibid.）ことを懸念する考え方である。こうした懸念は、そのまま文化政策の領域にもあてはめて考えることもできる。

　一方で、「学問の自由を即、『大学の自治』とする立場に対し、これはエリート的な独善解釈で認めがたいという反論がある」（奥平1993：206）とも指摘されている。

　そして、この論はさらに2つの小論に展開されることになる。1つは、そもそもエリートによる管理は認めがたい、という反知性主義に基づく考え方である。今1つは、エリート主義自体を否定するものではないが、現在の大学はもはやエリート足り得ない、という考え方である。この後者の考え方に関しては、「大学は、自らの知識と知恵の優位性に基づく、自己判断の正しさを根拠にして、学外の関与を排除してきた。しかし、大学の大衆化の進行と社会各界の知的水準の上昇は、この根拠

を薄弱なものにした」(大崎 1998：57)との批判があげられている。

　以上、4つのパラドクスに関する考察を通じて得られる示唆はどのようなことであろうか。それは、「問題の解決に必要なのは、いたずらに最高裁判決とか、また観念としての『大学の主体性・自治』の旗をふりまわすことであってはならない」(望月 1998：24)という指摘であると筆者は考える。

[8] 英国の大学における「大学自治」

　日本の大学の源流の1つであるとみなされる英国の大学において、この「大学自治」はどのように位置付けられてきたのであろうか。

　英国における「学問の自由」の歴史をみると、「イギリスにおいて、学問の自由が固有の意味で意識されたのは、17世紀におけるベーコン(Francis Bacon)の De Sapientia Veterum (1609)(太下注：『古人の知恵について』)にはじまるといわれるが、その後学問の自由の保障の主張は近代にいたるまで、法制上の形態をとるにはいたらなかった」(高野 1995：186)とされる。

　その後、大学が「政府によって法人としての地位が法的な体系の中に位置付けられたのは 1571 年のオックスフォード・ケンブリッジ大学設置法(Act for the Incorporation of Both Universities)によってであり、これが現在のオックスフォード大学の直接の設置根拠」(大学改革支援・学位授与機構 2003：18)とされる。

　この2つの大学は、「自らの教授陣によって管理されていた。学者たちが自分たちの規則を定め、役員や職員を任命した。これに対して、国王や、カレッジ財産の寄贈者は、普通、大学管理への参与権を要求しなかった」(Hofstadter 1980：174)とされる。

　近代となり、1889 年に UGC (後述)の前身の諮問委員会が設立され、1919 年には大学補助金委員会(University Grants Committee；UGC)が設立される。設立当時の UGC は財務省(Treasury)の下に置かれていたが、そのことは「強い財務省を楯として政治面や政策面でも保護され、政府からの補助金の配分にも直接的な影響力を持てた」(秦 2010：136)と推測されており、そのようなパワーに基づき、「教育省(Ministry of Education)や会計委員会(Public Accounts Committee；PAC)からの影響を受けずに、できる限り大学側の立場に立つ緩衝機関としての役割を全うすることが UGC には求められていた」(秦 2010：133)と分析されている。実際に、この大学補助金委員会は、「1980 年代中期まで、政府と大学間の緩衝役(buffer)を担

い、大学の自治の擁護者として機能した」(横山 2005：214) とのことである。なお、UGC に関しては、「基本的な性格は国家 (State) と大学の緩衝装置 (Buffer) であり、それは1889年にUGCの前身の諮問委員会が設置された時から変わらないものであると評価されてきた」(山崎 2012：56) とのことである。

そして、当時の英国の高等教育政策においては「大学補助金委員会 (University Grants Committee、略称 UGC) が存在していたために、『support without control / support but no control』つまり『援助すれども統制せず』という理念があったと考えられてきた」(山崎 2012：56) とのことである。山崎は、「中央政府が紐付きではない予算を大学に交付し、大学はそれを自由に使えることに由来するものであり、イギリスの大学が外部、特に中央政府から自由であったことを表したもの」(ibid.) と説明している。また、「イギリスでは大学の自律性は1992年までは第一に UGC によって、第二に大学自身によって、二重に保護されてきた」(秦 2010：137) と分析されている。

ただし、山崎の研究によると、「実際には中央政府は国庫補助金を通じて次第に大学への関与を強めていった」(山崎 2012：64) と分析されている。この UGC は、アーツカウンシルの原型とみることもできる機関であるが、アーツカウンシルにおける「アームズ・レングスの原則」と同様に、「support without control / support but no control」についても、実際には国家の関与が強まっていくという研究結果については、アーツカウンシルに対する示唆も大きいと考えられる。実際、1964年に大学補助金委員会の大蔵省から教育科学省への管轄省の移行、1968年には個々の大学財政もその対象となる会計審査制度の導入があった。こうした変化に関して、「大学の『象牙の塔』的な外圧を排除した在り方の限界と、アカウンタビリティの要求の始まりを示唆している」(横山 2005：215) との分析がある。

そして1988年に教育改革法 (Education Reform Act) が施行され、翌89年には、大学補助金委員会 (UGC) が廃止され、大学財政審議会 (Universities Funding Council：UFC) が新たに創設された。このことにより、「個々の大学への補助金の配分には関与しないとしながらも、UFC を通しての補助金の配分額の決定や入札による契約制度の導入等によって政府の大学への関与は増大した」(秦 2010：142) と分析されている。こうしたことから、「大学補助金委員会 (University Grants Committee) から大学財政審議会 (Universities Funding Council) へのエージェンシー化は、財政カウンシルの政府と大学の緩衝役の終焉を告げるものであったと解釈で

きる」(横山 2005：218) との批判がなされている。

　1992 年には、「大学財政審議会補助金 (Universities Funding Council：UFC) とポリテクニク等の補助金配分機関であったポリテクニク・カレッジ財政審議会 (Polytechnics and Colleges Funding Council：PCFC) が、高等教育財政審議会 (Higher Education Funding Councils：HEFCs) に一本化され、イングランド高等教育財政審議会 (HEFCE)、ウェールズ高等教育財政審議会 (Higher Education Funding Council for Wales：HEFCW)、北アイルランド教育省 (Department of Education、Northern Ireland：DENI)、スコットランド高等教育財政審議会 (Scottish Higher Education Funding Council：SHEFC) と 4 つの高等教育財政審議会 (HEFCs) に構成」(劉 2015：14) された。

　このような英国における、審議会を通じた公的資金の配分に関しては、2001 年当時に英国・教育雇用省の高等教育局長であった Tony Clark 氏が、「政府は財政審議会 (HEFCE) を通じて大学に資金を与えており、個々の大学が納得できる予算に対して政府が口をはさむことは一切許されないのです」(秦 2001：217) と説明している。

　ただし、この HEFCs に関しては、「補助金を通じて大学に中央政府の政策の実施を求める側」(秦 2010：136) に立っていたと分析されている。また、新自由主義の思想に基づく、補助金獲得競争の激化等を背景として、「『効率性』、『有用性』などの実利的側面が強調される結果、その対極に置いてしかるべき大学の自治と学問の自由が浸食」(秦 2001：293) されつつあり、「大学はもはや自らを自治組織だと考えることができない状態にまで徐々に追いやられつつある」(秦 2010：137) との批判がなされている。

[9] UNESCO 等国際機関における「大学の自治」

　さて、教育、科学、文化の発展と推進を目的とする国際機関である UNESCO は、大学 (高等教育機関) の「自治」についてどのように見ているのであろうか。UNESCO は 1998 年に "WORLD DECLARATION ON HIGHER EDUCATION FOR THE TWENTY-FIRST CENTURY：VISION AND ACTION (21 世紀へ向けてのユネスコ高等教育世界宣言：展望と行動)" と題した宣言を採択している。同宣言においては序文に次いで「高等教育の使命と機能」について述べられているが、その中で、「権利・義務という一対の言葉で表現されるように、学問の自由と自治性 (academic autonomy and freedom）を十分に享受すると同時に、社会に対して十分に説明責任を持つ」（UNESCO 1998）と記述されている。

　この宣言の前年の1997年、UNESCO総会において"Recommendation concerning the Status of Higher-Education Teaching Personnel（高等教育教員の地位に関する勧告）"が採択されている。同勧告においては"Institutional autonomy（教育機関の自治性）"という項目が設定されており、その中に「学問の自由の適切な享受並びに高等教育機関の義務及び責任の履行には、高等教育機関の自治性を必要とする」（UNESCO 1997）という記述がある。そして、この「自治性」に関しては、「自治性とは、高等教育機関が、その学術的業務、基準、運営及び関連する活動に関して、特に国が資金を提供する場合には公的な責務の制度に従い、並びに学問の自由及び人権を尊重し、有効な意思決定を行うために必要な程度の自治をいう」（ibid.）と定義している。また同勧告では、「自治性は、学問の自由の組織的形態であり並びに高等教育教員及び高等教育機関に与えられた任務の適切な遂行を保障するために必要な前提条件である」（ibid.）とも述べている。

　以上のとおり、教育を所管する国際機関UNESCOが上述したような宣言ならびに勧告を行っている背景については、2つの事項が想定される。1つは、単純にUNESCOが高等教育機関における「自治性（autonomy）」の重要性とその世界的な普及に関してたいへん重視しているということである。もう1つは、この「自治性」が世界的規模で脅かされているという認識をUNESCOが抱いているということである。実際に上述した1997年の勧告においては、UNESCOは「学界が学問の自由を害し得る不測の政治的圧力を受けやすいことに懸念を表明」（ibid.）している。

　なお、先進国間の経済成長を支援する国際組織であるOECD（Organisation for Economic Co-operation and Development：経済協力開発機構）は、世界各国の高等教育の動向を整理した"Tertiary Education for the Knowledge Society"と題する報告を2008年に行っている。同報告においては、本調査に参加した24カ国に共通の政策の1つとして「高等教育を管理するための適切な手段を考案する」（OECD 2008：5）ことが挙げられており、「説明責任を果たし、広範囲にわたる教育機関の自律性を認めるための手段を考案することもできる」（OECD 2008：6）と記述されている。

　そして2015年5月、「欧州高等教育圏における質保証の基準とガイドライン（Standards and Guidelines for Quality Assurance in the European Higher. Education Area；ESG）」がEUの閣僚会合にて承認された。このガイドラインは、欧州高

等教育質保証協会（European Association for Quality Assurance in Higher Education：ENQA）が中核となり、その他、欧州学生協会（European Students' Union；ESU）、欧州大学協会（European University Association；EUA）、欧州高等教育機関協会（European Association of Institutions in Higher Education；EURASHE）、エデュケーション・インターナショナル（Education International；EI）、ビジネスユーロップ（BUSINESSEUROPE）、欧州質保証機関登録簿（European Quality Assurance Register；EQAR）という複数のステークホルダーとの協力によって策定されている。

　このように大学の質の評価に対して、大学以外のステークホルダーが発言する立場にあるということについて、「『学問の自由』と『教授会自治』を前面に出して、大学の存在根拠を論ずる閉鎖的な大学像が過去の遺物になったことを示す」（猪木 2009：211）との見解がある。

3 編集の独立

　第2節で考察した「学問の自由」に関連して、マスメディアにおける「編集の自由」「報道の自由」または「編集の独立」といった概念に関しても検討が必要であろう。この問題に関して検討するにあたっては、まず「編集権」という概念について考察する必要がある。

[1]「編集権」の成立過程とその実態

　近時において、「編集権」という言葉が脚光を浴びることになった契機は、2015年4月に朝日新聞社が「編集権に関する審議会」を設置したことにある。同審議会は、同紙が慰安婦報道や池上彰氏のコラム掲載見送り問題の反省に立って発足させた有識者による常設委員会で、組織名どおりに「編集権」をめぐる重要問題について対応について助言を受けるために組成されたものである。委員は3人で、弁護士の川端和治氏、東大大学院教授の宍戸常寿氏、青山学院大学教授の会田弘継氏（社会活動家の湯浅誠氏の後任で2016年4月着任）である。

さて、ではこの「編集権」とはいったいどういう概念であろうか。公益社団法人日本パブリックリレーションズ協会のWebサイトにおいては、編集権は「新聞の公共目的（編集方針を決定し、報道の真実を確保し、論評の公正を図り、適性に公表する）を達成するために必要な、一切の管理的機能をいう概念」と定義されている。

　歴史を振り返ると、1948年3月16日に日本新聞協会が発表した「編集権声明」がこの「編集権」という単語を社会に周知する役割を果たし、ある意味で市民権を与えたとも言える。同声明の冒頭には、「新聞の自由は憲法により保障された権利であり、法律により禁じられている場合を除き一切の問題に関し公正な評論、事実に即する報道を行う自由である」（日本新聞協会 1948）と記述されている。そして、「編集権とは新聞の編集方針を決定施行し報道の真実、評論の公正並びに公表方法の適正を維持するなど新聞編集に必要な一切の管理を行う権能である」（ibid.）と定義されている。

　この「編集権」という言葉は、しばしば「編集（権）の独立」という概念として理解されることが多い。たとえば、上述した朝日新聞社が2014年12月に公表した「第三者委員会の報告書に対する朝日新聞社の見解と取り組み」においては、「経営陣は編集の独立を尊重し、原則として記事や論説の内容に介入することはしません」及び「経営に重大な影響を及ぼす事態であると判断して関与する場合には、関与の責任が明確になるよう、ルールをつくります」（朝日新聞社 2014：1）と明記している。

　また、2015年7月に、日本経済新聞社が英国の有力経済紙フィナンシャル・タイムズを発行するフィナンシャル・タイムズ・グループの買収について東京都内で記者会見を開いた際に、日本経済新聞社の喜多恒雄会長は「報道機関にとって最も重要な編集権の独立は維持する」（日本経済新聞 2015）と強調していた。

　ちなみに、Wikipediaの"Editorial independence"の項目においては、「編集の独立性とは、出版社の経営者によって干渉されることなく、編集者が意思決定を行うことができる自由である」（拙訳）と定義されている。このように見てくると、「編集の独立」とは、アームズ・レングスに似通った概念であると理解できる。

　しかし、日本における「編集権」という概念に関しては、それが成立した特殊な時代背景とともに理解することが必要である。先行研究においては、「編集権」とは、「その実質的内容は新聞の編集方針決定についての従業員参加の排除および新聞労働者の労働権の制限とにある」（山本 1962：45）と喝破されている。

その成立の過程は先行研究によると、次のとおりである。日本における「〈編集権〉概念の出発点」（山本 1962：55）は、1946 年 6 月 13 日の総司令部民間情報教育局長ニュージェント中佐による新任挨拶（ニュージェント声明）にあり、同声明の中心は「新聞の編集方針の決定と責任が経営者に課せられたものであるというフリー・プレスの原則の確認にあった」（ibid.）とされる。

　同声明の翌日（6 月 14 日）、読売新聞の馬場社長は「編集権」という新語を創案し（伊藤 1973：105）、この「編集権」に基づく処置として、編集長以下 6 名の編集幹部職員を解雇したが、この処置が「読売新聞第二次争議」へと展開していくことになるのである。日本の新聞界で「編集権」という言葉が使われたのは、「これがはじめてであったと思われる」（ibid.）と考察されている。そして同年には、北海道新聞争議が起こり、続いて翌年には西日本新聞争議が起こった。これら読売、北海道、西日本の三紙での争議は、「新聞界の三大争議」と呼ばれている。

　1946 年 7 月、日本の新聞界は日本新聞協会を設立した。同協会発足の背景については、「日本側は編集者協会的色彩をもち新組織の設立を意図したが、総司令部の反対を受け、発行・編集の両側面を統合した日本新聞協会が GHQ の祝福をうけて発足することとなったのである。新聞協会が、アメリカにおける発行者協会と編集者協会の分離形態をとらなかったことは、経営者による編集権の掌握が総司令部にとって焦眉の必要であったからに外ならない」（山本 1962：56-57）とされる。

　そして、上述した一連の新聞争議に刺激されて、1948 年 3 月 3 日に、総司令部労働課は「プレス・コードの新聞労働関係にたいする適用方針」と題する声明を発表する。これは「編集権侵害にたいして労働法が適用されないことをプレス・コードの名によって明かとした」（山本 1962：67）ものであった。

　このような歴史的背景を経て、前述したとおり同年 3 月 16 日に「編集権声明」を日本新聞協会が発表したのである。同声明においては、編集権の確保に関して、「内部においても故意に報道、評論の真実公正および公表方法の適正を害しあるいは定められた編集方針に従わぬものは何人といえども編集権を侵害したものとしてこれを排除する。編集内容を理由として印刷、配布を妨害する行為は編集権の侵害である」（日本新聞協会 1948）と記述されている。これは「労働権の制限を明文化した」（山本 1962：68）ものだとされる。

　このような歴史的背景を考察して、「編集権」とは、「占領政策の申し子として発生したわが国独自の概念に外ならない」（山本 1962：46）及び「純然たる和語で

あり、欧米語にはこれに対応する表現が見当たらない」（小糸 1975：42）、さらには「新聞の編集に対する組合の支配を排除して、経営者の主体性を回復する、というG・H・Qの新聞政策に支えられて、登場してきたものである」（内田 1980：13-14）と、その実態について批判的に分析されている。

[2]「放送番組編集の自由」に関する考察

　上述した「編集権」という概念は、新聞だけではなく、放送番組の分野においても使用されている。近時において、放送分野で「編集権」という概念が登場したのは、2001年の「NHK番組改編事件」においてである。

　この「NHK番組改編事件」とは、2001年1月30日に放送された「ETV2001シリーズ戦争をどう裁くか　第2回　問われる戦時性暴力」をめぐる事件のことであり、NHKの「幹部は放送前日、『若手議員の会』事務局長の安倍晋三官房副長官（当時）に、番組内容の説明に出向いたあと、現場が完成させた番組に問答無用の削除、改変命令を繰り返した」（戸崎 2009：108）という事実であり、その結果、番組が「無残なもの」（ibid.）となるほど改変された事件のことである。

　このような事件が起こった背景として、NHKに関しては、「予算と決算が国会承認事項のため、政権与党にいわば、"政治的人質"を取られている」（花田 2005）という状態にあることが指摘されている。

　また、本件をポジティブに評価すると、「政治家が放送へ介入しようとする事は常にありうる。逆に言うと、政治家が介入しようとするくらい問題のあるテーマに取り組む事がNHKには求められている。論争を呼ぶようなテーマを避けては、公共放送とは言えない」（渋谷 2005：216）との意見もある。

　そして、同事件に関しての国会質問において、「編集権」という概念が登場しているのである。2008年3月31日に開催された参議院総務委員会において、自民党の世耕広成議員がNHKの福地会長（当時）に「編集権の所在」について質問しており、その答弁として、「日本放送協会におきます編集権の行使権限といいますのは、日常業務、業務執行を総理しております会長としての私にあると考えております。しかし、この編集権は放送番組に関する責任と表裏一体の関係にございますので、通常、実際の運営につきましては放送部門の最高責任者でございます放送総局長に分掌をしております。したがって、個々の番組の制作者等、放送現場にはそういった編集権はないというふうに理解をいたしております。報道の自由は報道の

主体となります報道機関が共有するものでございまして、したがって法人としてのNHK に帰属するものと考えております」(第 169 回国会　総務委員会　第 7 号 議事録)と回答している。

　しかし、このような発言に対しては、「編集権」とは「対内的には直接編集作業に携わる者を疎外する『権力』に転化しうる」(村田：1132)と分析されるとともに、「放送内容は、ほとんどすべて放送労働者の個々の思想・信条・教養にもとづく認識能力、表現能力によってつくられる」(戸崎 2009：115)ものであり、「制作スタッフだけでなく出演者、作家、アーティストなど多様な才能が参加して日夜営まれている番組、ニュースの現場に対して、驚くほど想像力を欠くもの」(戸崎 2009：110)という批判がある。

　一方で、放送法 (昭和二十五年五月二日法律第百三十二号、最終改正：平成二七年五月二二日法律第二六号) の第三条は、「放送番組編集の自由」について、「放送番組は、法律に定める権限に基づく場合でなければ、何人からも干渉され、又は規律されることがない」と規定している。

　これは日本国憲法第 21 条「表現の自由」の保障を受けた規定であり、「放送番組の編集に当たっては、放送事業者、原則として誰からも制約を受けることなく自主的に行うことができ、特に国家権力から干渉を受けない趣旨であり、これを放送番組編集の自由といっている」(電波法令 wiki) とされる。

　そして、上述した「NHK 番組改編事件」に関連する最高裁の判決 (事件番号：平成 19 年 (受) 808、事件名：損害賠償請求上告、同附帯上告事件、裁判年月日：平成 20 年 6 月 12 日) においては、「これらの放送法の条項は、放送事業者による放送は、国民の知る権利に奉仕するものとして表現の自由を規定した憲法 21 条の保障の下にあることを法律上明らかにするとともに、放送事業者による放送が公共の福祉に適合するように番組の編集に当たって遵守すべき事項を定め、これに基づいて放送事業者が自ら定めた番組基準に従って番組の編集が行われるという番組編集の自律性について規定したものと解される」と述べている。

　こうしたことから、経営者の「編集権」に編集"者"として抵抗し、これを簡単に発動させないための理論の構築が必要であると指摘されており、そのうちの 1 つとして、「『編集権』はそもそも国民の『知る権利』に由来するものであり、経営者が無制限に行使することは許されない」(戸崎 2009：114) という論考が主張されている。

この点については後段で考察するが、この論理は原則的にはアーツカウンシルにも転用が可能である。すなわち、地域版アーツカウンシルの自律的運営は、市民の文化的生活のための権利に由来するものであり、アーツカウンシルを通じて助成される原資が市民の税金であることを勘案すると、究極的には市民がアーツカウンシルの運営全般に関する決定権をも有していると考えることもできる。

[3]「編集の自由」を巡るより本質的な問題についての考察

以上のとおり、日本における「編集権」とは、「編集の独立」を意味するものではなく、むしろ編集者の権利を排除する概念であったことを指摘した。同時に「編集権」に対抗する理論の構築の必要性についても言及した。

一方で、前述した日本新聞協会による「編集権声明」においては、「この自由が確保されて初めて責任ある新聞が出来るものであるから、これを確立維持することは新聞人に課せられた重大な責任である」(日本新聞協会 1948) と記述されている。この「新聞の自由」という点に関しては、「精神的自由に基づくものとも解され、日本国憲法はこの精神的自由権に絶対的保障を与えていると考えれば、編集権はいっそう強いものとなる」(伊藤 1974:116) とも解釈されている。換言すると、この「自由」とは、いわゆる"お上"から与えられるような自由ではなく、報道関係者の責務と表裏一体となった自由であると理解できる。

しかし、上述した「精神的自由」というものが、「万人にひとしく与えられているものであるから、他人の自由権をも尊重しなければならないことになる」(ibid.) ため、先行研究においては、複数の課題が指摘されている。

1つは、この「精神的自由」を社外に展開していくと、「反駁権の問題を生じる」(ibid.) こととなる。この「反駁権」とは、「他人の主張や批判に対して論じ返すこと」(デジタル大辞泉) に関する権利のことである。この「反駁権」は、「新聞にとってもその"編集権"の犯される場合が予測できる」(小糸 1975:45) という課題をはらんでいる。この点に関連して同様に「期待権」という存在も指摘できる。この期待権とは、「取材を受けた側が、提供したデータや経緯を自分たちの意図どおりに使用されることを期待する権利」(加藤 2007:77) と説明されるが、これについては「『編集の自由』を制限するおそれがきわめて大きい」(ibid.) こと、及び「自由な取材や報道が委縮する」(ibid.) ことが指摘されている。

2つ目としては、この「精神的自由」を「公衆の権利」としてとらえた場合、「か

えって編集者を批判し、ついにはこれと対立する権利として唱えられる場合がある」(伊藤1974：116) という課題である。さらに言えば、「国民参加型メディアの『台頭』に伴い、いわば『経営者不在』の中での『マスメディアの表現』が多数行われるようになるにつれて、今や憲法上の権利として『内部的自由』を保障する必要性は相対的に低下した」(海野2010：139) という見解もなされている。インターネットが急速に普及・定着した今日において、社会全体の情報量はもはやマスメディアでは取り扱えない規模となっており、既に「マスメディア」の特権性は揺らいでいるとともに、近い将来にはその必要性すら議論されるようになるのかもしれない。

3点目の課題は、前述したとおり、マスメディアを「社会全体の利益に資する制度」として仮定した場合、「『社会全体の利益』に適合しないマスメディアの表現活動は、大幅に制約される可能性があるとともに、『社会全体の利益』に資するか否かの判断が公権力の価値基準に基づき行われる結果、表現の自由が瓦解する可能性がある」(海野2010：134) という、一種のパラドクスである。

4点目の課題は、3点目の課題とも関連するが、「編集の自由」を「国民の知る権利に奉仕するための自由」とした場合、安易なポピュリズムに陥るという懸念があるという点である。現在、先進諸国で発生している政治的現象、たとえば国民投票の結果に基づく英国のEU離脱、米国の大統領選挙におけるトランプ現象等を鑑みると、国民を単なる受動的な存在として位置付けてしまうと、時として民主主義を根底から揺るがすような事態にもなりかねないという危険性を有する。

[4]「編集の自由」からアーツカウンシルへの示唆

本項目において概観してきたとおり、新聞や放送局の編集の責任、すなわち「編集権」が経営者にあることは、アーツカウンシルの運営に関する責任が最終的には政府（または地方自治体）にあることと相似である。

先行研究においては、「新聞の責任管理者たる経営者が新聞の社会的使命のゆえに特に課せられた責任を果たすために、自己の責任において決定した編集方針を紙面製作過程で具体化する編集業務上の権限であり、かつ、そのかぎりにおいてのみ認められうる、いわば社会的規範的責任をともなった権能である」(西村1950：49) と、編集権に関する議論の初期においても論じられている。また、「一般にマスメディアの表現における『専門知』はジャーナリストとしての編集者により機能

することが期待されることを踏まえると、マスメディアの表現の自由の行使が国民の知る権利に奉仕する効果をもたらすとすれば、そのような編集者の自律性をいかに保障するかということが、国民全体の基本権の保障に関わる問題となり得る」(海野 2010：124) とも考察されている。

　この議論は、地域版アーツカウンシルに置き換えることが可能である。すなわち、住民が文化を享受する権利に対して、地域版アーツカウンシルの PD・PO は奉仕することになる。そして、その活動を持続してくために、専門職としての PD・PO の自律性が重要な問題となるのである。

　この点に関して、先行研究においては、ドイツの「実践的調和論 (praktische Konkordanz)」が参照されている。これは、「『プレスの自由』という基本権の主体は、分業によって協働する発行者及び編集者であり、各協働者の基本権の間に『実践的調和 (praktische Konkordanz)』が確保されていなければならない」(海野 2010：125) とする考え方であり、より具体的には、「一次的な『放送の自由』の担い手としての放送事業者が、番組の包括性、均衡性を確保する責任を負うが、その責任を遂行する過程において、個々の番組制作者にその役割の一部を委任している」(海野 2010：126) と理解する考え方である。

　なお、この事業者 (経営者または株主) と制作者 (編集者) との関係性については、次節において「スチュワードシップ理論」の視点から検討する。

　また、新聞において所有と編集との区別を明らかにするために、「専門職としての新聞記者の地位を確立する」(伊藤 1974：119) という方法が提案されている。より具体的には、記者同士が「切磋琢磨しあい、経験者の志と技が後進に伝承され、職能集団の自立性と自発性を高めていくこと、つまりプロフェッショナリズムを根付かせることが必要」(花田 2005：1) であると指摘されている。そして、このことが「ジャーナリズムの自由と独立、ジャーナリストの責任と倫理につながる」(ibid.) としている。また、こうした専門職能としての自由を保障する手段として、「編集綱領」のようなものを制定するという手法も考えられる。これは、アーツカウンシルの PD・PO においても同様であろう。近い将来、日本において地域版アーツカウンシルが多数設置され、さらにそれらの連合組織が設立された場合には、アーツカウンシルの憲章となる「アーツカウンシル綱領 (仮称)」を制定することが望まれる。

4 経営ガバナンス論

[1]「プリンシパル・エージェンシー理論」と「スチュワードシップ理論」

　自治体文化財団と自治体とのアームズ・レングス的な関係性については、自治体文化財団を1つの経営体として位置付けて、経営学のガバナンス論で読み解くこともできる。実際に、指定管理者と（委任者である）自治体との関係については、「プリンシパル・エージェンシー理論」を理論的枠組みとして応用した考察も存在する（桧森 2007：254-261）。

　ここで言う「プリンシパル・エージェンシー理論」とは、「『エージェント（agent）』たる経営者の利己的・機会主義的行動を所与として、いかにして『プリンシパル（principal）』たる株主が経営者の行動を自己の株主利害に沿うようにコントロールを行なうのかが主たる問題関心となっている」（西 2004：288）理論のことである。そして、その前提として「経営者は株主との間で生じる情報の非対称性につけこんで、『利己的な』経営を行なうとするものと想定されている」（ibid.）のである。

　ただし、この「プリンシパル・エージェンシー理論」を批判し、それに対抗する理論も提唱されており、その代表的な存在が「スチュワードシップ理論」である。この「スチュワードシップ理論」とは、「エージェンシー理論の基礎にある『限定合理性』、『機会主義的行動』に関する基本仮定に対する批判を根底にして、利他的存在としての新しい『経営者観』に依拠したコーポレート・ガバナンスのあり方が提起されている」（ibid.）理論である。

　実際のところ、「プリンシパル・エージェンシー理論」は指定管理者制度の議論には適用できるかもしれないが、一方で、本論で対象とする地域版アーツカウンシルにおいては、「プリンシパル・エージェンシー理論」で前提とされる「（株主）利害」は主要な課題とはならないため、同理論を適用することには無理があると考えられる。

一方で、スチュワードシップ理論によると、「企業経営に対する経営者の動機を如何に喚起させるか、といったインセンティブ設計やモティベーション刺激策の構築がコーポレート・ガバナンスを巡る中心的問題領域となる」(ibid.)とのことである。

　上述したエージェント理論とスチュワードシップ理論を比較した論考として、多くの論文において参照されている Davis, Schoorman, Donaldson (1997) を元に、この2つの理論を比較したものが下表である。

　この表の整理からも、自治体文化財団（地域版アーツカウンシル）のガバナンスを考察する場合には、エージェント理論ではなく、スチュワードシップ理論が適していることが理解できる。

図表1　エージェンシー理論とスチュワードシップ理論の比較

		エージェンシー理論	スチュワードシップ理論
前提条件	人間モデル	経済人	自己実現する人
	行動	利己的	協働的
心理的メカニズム	動機づけ	低次元／経済的欲求 （心理的、安全、経済的）	高次元 （成長、達成、自己実現）
	社会的比較 （自己評価の基準）	他のマネジャー	プリンシパル
	一体感（の源泉）	価値に対する確信の低さ	価値に対する確信の高さ
	力（の源泉）	組織的（正当性、強制、報酬）	個人的（専門性）
状況的メカニズム	経営理念	規制重視	関与重視
	リスク対応	規制のメカニズム	信頼
	期間	短期	長期
	目的	コスト管理	パフォーマンス向上
	文化の違い	個人主義、高い権力格差	協働主義、低い権力格差

（出所）Davis, Schoorman, Donaldson（1997：37）を筆者翻訳

　もっとも、現実の「プリンシパル (principal)」、すなわち依頼人である自治体と、「スチュワード (Steward)」、すなわち執務者である自治体文化財団との関係は、純粋にスチュワードシップ理論だけで整理できるわけではない。実際にはスチュワードシップ理論とプリンシパル・エージェンシー理論が掛け合わさったかたちとなる

ものと推測される。

前掲した Davis, Schoorman, Donaldson（1997）によると、プリンシパルもスチュワードもどちらも「エージェンシー理論」または「スチュワードシップ理論」を選択することができるというモデルが提示されている。それを図示したものが下の表である。

たとえば、プリンシパルである自治体が「エージェント型」を選択し、自治体文化財団（地域版アーツカウンシル）も「エージェント型」を選択した場合、両者の関係性は、双方向にエージェンシー型の関係であり、自治体は利益の最大化、すなわち経費の削減を目指し、自治体文化財団もこれに応えて潜在的コストの最小化に向かうことになる。これは、現実における大半の指定管理者と自治体との関係であると言える（A：従来の指定管理者）。

また、自治体が「エージェント型」を選択したのに対して、自治体文化財団（地域版アーツカウンシル）が「スチュワード型」を選択した場合、自治体（政府）は機会主義的、すなわち一方的な利益の獲得を目指す行動をとる懸念がある。そして、自治体文化財団（地域版アーツカウンシル）のディレクターは裏切られ、フラストレーションをためていくこととなる。これはまるで、「アームズ・レングス」というバズワードが呪文のように唱え続けられながらも、さまざまな干渉や制約を受けてきた英国のアーツカウンシルの姿のようでもある（B：従来のアーツカウンシル）。

図表2　自治体及び自治体文化財団の選択モデル

		自治体の選択	
		エージェント型	スチュワード型
自治体文化財団（アーツカウンシル）の選択	エージェント型	【A：従来の指定管理者】 潜在的コストの最小化 双方向にエージェンシー型の関係	【C：事例なし？】 自治体文化財団は機会主義的に行動 自治体は裏切られる
	スチュワード型	【B：従来のアーツカウンシル】 自治体（政府）は機会主義的に行動 アーツカウンシルのディレクターはフラストレーションをためる ディレクターは裏切られる	【D：地域版アーツカウンシルにおける新しい関係性】 潜在的パフォーマンスの最大化 双方向にスチュワード型の関係

（出所）Davis, Schoorman, Donaldson（1997：39）をもとに筆者が翻案・加筆

なお、自治体が「スチュワード型」を選択したのに対して、自治体文化財団（地域版アーツカウンシル）が「エージェント型」を選択した場合については、実際には事例は存在しないものと推測される。もっとも、第5章で分析した「滋賀県立芸術劇場びわ湖ホール」の事例がこのケースに近いものと考えられる。すなわち、自治体（及びその後設立される自治体文化財団）が「オペラを上演できる劇場を建設する」という、機会主義的、すなわち一方的な利益の獲得を目指す行動をとったことによって、プリンパルとしての議会は本来の政策意図の徹底とそのための対話の機会が損なわれ、結果として裏切られたと解釈することもできる（C：事例なし?）。

そして、自治体が「スチュワード型」を選択し、自治体文化財団（地域版アーツカウンシル）も「スチュワード型」を選択した場合は、双方向にスチュワード型の関係となり、地域の文化振興において潜在的パフォーマンスの最大化を図ることができると期待される。これが、地域版アーツカウンシルにおいて目指すべき新しい関係性であると考えられる（D：地域版アーツカウンシルにおける新しい関係性）。

[2] スチュワードシップ理論に基づく地域版アーツカウンシルのマネジメント

上述したスチュワードシップ理論に基づいて自治体文化財団を分析した研究は現時点では存在しないが、NPOを対象とした分析として柏木＆東出（2005）がある。そして、同研究の知見の一部は自治体文化財団及び地域版アーツカウンシルの望ましいあり方の検討においても当てはまると考えられる。

具体的には、NPOのパフォーマンスを高める要因として、同研究においては「意思決定への参加」や「フィードバック」があげられている。そして、「意思決定への参加」は、「NPOスタッフの市民組織行動」や「組織の硬化性」にプラスの影響を与えていることが検証されている。また、「フィードバック」については、愛着的コミットメントと会員数の増加に寄与することが確認されている（柏木＆東出 2005：35-39）。

上記のうち、「意思決定への参加」を「政策決定への参加」と読み替えてみると、地域版アーツカウンシルのスタッフの意見やアイデアが次の文化政策の決定にあたって採用されるなど、政策決定のプロセスに参加・関与することによって、アーツカウンシルのスタッフの内発的モチベーションが高まり、組織のパフォーマンスの向上にも寄与すると期待される。

また、「フィードバック」に関しては、地域版アーツカウンシルの場合、2つのケースが想定される。1つは上述した政策決定への関与というフィードバックであり、もう1つはアーツカウンシルが助成した文化団体等からのフィードバックである。この「二重のフィードバック」により、アーツカウンシルのスタッフは精度の高い情報を得ることとなり、これが一種の心理的報酬を獲得することにもなる。また、被助成団体の意見を積極的に収集し、これを活用することができれば、文化団体等の満足度はより高まり、アーツカウンシルに対する支援をより強く得ることにもつながっていくと期待される。

[3] 地域版アーツカウンシルのガバナンス論

　このスチュワードシップ理論は、さらに地域版アーツカウンシルを中核とする、より大きなフレームでのガバナンス論にも展開していくことが可能である。

　たとえば、スチュワードシップ理論からガバナンス論への展開に関する先行研究においては、「このスチュワードシップ理論から捉えられるコーポレート・ガバナンスでは、株主、取締役会、経営者が企業の存続と発展に向かって一緒に協働することが前提とされ、社内取締役の有効性、経営者に対する取締役会の助言・諮問機能が強調されることになる」（西 2004：292）及び「つまり、株主、取締役会、経営者は全て組織目的の実現に向けて協働するガバナンス・チームと捉えるのである」（西 2004：295）という考察がなされている。

　また、企業のコーポレート・ガバナンスに関する先行研究においては、企業という存在を「単に株主と企業経営者の関係として把握するのではなく、企業は、そこに利害を有する多くの関係者（株主、経営者、従業員、取引銀行など）から成る連合体として捉え、そうした利害関係者間における入り組んだ力関係がどのように作用し、どのように調整され、その結果、どのように企業の行動が規律付けられるか（効率性が維持されるか）という一連の仕組みを指す」（岡部 2002：196、千葉 2011：61）という、ステークホルダーの視点に立った考察が展開されている。

　このような考え方は、地域版アーツカウンシルの構想においても大いに参考となる。これを地域版アーツカウンシルのケースで説明すると、地域版アーツカウンシルとは、自治体（首長、文化担当部局）、議会、文化関係者、住民等ともに、地域の文化の振興と発展に向かって協働する1つのガバナンス・チームである、ということとなる。そして、地域版アーツカウンシルの活動においては、それぞれのステー

クホルダーとの政策対話、双方向の助言や情報提供等が重要であるということとなる。

そして、このようにみてくると「スチュワードシップ理論」とは、プリンシパルとしての自治体（政府）または議会の政策意思に、スチュワードとしての自治体文化財団（地域版アーツカウンシル）の施策実践をいかに一致させるか、についての理論と言うこともできる。その意味においては「スチュワードシップ理論」とは、自治体（政府）または議会と自治体文化財団（地域版アーツカウンシル）との"近さ"についての理論であり、両者の"遠さ"を重視する「アームズ・レングス」とは反対方向のベクトルの思想であるとも言える。

5 科学技術振興マネジメント

[1] 日本の科学技術振興におけるプログラムオフィサー

アーツカウンシルによる文化政策としての補助金は、科学技術振興における補助金（科研費等）のあり方をアナロジーとして説明されることがある。そこで、本節においては、国立研究開発法人科学技術振興機構等におけるプログラムオフィサーのあり方から、アーツカウンシルにとって参考とすべき事項を抽出する。

なお、日本が21世紀に向けて「科学技術創造立国」を目指して科学技術の振興を強力に推進していくことを目的として、今後の科学技術政策の基本的な枠組みを与えるために「科学技術基本法」が1995年11月15日に施行された。

同法により、政府は「科学技術基本計画」を策定し、長期的視野に立って体系的かつ一貫した科学技術政策を実行することとなった。これまで、第1期（1994～2000年度）、第2期（2001～2005年度）、第3期（2006～2010年度）、第4期（2011～2015年度）の基本計画を策定してきており、2016年1月22日に、2016～2020年度の第5期基本計画が閣議決定された。

このような政策体系のもとで実施されている科学技術振興は、文化芸術の分野と比較して、より政府の考える枠組みと一体となったものであり、アームズ・レングスの「アーム」はより短いものと推測される。実際に、後述する科学技術振興調査費のプログラム・オフィサーの実務においては、"指導"を行う際には、事前に文部科学省と相談することとなっている」(山下 2008：1201) とのことである。

　そして、日本においては、科学技術の振興を目的として、内閣府及び8つの省にさまざまな競争的資金の制度が設定されている。この「競争的資金」とは、「資源配分主体が広く研究開発課題等を募り、提案された課題の中から、専門家を含む複数の者による科学的・技術的な観点を中心とした評価に基づいて実施すべき課題を採択し、研究者等に配分する研究開発資金」(内閣府 2006：3) のことを指す。平成28年度 (2016年度) 予算における競争的資金の総額は、4,119億9,500万円となっている (内閣府 2016)。

　そして、この競争的資金に関して、制度の一連の業務を一貫して、科学技術の側面から責任を持ち得る実施体制を整備するため、研究経歴のある責任者を各配分機関に専任で配置することが、2003年に内閣府の総合科学技術会議によって提言された (内閣府・総合科学技術会議 2003：10-12)。この各機関に配置される研究経歴のある責任者が「プログラムオフィサー (PO)」及び「プログラムディレクター (PD)」と呼ばれる制度である。その基本的役割に関して、POについては、「プログラムの方針 (案)(目的、目標、重点テーマ、新規テーマ設定) の作成。評価者の選任。外部評価 (ピアレビュー) に基づき、採択課題候補 (案) の作成 (優先順位付け、研究費の査定、研究分担者の必要性、重複の排除)。評価内容や不採択理由の開示。それに対する申請者からの質問、不服申立への対応。採択課題について、研究計画の改善点の指摘。不採択の申請者にも助言。進捗状況や予算執行の状況を把握。必要に応じて、現地調査。研究計画の変更 (中止・縮小・拡大を含む) の提言。プログラム全体の運営見直し等の提案」(内閣府・総合科学技術会議 2003：11) となっている。また、PDについては、「競争的研究資金制度におけるマネジメントシステムの向上。プログラムの方針決定。新規プログラムや新規領域設定を決定。各制度内の領域間・分野間・プログラム間等の資金の配分額や配分方式 (個人研究とグループ研究等) を決定。プログラムオフィサー間の調整。採択課題の決定。プログラムオフィサーの評価」(ibid.) となっている。

　このPD・PO制度の導入から2年間におけるPOの最も重要な仕事は、「大学等

の研究者が長年の習慣である『自由な発想と自由な研究遂行が保障される科研費マインド』から、大多数が不慣れな『社会的インパクトを意識した研究の戦略的構想および産学官連携等の組織化と研究の戦略的遂行』へと意識を拡大することの手助け」(毛利 2006：91) であったと評価されている。こうした被助成者の意識を変革していく仕事は、アーツカウンシルにおいてもとても重要であると考えられる。

　なお、これら PD・PO の数は、以下の表のとおり、2009 年時点で合計 634 人となっており、このうち非常勤の PD・PO が最も多くなっている点が特徴である。このように非常勤の PO が多いという点に関しては、「日本の PO 制度の最大の問題」(広田 2009：119) であり、「一般的に制度において人材の交代が頻繁に起きていると運営上の実体験・知識・ノウハウ等の蓄積がなされず制度の効果を不十分なものにしてしまう。研究者の副業的業務として PO 業務がなされ、しかも非常勤 PO が頻繁に交替する日本の制度では十分な PO 機能が実現しているとは言えない」(ibid.) との課題が指摘されている。その一方で、非常勤の PO に関しては、「ファンディングへの貢献度は限られるが、現役の研究者で最新の研究情報に通じている」(高橋ほか 2011：711) という長所があると評価されている。

図表 3　日本における PD・PO の数と勤務形態（2009 年時点）

勤務形態	人数
常勤・専任	100 人
非常勤	346 人
兼任・併任	188 人
合　計	634 人

(出所) 高橋ほか (2011：711)

[2] 国立研究開発法人科学技術振興機構における PO 資格認定

　国立研究開発法人科学技術振興機構（Japan Science and Technology Agency；以下、JST）は、科学技術振興を目的として設立された文部科学省所管の国立研究開発法人であり、文部科学省の競争的資金の配分機関の 1 つでもある。1957 年に前身となる組織の日本科学技術情報センター（JICST）が設立され、1961 年には科学技術庁所管の特殊法人として、新技術事業団（JRDC）が設立された。そして 1996 年に JICST と JRDC を統合し、科学技術振興事業団法によって「科学技術振興事業団」が設立され、2003 年には独立行政法人化により「独立行政法人科学技術振興機構」に改組され、さらに 2015 年に「独立行政法人科学技術振興機構」から「国立研究開発法人科学技術振興機構」に名称変更された。

　前述したとおり、研究費を扱う組織においては、研究と運営業務の両面に長けた

人材（プログラムオフィサー）の育成が、総合科学技術会議により2003年から要請されてきた。JSTでは既に戦略創造事業及び産学連携事業などのほとんどについて外部有識者POの招へいを行っていたが、その一方でJST内部の担当者にPO適格者の育成を図ってきていた。そして、2009年に2年半の育成期間を経て、初めて2名のJST-PO資格認定を授与している。

このJSTの資格認定制度は、「基本的な枠組みは大学院の博士学位の認定プロセスに類似であるが、JSTスタッフ業務の傍ら取り組むものであり、JST内に設置する社会人大学院的な位置づけ」（高橋ほか2006：803）とのことである。

なお、日本の科学技術振興のファンディングには行政官も関わっていることを背景として、「非常勤のアカデミアPOと行政官の双方を包容しうる高い人格と高度の能力の保有者」（高橋ほか2006：803）が、理想的なPO制度を構築する鍵との意見がある。

この点に関しては、文化振興におけるアーツカウンシルの場合も同様と考えられる。すなわち、文化政策を担う行政官と審議会や委員会における非常勤の委員、さらには議会の議員や文化関係者等との円滑なコミュニケーションをとることができる人材が、地域版アーツカウンシルのPD・POには求められていると言える。

また、科学技術振興のPOに関しては、「米国のローテーター制度のように、現役の研究者が数年間研究を離れてPO業務に専念したあと、また研究者に戻るような制度」（高橋ほか2004：30）が提案されている。ここで言う「ローテーター制度」とは、大学の教官が「数年間 funding agency で勤務した後、再び大学に戻ることが可能であり、大学の教官の一つのキャリアパスとなっている」（高橋ほか2004：28）制度のことである。アーツカウンシルに関しても、大学の教員やシンクタンクの研究員との兼務または出向の制度について今後検討していくことが望まれる。

[3] 科学技術振興の課題から見るアーツカウンシルへの示唆
① 柔軟な制度設計

文部科学省の科学研究費補助金（科研費）の不正使用に関して、「少なからぬ事例では、不正使用とされた科研費は結局のところ研究に用いられており、予算繰り越しと返納を幅広く認めれば本来、問題がなかったとも思われることが残念である」（中村2005：602）との述懐がある。

また、日本の競争的研究資金制度（ICRG）の研究費管理に関しては、大きく2つ

の課題が指摘されている。1つは「備品費、消耗品費、役務費、旅費等の実際の研究費使途における費目間振替の制約（たとえば、振替における費目内容、金額等の制約）を更に弾力化すること」（広田2008：40）が必要とされている。2点目として、「研究費の年度間繰越をさらに十分に行えるようにすること」が必要であると指摘されている。

　その他、日本のICRGのすべてにおいて「間接経費配分が実現した」（広田2008：39）とのことで、別途、「競争的研究資金に係わる間接経費取扱要領」も作成されている。

　これらの点については、文化助成においても大いに参考とすべきである。すなわち、文化の助成金の不正使用を誘発しないようにするためにも、「費目間振替」「予算の繰り越し」や「黒字となった場合も返納免除」、そして「間接経費への補助」等、柔軟な制度設計とすることが望まれる。このように柔軟な制度とすることは、不正の誘発を防止するだけではなく、そもそも、文化団体やアーティストにとっての助成金の利便性を向上させるという意義もある。

② PDCAによる制度の改善

　研究開発助成に関して、過去において「非常に優れた研究である」との評価を受けた大型プロジェクトを対象としたヒアリング調査によると、優れた研究成果を輩出した要因として、第1にあげられているのが、「入念な調査研究（Feasibility Study）を行っている点」（毛利2006：91）とされる。

　このことは、アーツカウンシルの活動に対して2つの示唆をもたらす。1つは、文化の助成においても、事前に「入念な調査研究を行っている」文化団体やアーティストに対する助成の方が、そうではない場合と比較して、より高い成果を輩出する蓋然性が高いのではないか、という仮説である。

　もう1つの示唆は、アーツカウンシルを通じた文化助成に関しても、個々のプロジェクトの成功要因や失敗要因を事後的にヒアリングするといった、PDCAのプロセスが必要ではないか、という点である。もちろん、こうしPDCAを通じて把握・確認された成功要因や失敗要因に関しては、その後の助成に役立てることができる。

　たとえば米国においては、「FDP（Federal Demonstration Partnership）」と称する、研究資金の配分機関（FA）と大学等の受託機関とが一堂に会して研究資金制

度の改善についての意見交換を行い、モデル事業を通じて改善策の効果を例証（Demonstrate）することにより一般化していくという取組みが、1986年より行われている」（山下2008：1203）とのことである。このような、被助成団体と協働でPDCAを行う仕組みは、アーツカウンシルにおいても大いに参考となる。

一方で、科学技術分野における研究開発プログラムの評価に関しては、政策評価の先進国である米国においても「OMB（大統領府行政管理予算局）もOSTP（米国科学技術政策局）も未知に挑戦する基礎研究プログラムが、明確な成果（アウトカム）を事前に設定することの難しさを認めている」（高橋ほか2013：264）とのことである。

こうした事情は文化政策の分野においても同様である。未知なるものに挑戦する文化プログラムが、事前に明確な成果（アウトカム）を設定することは極めて困難であると考えられる。もっとも、だからといって文化政策の分野において政策評価は不要である、ということではもちろんない。ただし、文化政策や科学技術政策に関しては、一般的な政策分野と同様の政策評価は馴染まないため、それぞれの分野に適した独自の政策評価の体系を構築していく必要があると考えられる。

③ 文化団体等の意識変革のための文化振興手法の多様化

日本の研究者の意識に関して、「歴史的に『研究費は上から来る』という意識があり、欧米の研究者のような『研究の自立的・自律的管理』意識を持つまでには、相当時間がかかると思われる」（毛利2006：89）と指摘されている。そして、このような意識構造が成立した背景として、独立行政法人日本学術振興会の前身となる財団法人日本学術振興会が、天皇陛下から学術奨励のため文部大臣に下賜された150万円により、1932年に創設されていることや、その他、科学技術研究費の多くが政府から拠出されていることがあげられる。

こうした意識に関する課題は、文化の分野においても同様であると考えられる。

一方で、米国の競争的研究資金に関する研究を見ると、競争的研究資金を"Grant" "Cooperative Agreement" "Contract"の3種類に分類している。このうち"Grant"は、FA（ファンディングエージェンシー）がパトロンとなって研究者を支援するものであり、いわゆる「補助金」である。また、"Cooperative Agreement"は、FAと研究者が共同で研究するもの、そして"Contract"は、政府・FAが研究者と契約を結び、政府やFAなど委託者が実現したい研究目的を、研究者に発注するも

のである（高橋ほか 2005：1005-1006）。

　このような形態別の分類は、文化振興の分野においても参考となる。文化団体やアーティストが「助成金は上から来る」という意識を変革していくためにも、通常、アーツカウンシルが所管する"Grant"だけではなく、"Cooperative Agreement"のような共催事業、そして、"Contract"のような委託事業や委嘱作品についても、今後は検討が必要である。

④ 配分資金規模の多様化

　科学研究費補助金においては、「小規模研究プログラムが相対的に多すぎ、小規模研究プログラムの多さが応募件数を増大させる要因にもなっているので、もっと集約して1件当たりの配分研究費を充実させるべきという議論」（広田 2008：38）が起こっていた。そこで、小規模プログラム（基礎研究B、基礎研究C）に関する実態調査が実施され、その結果、「基礎研究Cで研究を開始し成果が出るにしたがって高額の制度に応募する場合もあり、研究の初期段階に対して基礎研究Cの役割は重要である」(ibid.)という結論が提示された。

　文化の分野においても、文化多様性を維持・確保する観点からも、小規模な助成は必要不可欠である。一方で文化助成に関しては、科学技術振興のような大型の助成が存在しない。そこで、少額の助成によって成果が確認されたプロジェクトに関しては、より大型の助成を行うような制度設計上の配慮も今後は必要であると考えられる。

⑤ 資金源の多様化

　文部科学省の科学研究費補助金（科研費）に関しては、資金源の多様化という観点から、「科研費ひとつだけに資金源を頼るのは本来、望ましい体制ではない。政府、研究者の双方で研究資金源の多様化を図る必要がある」（中村 2005：601-602）との指摘がされている。

　この点は文化振興の資金に関しても同様であると考えられる。各地域における文化振興の資金源としては、地方自治体（地域版アーツカウンシル）と中央政府が想定されるが、それ以外として、地域における企業メセナ活動「地域メセナ」も有望な資金源となり得る。こうしたことから、地域版アーツカウンシルにおいては、自らの資金による助成活動以外に、地域におけるメセナ活動を振興していくことも重要

な使命になると考えられる。こうした活動を展開する際に、公益社団法人企業メセナ協議会と地域版アーツカウンシルが連携していくことが期待される。

⑥ 評価者の選任

　米国のファンディング・エージェンシーにおいては、評価者としての適格性に関して、利害関係者の排除規定が厳格に定められている。たとえば、米国国立健康研究所（National Institutes of Health；NIH）では、「①申請者が家族や親しい友人である場合、②過去一定期間内に申請者と契約締結の履歴を持つ場合、③申請者と極めて近い研究開発を行っている場合、④評価者と長年にわたって対立する考え方を有する場合」（広田2008：42）等を利害関係者と見なしているとのことである。また、米国国立科学財団（National Science Foundation；NSF）では、「①同じ機関に所属する者、②過去4年間論文の共著者である者、③指導した学生と指導教官の関係にある者」（ibid.）等としている。

　日本のアーツカウンシルにおいても、助成金を公平に評価するためにも、評価者の選任に関する適正な「利害関係者排除規定」を策定する必要があると言える。

　なお、プログラムオフィサー制度の導入5年後の時点において、「PO制度自体が、その導入から相当の期間を経た段階にあるにもかかわらず、具体的に十分認知されるまでには至っていないことは確かである」（山下2008：1202）との指摘がなされている。

　おそらくは、地域版アーツカウンシルのPD・POに関しても同様の事態が生じるものと想定されるため、文化庁及び関連する地方自治体が連携して、アーツカウンシル及びPD・PO制度自体の認知が進展するように、積極的な情報発信を行っていく必要がある。

第7章

日本版アーツカウンシルの
確立へ向けて

| 1

ここまでの振り返り

本章においては、本書の各章において検討した結論をあらためて整理したうえで、日本における地域版アーツカウンシルの確立と持続に向けた提言を行うこととする。

第1章においては、アーツカウンシル・イングランドの概要と日本におけるアーツカウンシル的な取り組みの動向について整理した。

第2章においては、アーツカウンシルにおける「アームズ・レングスの原則」を「文化芸術助成機関における、政治または行政からの自由と独立」と仮説的に定義したうえ、最初に英国のアーツカウンシルの事例研究を通じて、現実に「アームズ・レングスの原則」が実践されてこなかった歴史について考察した。次いで、ケインズのテキストを読み解くことによって、「私は自由党員か」及び「自由放任の終わり」等で提起された「半自治的組織」という"外形的"な組織のあり方と、「芸術と国家」及び「アーツ・カウンシル：その政策と期待」等で語られた「芸術家の自由」という"内実的"な運営の理念が相俟って、「アームズ・レングス」の提唱者という役割が、ケインズに後世に付与されたものと推測した。そして、「アームズ・レングス」という概念は、もともとは1933年に国際的な企業取引のルールとして確立された「独立企業原則」を語源としており、それが1970年代前半にアーツカウンシルの運営に関する比喩として使用され、それが転じて、1970年代後半頃にはアーツカウンシルの理念として援用されるようになったものであることを解明した。そして、その後になってアーツカウンシル自身がこの概念を流用するようになったこと、すなわち、「アームズ・レングス」は、アーツカウンシルの設立当初から掲げられた理念ではなく、設立から30年ほど後の時代に、その理論を後付けで説明する表現として登場したものであることを考察した。

第3章においては、オリンピックの文化プログラムを全国で実現していくために、その文化プログラムを支援及び認定する基盤として「地域版アーツカウンシル」の存在が不可欠であることを勘案し、2012年にロンドン大会の文化プログラム、そ

して 2014 年にコモンウェルス・ゲームスの文化プログラムを経験したスコットランドのアーツカウンシルについて事例研究を行った。そして、スコットランドのアーツカウンシルに関して、特に「アームズ・レングス」という観点からみると、以下の 4 点の示唆を得た。

　1 つは、スコットランドのアーツカウンシルの"アーム"は、概ね時代の変遷とともに短くなっているということである。スコットランドの事例においては、英国政府からの権限委譲により、スコットランド政府が"国家"としての体裁を確立していくとともに、"アーム"も短くなっていったという経緯が特徴的である。

　2 点目は、行政改革の進展とともにスコットランドのアーツカウンシルの"アーム"が短くなっているということである。本論において明らかにしたとおり、そもそもクリエイティブ・スコットランドの創設自体が、文化政策としてではなく、公共機関の行政改革の一環として実現したものである。

　3 点目は、オリンピックの文化プログラムまたは政治的な独立運動のような大規模な国家的かつ国民的レベルのイベントの開催にあたっては、国家の政策とアーツカウンシルの施策が直結して実施されることとなる、という点である。

　4 点目として、地方自治体のアーツカウンシルは、文化政策に関して、国家とは別の生態系を構築する可能性を有しているという点である。スコットランドにおいても、特に顕著な事例であるグラスゴーは独自のアーツカウンシルを創設し、創造的な文化政策（創造都市政策）を展開している。そして、スコットランドの地方自治体における文化政策は、狭義の文化政策としてではなく、地域コミュニティや地域経済等に関する政策分野においても重要な役割を果たしており、総合政策として展開されている点が特徴となっている。このように国家のアーツカウンシルとは別の存在として、地方自治体のアーツカウンシルが総合政策的な文化政策を実践していくことは、一国全体の文化政策としてみると、文化的多様性を確保するとともに、財源や雇用の確保という面における余剰性及び冗長性（redundancy）・代替性（substitutability）の確保にも寄与し、結果としてマクロなレベルでのアームズ・レングスを維持することに貢献すると期待されることを指摘した。

　第 4 章においては、地域版アーツカウンシルに関する研究の基礎資料として、現在の日本でアーツカウンシル的組織と見なすことができる「自治体文化財団」を対象にした検討を行った。

　最初に自治体文化財団の概要について、「SUAC 芸術経営統計」を元に整理した。

その結果、自治体文化財団の主要な業務は指定管理業務であり、文化芸術団体の支援（補助金）は些末な位置づけしかないという実態が明らかとなった。

次に自治体文化財団の歴史を振り返ってみた。その際に、国全体のマスタープランとも言える「全国総合開発計画」との関連も踏まえて考察した。その結果、全国で公立文化施設が多数整備された1990年代においては、文化振興が真の理由ではなく、もともとは日米構造協議を契機とする内需拡大のために地方債に大きなインセンティブが付与されたこと、そして、国からの強い働きかけもあって地方債が多額に発行され、その地方債を活用して地方自治体によって箱物が多数整備されたことを明らかにした。

最後に、自治体文化財団の意義と課題を、「公立文化施設の柔軟な運営／二層の職員構成」「文化振興の専門職のプリカリアート化」「地域の文化政策自体の弱体化」「助成財団としての文化振興／助成金額の減少」「文化政策における自治体文化財団の位置づけの無さ」の5項目に整理した。

第5章においては、公立文化施設の課題を議会と行政の関係性から考察することを主たる目的として、研究対象としては「滋賀県立芸術劇場びわ湖ホール」を選定した。同ホールの運営を巡り議会と行政との間で「2008年3月問題」と呼ばれる議論が生じたからである。ただし、びわ湖ホールの運営に関する既往研究には、議会の会議録を詳細に分析した論文は存在しない。一方、議会におけるびわ湖ホールに対する批判的な発言は、その内容面に関して、「3種類のアンバランス」として整理することができる。

1つは「予算が多すぎる」という指摘である。2点目は「滋賀県民以外の比率が高すぎる」という指摘である。そして3つめは「オペラが偏重されすぎている」という指摘である。ただし、3つの課題それぞれについて、より本質的な問題は別にある。

まず第1に、びわ湖ホールは「予算が多すぎる」ことが課題なのではなく、実は「予算が少なすぎた」ことが課題だと考察した。2点目の、「滋賀県民以外の比率が高すぎる」という点に関しては、そもそも課題の設定が真逆であり、正しくは「滋賀県民の来館者が少ない」ということを課題として提起すべきであると考察した。3点目の「オペラが偏重されすぎている」ことが課題なのではなく、「オペラ（または他の文化分野）を偏重すべきかどうか」に関する議論がなされていないまま、実質的にオペラハウスが建設されてしまったことが本質的な課題であると指摘した。

本研究からの示唆として、文化政策を含むさまざまな政策に関して、政策の立案と実行は行政だけで完結するものではなく、行政（及びその長である首長）、住民の代表である議会で1つの生態系を構築していることを再確認した。

　そして第6章においては、「大学自治とアームズ・レングス」「編集の自由とアームズ・レングス」「経営ガバナンスとアームズ・レングス」「科学技術振興マネジメントとアームズ・レングス」という4つの分野から、「地域版アーツカウンシル」におけるアームズ・レングスのあり方について考察した。

2 地域版アーツカウンシルへの提言

　ここまでの記述により、アーツカウンシルにおける「アームズ・レングス」のほか、「大学自治」「編集の自由」等に代表される抽象的な概念は、現実の社会においては機能していないことが明確となった。

　一方で、「表現の自由」に代表される文化芸術分野の自由と自律に関しては、理想的には極めて重要な原則であると考える。

　そこで以下においては、このような抽象的概念自体について議論するのではなく、これまでの研究成果を踏まえ、アーツカウンシルの実際の活動における自由と自律がどのように確保・維持されるのかに関する具体的・実践的な制度設計についての議論することが必要であると考える。それは、今後の日本において「地域版アーツカウンシル」の設置を実現していくための要点となるはずである。

[1]「地域版アーツカウンシル」の機能

　日本における創造都市論の第一人者である佐々木は、「創造都市」の条件として、「産業政策と文化政策が有機的に関連して行財政の民主的効率的運営と総合化された創造的都市政策」（佐々木1997：226）をあげている。そして、都市における「創造支援インフラストラクチュア」と「創造支援システム」という概念を強調してい

る(佐々木1997：225)。このように、創造都市において必要不可欠な「創造支援インフラストラクチュア」と「創造支援システム」を実現する機構こそが、本論の対象としている「地域版アーツカウンシル」であると考えられる。

　そして、この「地域版アーツカウンシル」は、具体的には、3つの機能を有しているというイメージを想定している。

　1つは「文化関連の助成金等の審査・支給」という機能である。特に2020年東京オリンピックの文化プログラムの展開に伴って、中央政府等からの補助金や委託費等を、全国の文化団体やアーティストに助成・支給していくことが必要になると想定されるが、地域においてその役割を担うのが「地域版アーツカウンシル」になると想定される。そして、「地域版アーツカウンシル」は、単に資金を提供するだけではなく、ハンズオンでの支援もあわせて実施することが必要不可欠である。

　2つ目は、地域においてパイロット・プログラムを企画・実施するという機能である。地域において、新たなイノベーションを起こすような文化団体やNPOなどが存在している場合には、上述したような「助成金等の審査・支給」を実施すればよいわけであるが、社会的ニーズは存在するのに、その担い手が地域に存在しないという場合には、「地域版アーツカウンシル」自身が、試行的に文化プログラムを企画・実施するという場面も必要であると考えられる。

　そして3点目は、調査・研究、そして政策提言という機能である。これは民間企業におけるR&Dに相当するものと言えよう。上述したような、地域で社会的に必要な事項を発見するためにも、調査・研究というシンクタンク機能は極めて重要である。

図表1　「地域版アーツカウンシル」に求められる3つの主要な機能

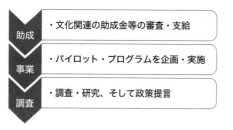

(出所)筆者作成

[2] PD・POの役割及び雇用形態

　アーツカウンシルの機能・役割についてさらに議論するにあたり、アーツカウンシルの中核となるPD・POの役割について検討することが必要不可欠である。

　PDの役割について、正面から検討した論文として、片山(2012)があげられる。同論文によると、PDの役割は、助成金の差配に関わるだけでなく、「①対象とする

領域においてどんな問題が存在するのかを把握し、②その解決／改善のための方策を立案し、③その結果を検証すること」（片山2012：86）であると指摘している。そして、より具体的には、「申請者の相談に乗り、手助けする」「助成対象となった人や団体に対して、活動をよりレベルアップさせるための適切な情報を提供する」「人と人との出会いを仲介し、助成対象者の活動の可能性を広げる」（片山2012：85）といったコーディネーター的な役割が期待されるとしている。

また、独立行政法人日本芸術文化振興会「文化芸術活動への助成に係る新たな審査・評価等の仕組みの試行的取組に関する報告」（2015年）によると、いわゆる「日本版アーツカウンシル」の課題の1つとして、「PD及びPO等の体制・役割」があげられている。

この中で、PDおよびPOを「常勤職員として配置する場合には、PD及びPOとしての経験が文化芸術分野におけるキャリアパスとして位置付けられることが特に重要となる」（独立行政法人日本芸術文化振興会2015：32）と指摘されている。この点に異論はないが、政府の「日本版アーツカウンシル」が単独で存在しているだけでは、そもそも「キャリアパス」は成立しない。PD及びPOのキャリアパスが成立するためには、アーツカウンシル的な組織が、日本で複数存続していることが必要条件となる。

また、全国各地で「地域版アーツカウンシル」を新たに創設することになった場合、それらの組織を構成する人材をどのように確保・育成するのかが大きな課題となる。そこで、文化プログラムに関する初動が他の道府県より早く展開すると推測され、かつより多くの文化プログラムが実施されることとなる東京（アーツカウンシル東京）が、地域版アーツカウンシルの人材育成センター的な機能を担うことが望ましいと考える。

アーツカウンシルのPD・POの雇用形態に関しては、中長期的には常勤・専任での雇用が望ましいと考えられる。一方で、日本におけるアーツカウンシルが当面の間は、芸術文化支援人材に関する人材育成のプラットフォームとして機能することが期待されている。こうしたことを勘案すると、沖縄版アーツカウンシルやアーツカウンシル新潟の事例に見られるように、「勤務日数：週4日（31時間）」程度で、兼業可とすることが、当面の間は日本の実態に即しているものと考えられる。

なお、第6章第5節で述べたとおり、科学技術政策におけるPD・POに関しては、非常勤のPD・POが最も多くなっているが、これらについては「ファンディングへ

の貢献度は限られるが、現役の研究者で最新の研究情報に通じている」(高橋ほか2011：711)という長所があると評価されている。

　また、第6本章第5節で述べたとおり、科学技術振興のPOに関しては、「米国のローテーター制度のように、現役の研究者が数年間研究を離れてPO業務に専念したあと、また研究者に戻るような制度」(高橋ほか2004：30)が提案されている。ここで言う「ローテーター制度」とは、大学の教官が「数年間funding agencyで勤務した後、再び大学に戻ることが可能であり、大学の教官の1つのキャリアパスとなっている」(高橋ほか2004：28)制度のことである。アーツカウンシルに関しても、大学の教員やシンクタンクの研究員との兼務または出向の制度について今後検討していくことが望まれる。

[3] 行政との「政策対話」

　第6章第4節で述べたとおり、地域版アーツカウンシルとは、自治体(首長、文化担当部局)、議会、文化関係者、住民等ともに、地域の文化の振興と発展に向かって協働する1つのガバナンス・チームである、という見ることができる。そして、地域版アーツカウンシルの活動においては、それぞれのステークホルダーとの「政策対話」、すなわち双方向の助言や情報提供等が重要であるということとなる。換言すると、「アームズ・レングス」という概念がもたらす、アーツカウンシルと政府(地方自治体)が「距離をとって離れること」ではなく、むしろ両者の距離を短くして、「密接に意見交換すること」が重要になるのである。

　なお、第6章で述べたとおり、大学の意思決定についても、「理事会と教授会の信頼を軸とし、双方の意思のフィードバックを基礎とする健全な緊張関係を前提とすべきである」(宮部1998：32)との主張がある。この主張の「理事会」を「行政」または「議会」に、そして「教授会」を「地域版アーツカウンシル」に置き換えると、そのまま地域版アーツカウンシルのマネジメントにも援用できるものと考えられる。そして、かつて1980年代までの英国の大学補助金委員会(University Grants Committee、略称UGC)が、政府と大学との緩衝体として機能していたように、地域版アーツカウンシルも地方自治体と文化団体及びアーティスト等との間で、良い意味での「緩衝体」として積極的に機能することが期待される。

　ステークホルダーへのフィードバックに関しては、第6章第4節で述べたとおり、地域版アーツカウンシルの場合、2つのケースが想定される。1つは政策決定プロ

セスへの関与というフィードバックであり、もう1つはアーツカウンシルが助成した文化団体等からのフィードバックである。

この「二重のフィードバック」により、アーツカウンシルのスタッフは精度の高い情報を得ることとなり、これが一種の心理的報酬を獲得することにもなる。

特に第1の「政策決定プロセスへの関与」は重要である。第6章第4節で述べたとおり、地域版アーツカウンシルのスタッフの意見やアイデアが次の文化政策の決定にあたって採用されるなど、政策決定のプロセスに参加・関与することによって、アーツカウンシルのスタッフの内発的モチベーションが高まり、組織のパフォーマンスの向上にも寄与すると期待される。

また、こうしたコミュニケーションを通じて、両者が政策のビジョンを共有するとともに、文化政策の実践における課題を政策立案にフィードバックすることが可能となる。

ここで言う「コミュニケーション」とは、価値観が異なる主体の間で、相互の価値観を認識し、かつ尊重するとともに、相違のもととなる文化的背景を理解、双方にとっての納得できる落としどころを模索するプロセスである。

現実の事例として、沖縄版アーツカウンシルにおいては、県の文化担当部局職員、PD・PO、そしてアドバイザリー・ボードのメンバーの3つのステークホルダーが、定期的に会合を持っている。こうした「政策対話」は、3者間での情報交換としての役割にとどまらず、行政の文化担当職員が、アーツカウンシルという機構に対して理解を深める絶好の機会ともなる。こうしたことから、今後の地域版アーツカウンシルにおいても、ステークホルダー間での「政策対話」を実施していくことが望ましいと考えられる。

[4] 議会とのコミュニケーション

また、地域版アーツカウンシルは、その活動状況について、行政や首長を通じて、または直接に議会や議員に対して報告をすることが望ましい。第5章で考察したとおり、行政だけでなく、政策の立案と実行は行政だけで完結するものではなく、住民の代表である議会も主要なステークホルダーである。そして、このように地域版アーツカウンシルが議会や議員に対して恒常的に報告を行っていくことは、議会活動そのものを活性化する効果もあると期待される。

たとえば、栃木県議会では、2012年4月から、栃木県議会が全国に先駆けて、

会期を概ね1年間とする通年議会を導入し、首長や行政の監視機能の強化を図っている。そして、同年9月の地方自治法の一部改正により、年をまたぐ会期の設定が可能となったため、平翌2013年4月から、年度を単位とする通年会期制に移行した。また常任委員会においては、政策立案機能を強化するため、これまでの付託議案の審査等に加えて、必要に応じて特定テーマの調査・研究に取り組んでいる[1]。

この栃木県議会の事例のように、地域版アーツカウンシルが議会や議員というステークホルダーに積極的に働きかけていくことにより、議会において文化政策に関する議論が活性化し、結果として文化政策の充実・改善に対する要求というかたちでフィードバックされることが期待される。

一方で、地域版アーツカウンシルが設置された場合、議会は、文化政策を実装するための方針や予算の決定にあたって、従来の行政職員を通じてとは別の回路として、文化支援の専門家であるアーツカウンシルから「セカンド・オピニオン」を聴取することも可能になると期待される。

[5] 文化団体等とのコミュニケーション

地域版アーツカウンシルが被助成団体である文化芸術団体やアーティスト等の意見を積極的に収集し、これを活用することができれば、文化団体等の満足度はより高まり、アーツカウンシルに対する支援をより強く得ることにもつながっていくと期待される。

また、第6章第4節で述べたとおり、科学技術政策におけるPD・PO制度の導入から2年間におけるPOの最も重要な仕事は、「大学等の研究者が長年の習慣である『自由な発想と自由な研究遂行が保障される科研費マインド』から、大多数が不慣れな『社会的インパクトを意識した研究の戦略的構想および産学官連携等の組織化と研究の戦略的遂行』へと意識を拡大することの手助け」(毛利2006：91)であったと評価されている。こうした被助成者の意識を変革していく仕事は、アーツカウンシルにおいてもとても重要であると考えられる。

すなわち、アーツカウンシルは単に助成金を審査・配分・評価するだけではなく、助成を申請する文化団体やアーティストが、「社会的インパクトを意識した戦略的な文化プログラム」へと意識を拡大することができるよう、日常的な情報交換やパイロット・プログラムの展開等を実施していくことが期待される。

このように、文化団体等の意識変革を促していくためには、文化振興の手法も多

様化していく必要がある。第6章第5節で述べたとおり、米国の競争的研究資金における形態別の分類は、文化振興の分野においても参考となる。文化団体やアーティストが「助成金は上から来る」という意識を変革していくためにも、通常、アーツカウンシルが所管する"Grant"だけではなく、"Cooperative Agreement"のような共催事業、そして、"Contract"のような委託事業や委嘱作品についても、今後は検討が必要である。

[6] 助成審査のオープン化

第6章で述べとおり、「大学の自治」論を踏まえると、アーツカウンシルの自立性・独立性を追求しすぎることによって、組織としての閉鎖性を誘因してしまう懸念も想定される。そういった事態に陥らないように、アーツカウンシルにおいては、オープン化とステークホルダーとのネットワーク化を推進することが求められる。

そして、第6章の第1節で考察したとおり、「『独善的な大学の自治』の1つの回避策として、あるいは『大学財政の国家依存と学問の自由を両立させる』知恵として、ドイツやフランスの大学では、人事や学位審査を、できるかぎり公開にするという原則を保ってきた」(猪木2009：43)という点については参考になるものと考えられる。

こうした事例を参考として、たとえば、地域版アーツカウンシルにおける、助成金審査の一部（申請団体のプレゼンテーション部分、被助成団体による結果報告会など）を公開することが今後検討すべき事項として考えられる（ただし、この場合においても、審議自体は非公開とすべきであると考えられる）。

また、第6章第5節で述べたとおり、米国のファンディング・エージェンシーにおいては、評価者としての適格性に関して、利害関係者の排除規定が厳格に定められている。そこで、日本のアーツカウンシルにおいても、助成金を公平に評価するためにも、上記のオープン化とともに、評価者の選任に関する適正な「利害関係者排除規定」を策定する必要があると言える。

[7] PDCAを通じた助成制度の改善

第6章第5節で述べたとおり、アーツカウンシルを通じた文化助成に関しても、個々のプロジェクトの成功要因や失敗要因を事後的にヒアリングする、PDCAのプロセスが必要である。もちろん、こうしてPDCAを通じて把握・確認された成功要

因や失敗要因に関しては、その後の助成に役立てることができる。

　また、前述のとおり、文部科学省の科学研究費補助金（科研費）の不正使用に関して、「少なからぬ事例では、不正使用とされた科研費は結局のところ研究に用いられており、予算繰り越しと返納を幅広く認めれば本来、問題がなかったとも思われることが残念である」（中村 2005：602）との述懐がある。

　この点については、文化助成においても大いに参考とすべきである。すなわち、文化の助成金の不正使用を誘発しないようにするためにも、「費目間振替」「予算の繰り越し」や「黒字となった場合も返納免除」、そして「間接経費への補助」等、柔軟な制度設計とすることが望まれる。このように柔軟な制度とすることは、不正の誘発を防止するだけではなく、そもそも、文化団体やアーティストにとっての助成金の利便性を向上させるという意義もある。

[8] アーツカウンシルのネットワーク化

　政府の「日本版アーツカウンシル」については、「舞台芸術はとりわけ、その場に立ち会わない限り正当な評価が困難なジャンルである」ことなどから、「東京一か所のみに拠点を置き、審査を行ってきた点も、ミッションと組織体制の齟齬を感じさせる事実」（片山 2012：95）と指摘されている。つまり、このような東京一極集中という観点からも、「地域版アーツカウンシル」の必要性を論ずることができる。

　そして今後は、政府の「日本版アーツカウンシル」と、地方自治体による複数の「地域版アーツカウンシル」との関係性についても検討が必要である。この点に関しては、米国における連邦政府と州政府との、それぞれにおける芸術文化支援が1つの参考事例となる。米国においては、1965年の The National Endowment for the Arts（NEA）の設立によって、連邦政府による補助金政策が開始された、とされる（片山 1998：71）。一方で、州政府においては、NEAの設立以前から芸術支援機関が設置され始めており、現在では50州全てに、さまざまな名称で芸術文化支援の専門機関（States Arts Agencies；SAAs）が設置されている（片山 1998：72）。そして、NEAとSAAsとの関係については、NEAからSAAsに補助金が提供されているとともに、「連邦と州がそれぞれ異なるミッションのもとに役割分担を行ってきている」（片山 1998：79）とのことである。日本の芸術文化振興会の日本版アーツカウンシルにおいても、地域版アーツカウンシルを設置している自治体（及びその傘下の文化施設）に対しては、従来よりも重点的な支援を検討することが望ましいと考えられる。

なお、各自治体に「地域版アーツカウンシル」が設置されていく場合、それぞれの組織形態の在り方などについてはけっして単一のものではなく、多様なバリエーションが登場してくると予測される。

　たとえば、八戸市の新美術館の構想においては、従来の「美術館部門」と、「八戸の文化全体をどのような姿にしていくのかを考え発信する司令塔としての役割を担う『文化政策部門』を同居」させるというイメージが描かれている（八戸市2016：3）。この構想のように、新規の、または既存の文化施設に、アーツカウンシル的な機能を導入して、結果として、文化施設を「アーツカウンシル・センター」的な機関として構築することも、日本の現状に照らすと１つの方向性として考えられる。

　具体的には、大阪府においては、第１章において述べたとおり「大阪アーツカウンシル」大阪府市文化振興会議の部会として設置している。ただし、部会としての設置のため、PD・POともに、部会の委員としての位置づけとなっており、常勤・専任からはほど遠い体制となっているのが現状である。一方で、大阪府はギャラリーや多目的ルーム等の施設を有する「江之子島文化芸術創造センター」を指定管理者制度にて運用している。こうした状況の中で、この「江之子島文化芸術創造センター」の指定管理業務の中に「アーツカウンシル業務」を追加して、指定管理者がPD・POを常勤・専任で雇用するという「アーツカウンシル・センター」化の構想も１つのアイデアとなり得る。

　このように、全国各地に多様なアーツカウンシルが設置されていくことを想定した場合、地域版アーツカウンシルに取り組む自治体、そして芸術文化振興会の日本版アーツカウンシルや東京都のアーツカウンシル東京も含めて、ゆるやかなネットワーク組織を立ち上げ、ベストプラクティスや運営上の課題に関する情報交換を定期的に実践していくことが望ましい。

　そして、前述したとおり、「地域版アーツカウンシル」が創造都市論に接続される議論であることを勘案すると、創造都市の取組を推進する（または推進しようとする）地方自治体等の連携・交流を促進するためのプラットフォームである「創造都市ネットワーク日本（CCNJ）」に「アーツカウンシル部会」を設置することが望ましいと考えられる。

[9] 企業メセナとの連携による文化支援の多様化

　第6章第5節で述べたとおり、文部科学省の科学研究費補助金（科研費）に関しては、資金源の多様化という観点から、「科研費ひとつだけに資金源を頼るのは本来、望ましい体制ではない。政府、研究者の双方で研究資金源の多様化を図る必要がある」（中村 2005：601-602）との指摘がされている。

　この点は文化振興の資金に関しても同様であると考えられる。各地域における文化振興の資金源としては、地方自治体（地域版アーツカウンシル）と中央政府が想定されるが、それ以外として、地域における企業メセナ活動「地域メセナ」も有望な資金源となり得る。また、公益社団法人企業メセナ協議会が実質的なアーツカウンシルとして機能していることを勘案すると、地域におけるメセナ活動の推進は、民間も含めた支援の多様化と同時に、地域におけるアーツカウンシル機能の多様化にもつながると期待される。さらに言えば、地域版アーツカウンシルが設置者である自治体の範囲を越境することが困難であるのに対して、民間アーツカウンシルとしての企業メセナは、容易に自治体の境界を超えることができるという利点もある。

　なお、公益社団法人企業メセナ協議会では2003年4月より、芸術文化活動への企業や個人からの寄付を促進する「助成認定制度」を全国規模で展開するために、各自治体の文化振興財団等の協力を求め、制度に関する諸資料の配付、質問や相談への対応、地域でのPR活動などの業務に協力してもらう「相談窓口」を全国に開設した。

　この制度は、特定公益増進法人である企業メセナ協議会を通じて芸術文化活動への寄付を行うと、寄付者に対する税制上の優遇措置がはかられるものであり、それによって芸術文化活動を行う側は、企業や個人からの寄付金が集めやすくなるというメリットがある。この「相談窓口」は、一時は最高で全国約40カ所にまで設置されたが、現在はあまり機能していないのが実態である。

　こうした状況において、「地域版アーツカウンシル」が、自らの資金による助成活動以外に、当該地域における民間企業とのコミュニケーションを通じて、地域メセナの振興を図ることも重要な使命になると考えられる。各地域において地域メセナが活性化することは、結果として各地域における支援の複線化と多様性の確保にも貢献することとなる。そして、こうした活動を展開する際に、公益社団法人企業メセナ協議会と地域版アーツカウンシルが「連携協定」のようなものを締結して、相互に協力していくことが期待される。

[10] 地域版アーツカウンシルと日本版 DMO との連携・一体化

　「地域版アーツカウンシル」の創設にあたり、2020年までの期間については、オリンピックの開催に向けて地域版アーツカウンシルはさまざまなかたちで活用されることが期待され、また、文化プログラム等のための資金も比較的潤沢に提供されるものと期待される。ただし、文化プログラム自体は2020年の夏に終了してしまうため、2021年以降は、それ以外の原資を確保していくことが必要である。

　そこで、2016年からの文化プログラムのための補助金等を「地域版アーツカウンシル」に提供するにあたっては、当該プログラムの審査をするのは当然のこととして、「2021年以降の組織の持続可能な戦略（出口戦略）」についても企画・提案してもらい、これを併せて審査することが必要である。

　また、地域版アーツカウンシルが各地域において持続的な活動をしていくためには、文化芸術政策を中核としつつも、たとえば観光政策、福祉政策、教育政策、産業政策等といったさまざまな政策分野と連動して、地域の課題を解決していくことが必要となるであろう。

　これらの政策分野のうち、特に「観光政策」との連携が重要であると考えられる。2016年3月には、文化庁及び観光庁、及びスポーツ庁は、三庁連携による相乗効果により、新しい地域ブランドや日本ブランドを確立・発信し、2020年以降も訪日観光客の増加や国内観光の活性化を図り、日本及び地域経済の活性化を目指すため、包括的連携協定を締結している。

　そして、観光庁（及び国土交通省）においては、地域の「稼ぐ力」を引き出すとともに地域への誇りと愛着を醸成する「観光地経営」の視点に立った観光地域づくりの舵取り役として、多様な関係者と協同しながら、明確なコンセプトに基づいた観光地域づくりを実現するための戦略を策定するとともに、戦略を着実に実施するための調整機能を備えた法人として「日本版 DMO（Destination Management/Marketing Organization）」の設立を強く推進している。

　このような状況を踏まえ、「地域版アーツカウンシル」と当該地域における「日本版 DMO」が連携・一体化し、より自立した組織として地域の課題解決を担っていく主体となることも、2020年以降の1つの方向性として考えられる。

　なお、本研究においては、既存の自治体文化財団が地域版アーツカウンシルの母体となるイメージで検討を行ってきたが、たとえば、アート NPO や市民団体、経済団体等が地方自治体と協定を締結することによって、実質的に地域版アーツカウ

ンシルとして機能するという可能性も考えられる。こうした点についても今後の研究課題としたい。

3 今後の展望

[1] 現実論としての「アームズ・レングス」を社会に実装

既に述べたとおり、本論の主たる研究対象であるアーツカウンシルにおける「アームズ・レングス」のほか、「大学自治」「編集の自由」等に代表される抽象的な概念は、現実の社会においては機能していないことを本研究において考察した。もっとも、「アームズ・レングス」という概念が意味する、アーツカウンシルの活動における一定程度の自由と自律は極めて重要であると考える。

そこで、今後のアーツカウンシルに関する議論においては、抽象的概念自体について議論するのではなく、本論で展開したように、アーツカウンシルの実際の活動における自律と自治がどのように確保・維持されるのかに関する具体的・実践的な制度設計についての議論が必要であろう。

そして、この「アームズ・レングス」という課題に関しては、今後は大きく2つの実践的な議論が必要であると考える。

1つは、高度な専門職としてのPD・POの「職責」のあり方を通じて、実質的な「アームズ・レングス」を確保する、すなわち自律的な機能を高めていく、というアプローチである。

そもそもアーツカウンシルとは、ある意味で民主的ではない機構である。厳密な意味で民主的であるならば、アーツカウンシルにおける主要な業務である助成金の審査・配分は、民主的に選出された代表者の集合体である議会に委ねれば良いこととなる。そこで、このような審査の権限がアーツカウンシルに委ねられるための論理が必要となる。

蟻川は、米国のアーツカウンシルであるNEAについて考察したうえで、日本の公

立美術館についても、「『基本方針』の策定とその『解釈』の切断を導入すること」(蟻川1997：214)。を提唱しており、その論拠として「文化機関としての公立美術館の職責の概念」(蟻川1997：215) をあげている。この「職責」の主要な内容としては、「自らの判断によって展示を企画すること、そのために作品を選定し、これを公開すること。そして、そうであるからには、自らの企画とそれに参加した作品とを外部の全る勢力の干渉から擁護すること」(蟻川1997：216) をあげている。

こうした考察をふまえ、「『助成プログラム』とは、これを挟んで、文化に対する国家の主導性と、文化の国家からの自律性とを、『共存』させるための概念装置である」(蟻川1997：219) と定義している。換言すると、「政府は、公的資源を投入して、一定の価値を振興・奨励するプログラムの『基本方針』を策定することができるが、プログラムの具体化が、当該価値についての専門職の関与を俟って実現されるものである場合には、右専門職は、その職責を全うするために、当該『基本方針』を『解釈』する自律的権能を付与されるべきである」(蟻川1997：196) という考え方となる。

この論理は、そのまま地域版アーツカウンシルにも適用可能であろう。すなわち、地方自治体（首長、行政、議会）は、文化政策に関して「文化振興ビジョン」等の基本方針を策定するが、その実現に当たっては、専門職であるPD・POの関与が必要不可欠であり、PD・POがその"職責"を全うするために、基本方針を解釈する自律的機能が付与されるべきである、という考え方である。

そして、第6章で述べたとおり、新聞において所有と編集との区別を明らかにするためにも、「専門職としての新聞記者の地位を確立する」(伊藤1973：119) という方法が提案されている。より具体的には、記者同士が「切磋琢磨しあい、経験者の志と技が後進に伝承され、職能集団の自立性と自発性を高めていくこと、つまりプロフェッショナリズムを根付かせることが必要」(花田2005) であると指摘されている。そして、このことが「ジャーナリズムの自由と独立、ジャーナリストの責任と倫理につながる」(ibid.) としている。これは、アーツカウンシルのPD・POにおいても同様であろう。

こうした専門職としての「職責」を確立していくためには、PD・POは常勤・専任またはそれに近い勤務形態であることが必要不可欠となる。もしも仮に、劣悪な契約条件でPD・POを確保しようとする地域版アーツカウンシルが登場した場合には、地域版アーツカウンシルに関する文化庁の補助の停止、学会等での追及等を

通じて、こうした"悪貨"を排除していくことが健全なアーツカウンシルを日本で確立していくために必要であろう。

そして、こうしたアプローチに関する今後の研究課題としては、一般行政から独立している存在である「教育委員会」を参考事例とした研究も必要であろう。

「アームズ・レングス」を実質的に確保するための、もう1つのアプローチは、アーツカウンシルの多様化であると考える。具体的には、中央政府、地方自治体、民間の企業メセナ等、さまざまなセクターのアーツカウンシルが全体として1つの生態系を織りなしていくことにより、文化芸術団体やアーティスト等、被支援者から見ると、資金源は多様化することとなる。もしも仮にある特定の地域版アーツカウンシルにおいて、「アームズ・レングス」に関する課題が生じたとした場合、被支援者は他のアーツカウンシルからの助成に切り替えることが原理的には可能となる。すなわち、個々のアーツカウンシルにおいて「アームズ・レングス」を追求するのではなく、その総体として「アームズ・レングス」が実現されるのである。

最後に、なにより重要なポイントは、これから設置が進むと期待される「地域版アーツカウンシル」は、中央政府から設置を義務付けるのではなく、あくまでも各地域の発意に基づいて、ボトムアップ型で五月雨式に設置されていくべきである、という点である。この場合、中央政府(文化庁等)は、その設立を側面から支援することとなる。こうした試みが一定の成果を達成することができれば、日本はオリンピックのレガシーとして、「地域版アーツカウンシル」を世界に対して、ベスト・プラクティスとして提示することができるのではないかと考える。そして、英国からの借り物としてのアーツカウンシルではなく、日本独自の芸術文化支援の機関として、地域版アーツカウンシルが発展していくことが期待される。

この論点に関して補足するならば、上述したような実践を通じて、政府と文化芸術分野との間においてより適切な関係を構築することができるならば、それは「アームズ・レングスの原則」とは別の概念となり、また別の名称で呼ばれるものになるであろう。そして、それは概念自体を過度に神格化するのではなく、政策の実態に即した柔軟な理論となるはずである。

[2]「文化に携わることが職業になり得る社会」に

本書の冒頭で触れたとおり、2020年には東京で2度目の五輪大会が開催され、日本是各地でオリンピックの文化プログラムが展開される見込みである。

かつて1964年に東京で開催された東京オリンピックでは、その開催に向けて、競技用施設だけでなく、東海道新幹線や東京モノレール、首都高速道路等のインフラストラクチャーが整備されたほか、観戦客を受け入れるための数々のシティホテルも開業し、良くも悪くも東京の風景は一変した。そして、こうした明確な変化は、日本が第二次世界大戦敗戦の荒廃から復興し、先進国として国際社会に復帰するというメッセージとなって国内外に強く発信された。

　一方で、1964年の東京オリンピックにおいては、「デザイナー」という新しい職業にさまざまな活躍の機会が提供された。有名な東京オリンピックのポスターをデザインしたのはデザイナーの亀倉雄策であるが、同氏がデザイナーとして働き始めたころは「グラフィックデザイナーなどという職名は一般的ではない」（野地2013：46）時代であった。その後も「フリーランスのグラフィックデザイナーという仕事が世の中にあることなど、ふつうの人々は一向に理解してくれなかった」（野地2013：86）時代が続いたのである。そのような状況であったのに対して、「オリンピックのポスターが駅や市役所に張り出されてから、グラフィックデザイナーたちは『あれです。あれが僕らの仕事です』と胸を張って言えるようになった」（野地2013：91）のである。

　また、「ピクトグラム[2)]が標準化されたのは東京オリンピックが世界初であり、開発したのは日本のグラフィックデザイナーたち」（野地2013：268）であった

　このように、グラフィックデザイナーたちにオリンピックを契機として彼らの実力を発揮する場が提供され、グラフィックデザイナーという「仕事は身近なものとなり、志望するものも増えていった」（野地2013：320）のである。この事例から理解できるとおり、前回（1964年）の東京オリンピックでは、「デザイナー」という存在が社会から注目され、職業として確立する契機となったのである。

　こうしたことから、2020年のオリンピックへ向けて、文化に携わる新しい職業を創造することが、けっして空想ではなく、現実的なビジョンになりえると筆者は考えている。

　そのためには、アーティストやクリエーターが持つ社会的機能の可能性を最大限引き出していくことが、2020年へ向けて必要となるであろう。

　そして、オリンピックの文化プログラムにおいては、さまざまな社会実験を展開することを通じて、「文化に携わることが1つの職業になり得るのだ」という大きなメッセージを発信していくことが重要であると考える。そのような社会実験を通じ

て、アーティストであることや文化に携わることを職業として持続可能なものとしていくことができるのではないか。そして、残念ながら今日喧伝されているように「アーティストでは食えない」という社会から脱却して、「文化で生きる」社会へと転換を図ることが必要あろう。

　21世紀における五輪大会は、中国（2008年）、ブラジル（2016年）などに代表される、いわゆる新興国での開催が増加して行くものと推測される。しかしその一方で、先進諸国の都市において2度目（または3度目以降）の開催についても継続されていくであろう。それは、五輪大会の安定的な開催、及び世界的な国家間のバランスというローテーションという観点からも必要になると考えられる。そして、成熟国・成熟都市において2度目ないしは3度目のオリンピックを開催する場合、その開催に本質的にどのような意義があるのか、という点について今後も問い直されていくこととなる。

　2012年のロンドン大会において、成熟した国での複数回目の開催の意義について、そのヒントが提起されたと筆者は考えている。2020年の東京はこれを継承し、さらにより明確な回答を提示することが求められている。もちろん東京で2回目の開催となるオリンピックが目指すものは、ハード面の都市整備が中心となるのではなく、本書で述べたロンドン大会における「文化プログラム」がヒントを与えてくれたように、より文化的または社会的な意義が強調されたものとなるべきであろう。

　2015年4月16日下村文部科学大臣（当時）に答申された「文化芸術の振興に関する基本的な方針（第4次基本方針）」においては、「我が国が目指す『文化芸術立国』の姿」として「2020年東京大会を契機とする文化プログラムの全国展開等に伴い、国内外の多くの人々が、それらに生き生きと参画しているとともに、文化芸術に従事する者が安心して、希望を持ちながら働いている。そして、文化芸術関係の新たな雇用や、産業が現在よりも大幅に創出されている」と将来像を描いている。

　オリンピックの文化プログラムの展開と、それに伴う「地域版アーツカウンシル」の実現が、こうした将来像の実現へ向けての一助に資することを期待したい。

注

1) 栃木県議会〈http://www.pref.tochigi.lg.jp/p01/assembly/aramashi/gikai/kaikaku.html#dounyu〉
2) ピクトグラム（pictogram、ピクトグラフ（pictograph）とも）は、一般に「絵文字」「絵単語」などと呼ばれ、何らかの情報や注意を示すために表示される視覚記号（サイン）の1つである（Wikipediaより）。非常口のサイン等が有名。

参考文献一覧

第1章

Arts Council England (ACE.) (2012) *Organization Review Final operating model and organization structure.*

Arts Council England (ACE).(2013). *GREAT ART AND CULTURE FOR EVERYONE 10-YEAR STRATEGIC FRAMEWORK 2010 -2020.*
　　<http://www. artscouncil. org. uk/sites/default/files/download-file/Great％20art％20and％20culture％20for％20everyone. pdf>（参照 2017-06-25）

ACE. and LOCOG. (2013) *Reflections on the Cultural Olympic and the London 2012 Festival.*
　　<https://www. london. gov. uk/sites/default/files/Reflections_on_the_Cultural_Olympiad_and_London_2012_Festival_pdf. pdf>（参照 2015-04-07）

Arts Council England (ACE). (2016) *Grant-in-Aid and Lottery distribution annual report and accounts 15/16.*
　　<http://www. artscouncil. org. uk/sites/default/files/download-file/ACE166_Annual_Report_201516. pdf ＞（参照 2017-06-25）

DCMS. (2016) . *Annual Report and Accounts For the year ended 31 March 2016.*
　　<https://www. gov. uk/government/uploads/system/uploads/attachment_data/file/538368/DCMS_Annual_Report_and_Accounts_2015-16__Print_Ready_Version_. pdf>（参照 2017-06-25）

GOV. UK. (2016) . *National Lottery Distribution Fund Account 2015-16.*
　　<https://www. gov. uk/government/uploads/system/uploads/attachment_data/file/536372/National_Lottery_Distribution_Fund_2015-16_-_print_ready_version. PDF ＞（参照 2017-06-25）

HM Treasury. (2015) . *Managing Public Money.*
　　<https://www. gov. uk/government/uploads/system/uploads/attachment_data/file/454191/Managing_Public_Money_AA_v2_-jan15. pdf>（参照 2017-06-25）

IOC. (2013a) *Olympic Charter In FORCE AS FROM 9 SEPTEMBR 2013.*（＝ JOC 訳（2014）『オリンピック憲章 2013 年版・英和対訳（2013 年 9 月 9 日から有効）』）
　　<http://www. joc. or. jp/olympic/charter/>（参照 2015-04-07）

LOCOG. (2012) *Inspire Legacy Book A record of the London 2012 Inspire Program.*
　　<http://image. comms. london2012. com/london2012/ftp_images/Inspire/September/INS PIRE_LEGACY_BOOK_SEP_2012. pdf>（参照 2015-04-07）

大村貴子（2016）「アーツ・カウンシル・イングランドの 10 年間の戦略の枠組みとカルチュラル・オリンピアード及びレガシーに対する取組について」
　　<https://www. zenkoubun. jp/magazine/pdf/no62_ace. pdf>（参照 2017-06-25）

首相官邸（2017）『未来投資戦略 2017―Society 5. 0 の実現に向けた改革―』
　　<http://www. kantei. go. jp/jp/singi/keizaisaisei/pdf/miraitousi2017_t. pdf>（参照 2017-06-25）

文部科学省（2007）『平成 18 年版 文部科学白書』

公益財団法人日工組社会安全研究財団（2004）『世界のゲーミング』

第2章

Arts Council England. (2009) *Arts Council Chair calls for defense of the arms-length principle.*
　　<http://press. artscouncil. org. uk/Press-Releases/Arts-Council-Chair-calls-for-defence-of-the-arms-length-principle-38a. aspx>.（参照 2014-06-17）

Arts Council England (ACE). (2014) *The history of the Arts Council*.
<http://www.artscouncil.org.uk/who-we-are/history-arts-council/>（参照 2014-06-17）
Arts Council of Great Britain (ACGB). (2014) *Thirty-first annual report and accouns 1975-1976*.
Beck, Anthony. (1989) *The impact of Thatcherism on the arts council*, Working Paper-Department of Political Theory and Institutions, University of Liverpool 25.
Baumol, William J. and Bowen, William G. (1966) *Performing arts the economic dilemma : a study of problems common to theater, opera, music and dance*. Twentieth Century Fund.（＝ウィリアム・J・ボウモル and ウィリアム・G・ボウエン，池上惇 and 渡辺守章／監訳（1994）『舞台芸術 芸術と経済のジレンマ』芸団協出版部）
Dostaler, G. (2007) *Keynes and His Battles*. Edward Elgar Pub.（＝ドスタレール，ジル，鍋島直樹，小峯敦監訳（2008）『ケインズの闘い：哲学・政治・経済学・芸術』藤原書店）
Galloway, Susan, and Huw David Jones. (2010) *The Scottish dimension of British arts government : a historical perspective*, Cultural trends 19. 1-2, pp. 27-40.
Glasgow, Mary. (1975) The concept of the Arts Council, *Essays on John Maynard Keynes*. Keynes, Miro, ed., Cambridge University Press.（＝メアリ・グラスゴー「アーツ・カウンシルの構想」，ケインズ，ミロ編（1978），佐伯彰一，早坂忠訳『ケインズ一人．学問．活動』東洋経済新報社，pp. 337-350）
Harrod, Roy Forbes. (1951) *The life of John Maynard Keynes*.（＝R. F. ハロッド．塩野谷九十九 訳（1954）．『ケインズ伝』東洋経済新報社）
Hewison, Robert. (1995) *Culture and Consensus : England, art and politics since 1940*, London : Methuen.
Hillman-Chartrand, Harry. and McCaughey, Claire. (1989) *The arm's length principle and the arts : an international perspective past, present and future*, "Who's to pay for the arts ? The international search for models of support", pp. 3-16.
Keynes, John Maynard. (1925) Am I a Liberal?, *The Nation and Athenaeum*, Aug8 and 15（＝ケインズ, J, M. 宮崎義一（訳）（1980）「私は自由党員か」，『中公バックス世界の名著69 ケインズ；ハロッド』中央公論社, pp. 157-172）
Keynes, John Maynard. (1926) The End of laissez-faire, *London*（＝ケインズ, J, M. 山岡洋一（訳）（2010）「自由放任の終わり」，『ケインズ説得論集』日本経済新聞出版社, pp. 171-202）
Keynes, John Maynard. (1930) The London Artist Association : its origin and aims, *Studio*, 99, March（＝ケインズ, J, M. 中山伊知郎 [ほか] 編（2013）「ロンドン芸術家協会 その起源と目的」，『ケインズ全集第28巻 社会・政治・文学論集』東洋経済新報社．pp415-425）
Keynes, John Maynard. (1936) Art and State, *Listener*, 26August；JMK28, 341-9（＝ケインズ, J, M. 中山伊知郎 [ほか] 編（2013）「芸術と国家」，『ケインズ全集第28巻 社会・政治・文学論集』東洋経済新報社, pp. 469-477）
Keynes, John Maynard. (1943) The arts in wartime, *The Times*, 11 May；JMK28, 359-62（＝ケインズ, J, M. 中山伊知郎 [ほか] 編（2013）「戦時下の芸術」，『ケインズ全集第28巻 社会・政治・文学論集』東洋経済新報社, pp. 489-493）
Keynes, John Maynard. (1945) *The Arts Council ; its policy and hopes*, Listener, 11 May；JMK28, 367-72（＝ケインズ, J, M. 中山伊知郎 [ほか] 編（2013）「アーツ・カウンシル：その政策と期待」，『ケインズ全集第28巻 社会・政治・文学論集』東洋経済新報社, pp. 499-504）
Madden, C. (2009)*The independence of government arts funding:A review*, D'Art Topics in Arts Policy 9.
Matarasso, François. and Landry Charles. (1999) *Balancing act : twenty-one strategic dilemmas in cultural policy*, Cultural Policies Research and Development Unit. Policy Note No. 4. Council of Europe Publishing.
OECD. (2010) *Transfer Pricing Guidelines for Multinational Enterprises and Tax Administrations*.
<http://www.oecd-ilibrary.org/taxation/oecd-transfer-pricing-guidelines-for-multinational-enterprises-

and-tax-administrations_20769717>（参照 2014-06-17）

Quinn, Ruth・Blandina M.（1997）Distance or intimacy？―the arm's length principle, the British government and the arts council of Great Britain, 1. *International Journal of Cultural Policy* 4. 1：pp. 127-159.

Redcliffe-Maud, John.（1976）*Support for the arts in england and wales：A report to the calouste gulbenkian foundation*. London：Calouste Gulbenkian Foundation.

Sinclair, Andrew.（1995）*Arts and cultures：the history of the 50 years of the Arts Council of Great Britain*. London：Sinclair-Stevenson,.

Taylor, Andrew.（1995）How Political is the Arts Council？, *The Political Quarterly* 66. 2：pp. 184-196.

Upchurch, Anna Rosser.（2011）Keynes's legacy：An intellectual's influence reflected in arts policy." *International Journal of Cultural Policy* 17. 1：pp. 69-80.

Van der Ploeg, Frederick.（2006）The making of cultural policy：A European perspective, *Handbook of the Economics of Art and Culture* 1：pp. 1183-1221.

Weiss, Roger W.（1974）The Supply of the Performing Arts, *The Musical Times*：pp. 932-937.

Williams, Raymond.（1979）The arts council, *The political quarterly* 50. 2：pp. 157-171.

伊東剛史（2009）「英国博物館の再編と「信託管理」の確立：一八三〇〜七〇年代のイギリスの文化政策」，史學雜誌 118. 2：pp. 213-245.

江波戸順史（2003）「独立企業間価格の算定に関する一考察」．経済学研究論集 19：pp. 93-107.

太下義之（2009a）「"Agenda21 for culture"に関する研究」，文化経済学 6. 3：pp. 171-179.

垣内恵美子，根木昭，and 枝川明敬（1997）「英国における芸術支援政策の変遷とロイヤルオペラハウスの将来戦略」，文化経済学会＜日本＞論文集 1997. 3：pp. 79-83.

菅野幸子（2013）「英国の行政改革が文化政策に与えた影響　政府と文化セクターとのアームズ・レングスの原則の変化」，小林真理編『行政改革と文化創造のイニシアティヴ：新しい共創の模索』美学出版，pp. 213-225.

倉林義正（1995）「ケインズとアーツカウンシル」，文化経済学会＜日本＞論文集 1995. 1：pp. 91-94.

後藤和子／編（2001）『文化政策学　法・経済・マネジメント』有斐閣

首相官邸（2013）「英国・公的機関改革の最近の動向」，行政改革推進会議第1回独立行政法人改革等に関する分科会

内閣府 政策統括官室（経済財政分析担当）（2010）「世界経済の潮流財政再建の成功と失敗：過去の教訓と未来への展望」

　　　<http://www5.cao.go.jp/j-j/sekai_chouryuu/sa10-02/s2-10-2-2/s2-10-2-2-1.html>（参照 2014-06-17）．

中川幾郎（2001）『分権時代の自治体文化政策：ハコモノづくりから総合政策評価に向けて』勁草書房

中山夏稔（1997）「英国の文化政策」，CLAIR report 第144号．自治体国際化協会

野村総合研究所（2013）『諸外国の文化政策に関する調査研究 報告書』．文化庁

的場信樹（1993）「ケインズ」，池上惇，山田浩之編『文化経済学を学ぶ人のために』世界思想社，pp. 263-272.

望月文夫（2004）「移転価格税制における独立企業原則の成立と論点」，経営学研究論集 21：pp. 99-117.

持元江津子（2001）「芸術の媒介機構としてのアーツ・カウンシルの意義（英国文化政策の形成過程）」，文化経済学 2. 3：pp. 23-34.

吉本光宏（2011）「海外 STUDY 英国アーツカウンシル――地域事務所が牽引する芸術文化の振興と地域の活性化」，地域創造 29, pp. 56-68.

第3章

BBC.（2000）*Scottish coalition deal in full*.
　　　<http://news.bbc.co.uk/2/hi/uk_news/politics/344130.stm>（参照 2016-02-15）

Bonnar, Anne.（2012）*End of flexible funding shakes core stability of Scotland's arts companies*.
　　　<https://annebonnar.wordpress.com/2012/05/27/end-of-flexible-funding-shakes-core-stability-of-scotlands-arts-

companies/>（参照 2016-02-15）

Bonnar, Anne.（2014）What does culture mean to you？ The practice and process of consultation on cultural policy in Scotland since devolution，*Cultural trends*, 23（3）, pp. 136-147.

Bonnar, Keenlyside.（2000）*A National Cultural Strategy for Scotland：Report of Consultation*.
　　<https://annebonnar. files. wordpress. com/2012/10/a-national-cultural-strategy-for-scotland-2000-consultation-report. pdf>（参照 2016-02-15）

Cornwell, Tim.（2008）Art attack：call to bring down the curtain：As a revolt breaks out over quango, is it worth pushing ahead with Creative Scotland, asks Tim Cornwell"，*The Scotsman*, pp. 22.
　　<http://www. scotsman. com/news/art-attack-call-to-bring-down-the-curtain-over-creative-scotland-1-1152943>（参照 2016-02-15）

Creative Scotland.（2011）*INVESTING IN SCOTLAND' S CREATIVE FUTURE*.
　　<http://www. creativescotland. com/__data/assets/pdf_file/0009/31797/Investing-in-Scotlands-Creative-Future. pdf>（参照 2016-02-15）

Creative Scotland.（2013）*Learning from Scotland' s London 2012 Cultural Programme*.
　　<http://www. creativescotland. com/__data/assets/pdf_file/0014/22262/Learning_from_Scotlands_London_2012_Cultural_Programme. pdf>（参照 2016-02-15）

Creative Scotland.（2014）*Unlocking Potential Embracing Ambition a shared plan for the arts, screen and creative industries 2014-2024*.
　　<http://www. creativescotland. com/__data/assets/pdf_file/0012/25500/Creative-Scotland-10-Year-Plan-2014-2024-v1-2. pdf>（参照 2016-02-15）

Creative Scotland.（2015a）*Creative Scotland Annual Plan 2015-16*.
　　<http://www. creativescotland. com/__data/assets/pdf_file/0010/32014/CS-Annual-Plan-15-16. pdf>（参照 2016-02-15）

Creative Scotland.（2015b）*CREATIVE SCOTLAND DATA REVIEW 2013/2014*.
　　<http://www. creativescotland. com/__data/assets/pdf_file/0005/31991/Creative-Scotland-Data-Review-1314. PDF>（参照 2016-02-15）

Creative Scotland.（2015c）*Glasgow 2014 Cultural Programme Evaluation：Overarching Report*.
　　<http://www. creativescotland. com/__data/assets/pdf_file/0017/31670/Glasgow-2014-Cultural-Programme-Evaluation-Overarching-Report-v1-1. pdf>（参照 2016-02-15）

Galloway, S., & Jones, H. D.（2010）The Scottish dimension of British arts government：a historical perspective, *Cultural trends*, 19（1-2）, pp. 27-40.

Higgins, Charlotte.（2012a）Rift deepens between Scottish artists and Creative Scotland, as despairing open letter is published, *The Guardian*.
　　<http://www. theguardian. com/culture/charlottehigginsblog/2012/oct/09/open-letter-creative-scotland>（参照 2016-02-15）

Higgins, Charlotte.（2012b）Andrew Dixon resigns as head of Creative Scotland, *The Guardian*.
　　<http://www. theguardian. com/culture/charlottehigginsblog/2012/dec/03/andrew-dixon-resigns-creative-scotland>（参照 2016-02-15）

Hyslop, Fiona.（2013）*Past, Present & Future：Culture & Heritage in an Independent Scotland*.
　　<http://www. gov. scot/News/Speeches/Culture-Heritage05062013>（参照 2016-02-15）

Hyslop, Fiona.（2015）「東京五輪，地方の後押し鍵　英スコットランド文化担当相に聞く」東京新聞．
　　<http://www. tokyo-np. co. jp/article/feature/tokyo_olympic2020/list/CK2015070402000193. html>（参照 2016-02-15）

Madden, C.（2009）The independence of government arts funding：A review, *D' Art Topics in Arts Policy* 9：pp. 1-50.

McLean, Auline.（2012）Creative Scotland arts funding shake-up sparks concerns, *BBC*.
　　<http://www. bbc. com/news/uk-scotland-18116738>（参照 2016-02-15）

McConnell, Jack.（2003）*St Andrew's Day speech.*
　　<http://www.gov.scot/News/Releases/2003/11/4641>（参照 2016-02-15）
McGillivray, D., & McPherson, G.（2014）Capturing the Cultural Olympiad in Scotland：the case for multi-criteria analysis, *Cultural Trends*, 23（1）, pp. 18-28.
Miller, Phil.（2009）440 artists and writers call on MSPs to kill off Creative Scotland：Letter claims huge costs of new cultural body will lead to funding cuts, *The Herald*（Glasgow）, pp. 3.
　　<http://www.heraldscotland.com/news/12376907.440_artists_and_writers_call_on_MSPs_to_kill_off_Creative_Scotland/>（参照 2016-02-15）
Museums Galleries Scotland.（2010）*Quality Improvement Framework for Culture and Sport Core Script.*
　　<http://www.museumsgalleriesscotland.org.uk/research-and-resources/resources/publications/publication/304/quality-improvement-framework-for-culture-and-sport#sthash.W6gH11OJ.dpuf>（参照 2016-02-15）
Museums Galleries Scotland.（2014）*Evaluation of the Recognition Scheme and Fund Summary Report.*
　　<http://www.dcresearch.co.uk/news/recognition/>（参照 2016-02-15）
The National Archives.（1982）.
　　<http://www.legislation.gov.uk/ukpga/1982/43>（参照 2016-02-15）
The National Archives.（1998）.
　　<http://www.legislation.gov.uk/ukpga/1998/46/enacted>（参照 2016-02-15）
The National Archives.（2012）.
　　<http://www.legislation.gov.uk/ukpga/2012/11/contents/enacted>（参照 2016-02-15）
Orr, J.（2008）Instrumental or intrinsic？ Cultural policy in Scotland since devolution, *Cultural trends*, 17（4）, pp. 309-316.
Quote, Key.（2006）*Behind-the-scenes talks on local authority mergers.*
　　<http://www.scotsman.com/news/politics/behind-the-scenes-talks-on-local-authority-mergers-1-1122920>（参照 2016-02-15）
Robinson, R. C.（2012）Funding the 'nation' in the national theatre of Scotland, *International Journal of Cultural Policy*, 18（1）, pp. 46-58.
Scottish Arts Council.（2010）*Flexible funding 2011 2013.*
　　<http://www.scottisharts.org.uk/1/funding/flexiblefunding20112013.aspx>（参照 2016-02-15）
Scottish Executive.（2001）*National Cultural Strategy First Report - Creating Our Future... Minding Our Past.*
　　<http://www.gov.scot/Resource/Doc/158792/0043111.pdf>（参照 2016-02-15）
Scottish Executive.（2002）*Implementation of the national cultural strategy：draft guidance for scottish local authorities.*
　　<http://www.gov.scot/Resource/Doc/46737/0017730.pdf>（参照 2016-02-15）
Scottish Executive.（2004）*Cultural Policy Statement.*
　　<https://shiftyparadigms.files.wordpress.com/2015/08/cultural-policy-statement.pdf>（参照 2016-02-15）
Scottish Executive.（2005）*Cultural Commission Final Report.*
　　<http://www.gov.scot/Resource/Doc/54357/0013577.pdf>（参照 2016-02-15）
Scottish Executive.（2006a）*Scottish Culture.*
　　<http://www.gov.scot/Resource/Doc/89659/0021549.pdf>（参照 2016-02-15）
Scottish Executive.（2006b）*Draft Culture*（Scotland）*Bill.*
　　<http://www.gov.scot/Resource/Doc/160710/0043681.pdf>（参照 2016-02-15）
Scottish Executive.（2006c）*transforming public services THE NEXT PHASE OF REFORM.*
　　<http://www.gov.scot/resource/doc/130092/0031160.pdf>（参照 2016-02-15）
Scottish Government.（2008）*Simplifying Public Services.*

<http://www. gov. scot/Topics/Government/PublicServiceReform/simplifyingpublicservices>（参照 2016-02-15）
Scottish Government.（2009）*SUPPORT FOR CREATIVE INDUSTRIES ROLES AND RESPONSIBILITIES CORE SCRIPT.*
<http://www. gov. scot/resource/doc/244097/0077349. pdf>（参照 2016-02-15）
Scottish Government.（2010）*EDUCATION AND THE ARTS, CULTURE & CREATIVITY：AN ACTION PLAN.*
<http://www. gov. scot/resource/doc/920/0104516. pdf>（参照 2016-02-15）
Scottish Government.（2011）*Growth, Talent, Ambition — the Government's Strategy for the Creative Industries.*
<http://www. gov. scot/Resource/Doc/346457/0115307. pdf>（参照 2016-02-15）
Scottish Government.（2013）*Scotland's Future Chapter 9 Culture, Communications and Digital.*<http://www. gov. scot/Publications/2013/11/9348/13>（参照 2016-02-15）
Scottish Government.（2015a）*Annex A National Performing Company Criteria.*
<http://www. gov. scot/Publications/2015/01/7723/7>（参照 2016-02-15）
Scottish Government.（2015b）*Scottish Local Government Financial Statistics 2013-14.*
<http://www. gov. scot/Publications/2015/02/3131/2>（参照 2016-02-15）
Scottish Government.（2015c）*National Cultural Engagement.*
<http://www. gov. scot/About/Performance/scotPerforms/indicator/culture>（参照 2016-02-15）
Scottish Government.（2016）*About Government in Scotland Previous Administrations 1999-2003.*
<http://www. gov. scot/About/Government/sgprevious/sgprevious1999-2003>（参照 2016-02-15）
Scottish Library and Information Council.（2014）*How Good Is Our Public Library Service？*
<http://scottishlibraries. org/wp-content/uploads/2015/05/SLIC_How_Good_Is_Our_Public_Library_WEB. pdf>（参照 2016-02-15）
Scottish Parliament.（2008）*Creative Scotland Bill.*
<http://www. scottish. parliament. uk/S3_Bills/Creative % 20Scotland % 20Bill/b7s3-introd-pm. pdf>（参照 2016-02-15）
Sinclair, A.（1995）*Arts and cultures：the history of the 50 years of the Arts Council of Great Britain.* London：Sinclair-Stevenson.
Stevenson, D.（2014）. Tartan and tantrums：critical reflections on the Creative Scotland "stooshie"，*Cultural trends,* 23（3），pp. 178-187.
CLAIR London（一般財団法人自治体国際化協会ロンドン事務所）（2006）「スコットランドで公的部門改革に向け協議書発表」
<http://www. jlgc. org. uk/pdf/mr/200606. pdf>（参照 2016-02-15）
石見豊（2012）「スコットランドにおける分権改革の再検討」, 国士舘大学政経論叢 2012. 3：pp. 1-29.
太下義之（2009）「英国の『クリエイティブ産業』政策に関する研究」，季刊政策・経営研究．三菱UFJリサーチ＆コンサルティング. pp. 119-158.
<http://www. murc. jp/english/think_tank/quarterly_journal/qj0903_08. pdf>（参照 2016-02-15）
太下義之（2014）「アーツカウンシルにおける「アームズ・レングスの原則」に関する考察」，文化政策研究,（8），pp. 7-22.
国際交流基金（2014）「プレゼンター・インタビュー：ローリー・サンソム（スコットランド国立劇場）」
<http://www. performingarts. jp/J/pre_interview/1409/1. html>（参照 2016-02-15）
文化庁（2015）「文化プログラムの実施に向けた文化庁の基本構想」
<http://www. bunka. go. jp/koho_hodo_oshirase/hodohappyo/pdf/2015071701_besshi1. pdf>（参照 2016-02-15）
文化庁（2016）「平成 28 年度文化芸術振興費補助金 文化芸術による地域活性化・国際発信推進事業（地域における文化施策推進体制の構築促進事業）募集案内」

<http://www. bunka. go. jp/shinsei_boshu/kobo/pdf/h28_chiikikasseika_kokusaihasshin_kochiku_boshu. pdf>（参照 2016-02-15）
山崎幹根＆自治・分権ジャーナリストの会（2010）『スコットランドの挑戦と成果』イマジン出版

第4章

池上惇（1993）「なぜ、いま、文化経済学か」，池上惇 & 山田浩之『文化経済学を学ぶ人のために』世界思想社，pp. 2-32.
池上惇 & 山田浩之（1993）『文化経済学を学ぶ人のために』世界思想社
池上惇, 植木浩 & 福原義春（1998）『文化経済学』有斐閣
池上惇, 端信行, 福原義春, & 堀田力（2001）『文化政策入門―文化の風が社会を変える』丸善ライブラリー
井口貢（1998）『文化経済学の視座と地域再創造の諸相』学文社
石井山竜平（1998）「教育文化施設管理財団の組織・運営と法制度に関する研究：法令・規則と公共的役割の分析をとおして」,『九州大学大学院教育学研究紀要』九州大学, pp. 65-78.
石井山竜平（2004）「地方分権下の社会教育施設・職員制度」，日本社会教育学会編『講座現代社会教育の理論第1巻．現代教育改革と社会教育』東洋館出版, pp. 180-198.
伊藤裕夫，小林真理, & 中川幾郎（2002）『新訂アーツ・マネジメント概論』水曜社
上野征洋・編（2002）『文化政策を学ぶ人のために』世界思想社
上野征洋（2002）「「文化政策」への道のり」，上野征洋・編『文化政策を学ぶ人のために』世界思想社, pp. 2-24.
大阪府・大阪市（2013）『大阪アーツカウンシル設立に向けた事例調査・フォーラムの開催等 事業報告書』大阪府・大阪市
岡本全勝（2003）「地方財政による文化芸術支援」．"Arts Policy & Management" No. 19, 2003. UFJ総合研究所芸術文化政策センター
笠井敏光（2007）「行政・指定管理者側からみた制度導入のポイント」，中川幾郎＆松本茂章編『指定管理者は今どうなっているのか』水曜社, pp. 51-65.
神奈川県（1979）『地方自治の理論と実態に関する調査研究』
　　　<http://www. pref. kanagawa. jp/uploaded/attachment/776436. pdf>
河原泰（2002）「わが国における公共ホールの変遷（前編）」，"Arts Policy & Management" No. 15. 2002 三和総合研究所
経済企画庁（1962）『全国総合開発計画』．
　　　<http://www. mlit. go. jp/common/001135930. pdf>
経済企画庁（1969．1972増補）『新全国総合開発計画（増補）』
　　　<http://www. mlit. go. jp/common/001135929. pdf>
草加叔也（2010）「制作基礎知識シリーズ Vol. 31 ホール・劇場のリニューアル③ 改修・更新の周期．地域創造」
　　　<http://www. jafra. or. jp/j/library/letter/175/series. php>
河野真一（1992）「地方自治体における文化行政の課題」,『調査季報』113. 横浜市, pp. 69-78.
古賀弥生（2005）「公立文化施設の運営主体に関する考察」,『文化経済学』4. 3 (2005)：文化経済学会＜日本＞, pp. 57-64.
国土交通省（2008）『国土形成計画（全国計画）』
　　　<http://www. mlit. go. jp/common/001135925. pdf>
国土交通省（2015）『国土形成計画（全国計画）』
　　　<http://www. mlit. go. jp/common/001100233. pdf>
国土庁（1977）『第三次全国総合開発計画』
　　　<http://www. mlit. go. jp/common/001135928. pdf>
国土庁（1987）『第四次全国総合開発計画』

<http://www.mlit.go.jp/common/001135927.pdf>
国土庁（1998）『21 世紀の国土のグランドデザイン』
　　<http://www.mlit.go.jp/common/001135926.pdf>
後藤和子編（2001）『文化政策学 - 法・経済・マネジメント』有斐閣
五島朋子（2013）『2011 年度全国公立文化施設職員キャリアパス実態調査集計結果』
　　<http://www.tottori-artcenter.com/img/top/2011careerpass.pdf>
小林真理（2001）「地方自治体による文化政策」, 後藤和子編『文化政策学』有斐閣, pp. 175-201.
小林真理（2004）『文化権の確立に向けて：文化振興法の国際比較と日本の現実』勁草書房
佐藤武夫（1966）『公会堂建築』相模書房
自治労（2008）『公益法人改革の対応マニュアル』
　　<www.jichiro.gr.jp/jichiken_kako/sagyouiinnkai/32-kouekimanual/word/01.doc>
公益財団法人助成財団センター（2016）『日本の助成財団の現状　-資産・事業規模』
　　<http://www.jfc.or.jp/bunseki/b4/>
瀬沼克彰（1991）『新しい地域文化の創造を求めて』第一法規
総務省統計局（2013）『平成 24 年 就業構造基本調査』
　　<http://www.stat.go.jp/data/shugyou/2012/index.htm>
総務省（2016）『第三セクター等の状況に関する調査』
　　<http://www.soumu.go.jp/main_content/000394172.pdf>
瀧端真理子（2010）「公益法人制度改革が公立博物館にもたらす影響」,『追手門学院大学心理学部紀要』No. 4, pp. 123-149.
田中利幸（2010）「公共事業をめぐる最近の動向と今後の課題～社会資本整備はどうあるべきか～」国立国会図書館
　　<http://www.sangiin.go.jp/japanese/annai/chousa/rippou_chousa/backnumber/2010pdf/20100115131.pdf>
一般財団法人地域創造（2008）『指定管理者制度における公立文化施設の運営と財団のあり方に関する調査研究―地方公共団体における文化政策のあるべき姿を考える -』
　　<http://www.jafra.or.jp/j/library/investigation/019/data/19_5.pdf>
一般財団法人地域創造（2015）『平成 26 年度 地域の公立文化施設実態調査報告書』
　　<http://www.jafra.or.jp/j/library/investigation/026/>
財団法人地方自治総合研究所（2009）『自治体公益法人の実態に関する調査報告』
　　<http://www.jichisoken.jp/archive/koeki_kyodo.pdf>
財団法人通商産業調査会（1990）『日米構造問題協議最終報告』
　　<http://www.ioc.u-tokyo.ac.jp/~worldjpn/documents/texts/JPUS/19900628.O1J.html>
徳永高志（2012）「公共文化施設を「管理」するということ」,『ドキュメントブック浪切ホール いま，ここから考える文化のこと，地域のこと』水曜社, pp. 132-152.
内閣府（2008）『平成 19 年度公益法人に関する年次報告（公益法人白書）』
中川幾郎（2001）『分権時代の自治体文化政策』勁草書房
日本会計検査院（2003）『平成 14 年度決算検査報告』
　　<http://report.jbaudit.go.jp/org/h14/2002-h14-1077-0.htm>
根木昭, 枝川明敬, 垣内恵美子, ＆大和滋（1996）『文化政策概論』晃洋書房
根木昭, 枝川明敬, 垣内恵美子, ＆笹井宏益（1997）『文化会館通論』晃洋書房
根木昭（2001）『日本の文化政策：「文化政策学」の構築に向けて』勁草書房
根木昭（2003）『文化政策の法的基盤：文化芸術振興基本法と文化振興条例』水曜社
文化経済学会＜日本＞編（2016）『文化経済学の軌跡と展望』ミネルヴァ書房
文化庁（2015）「文化プログラムの実施に向けた文化庁の基本構想について」
　　<http://www.bunka.go.jp/koho_hodo_oshirase/hodohappyo/pdf/2015071701_besshi1.pdf>
牧慎太郎（2002）「ハコモノ冬の時代を迎えて」,『公共建築（特集 施設整備の仕組み）』. 公共建築協会 2002-04. pp10-13.

益川浩一（2009）「指定管理者制度導入に伴う自治体出資財団改革の現状と問題点——岐阜県多治見市財団法人多治見市文化振興事業団を事例として」，日本社会教育学会年報編集委員会・編『日本の社会教育』東洋館出版社，pp. 73-85.

松浦茂之（2007）「三重県文化振興事業団」，中川幾郎＆松本茂章『指定管理者は今どうなっているのか』水曜社，pp. 66-84.

松本茂章（2011）『官民協働の文化政策：人材・資金・場』水曜社

持田信樹（2007）「地方債制度改革の基本的争点」
<http://www.cirje.e.u-tokyo.ac.jp/research/dp/2007/2007cj183.pdf>

森啓（1993）「全国自治体における文化行政の動向」，松下圭一，and 森啓『文化行政』学陽書房，pp. 333-367.

文部省（1992）『学制百二十年史』株式会社ぎょうせい
<http://www.mext.go.jp/b_menu/hakusho/html/others/detail/1318221.htm>

文部科学省（1993）『我が国の文教施策（平成5年度）』
<http://www.mext.go.jp/b_menu/hakusho/html/hpad199301/hpad199301_2_016.html>

吉澤弥生（2012）「地域の文化財団と自治体の文化政策」，『ドキュメントブック浪切ホール　いま、ここ、から考える文化のこと　地域のこと』水曜社，pp. 153-165.

吉本光宏（2008）「再考，文化政策—拡大する役割と求められるパラダイムシフト」，『ニッセイ基礎研究所報』
<http://www.nli-research.co.jp/files/topics/37889_ext_18_0.pdf?site=nli>

吉本光宏（2015）「地域アーツカウンシル - 現状と展望」，『基礎研REPORT』2015年8月号．ニッセイ基礎研究所

第5章

石田麻子・根木昭（2002）「日本の劇場運営におけるオペラ制作の課題」，長岡技術科学大学研究報告，2002, 24，pp. 81-90.

上原恵美（2007）「滋賀県立芸術劇場びわ湖ホールのこれまでの取り組みと今後の展望」，文化経済学，2007, 5. 4，pp. 9-13.

上原恵美（2009）「今、劇場は変わるのか——びわ湖ホール08年3月事件を事例に（特集 ふたつのシンポジウムから）——（日本音楽芸術マネジメント学会設立記念シンポジウム 今，劇場は変わるのか）」，音楽芸術マネジメント 2009, 1，pp. 10-13.

太下義之（2013）「『劇場法』の時代における静岡県舞台芸術センター」，高田和文・松本茂章編『SPACの15年——静岡県舞台芸術センターの創造活動と文化政策をめぐって—』静岡文化芸術大学

滋賀県（2008）『滋賀県財政構造改革プログラム〜滋賀の未来に向けての財政基盤づくり〜』

滋賀県（2012）「公の施設個別シート」

狭間惠三子（2009）「公立文化ホールの公共性を考える——滋賀県立芸術劇場びわ湖ホールの議論を中心に」，地域開発 543，pp. 55-60.

公益財団法人びわ湖ホール（2012）『平成24年度 滋賀県立芸術劇場びわ湖ホール年報』

藤野一夫（2008）「地域・国際レポート びわ湖ホール問題に映し出された現代日本の文化危機」，文化経済学，2008, 6. 2，pp. 99-105.

松本桜子（2012a）「文化芸術振興事業における公立文化施設の研究：滋賀県立芸術劇場びわ湖ホールを事例として」，文化政策研究 6，pp. 146-159.

松本桜子（2012b）「公共文化施設の問題点：滋賀県立芸術劇場びわ湖ホールを中心として」，青山総合文化政策学 4. 2，pp. 399-427.

第6章

Davis, J. H., Schoorman, F. D., & Donaldson, L.（1997）Toward a stewardship theory of management. *Academy of Management review*, 22（1）, pp. 20-47.

Hofstadter, R.（1980）『学問の自由の歴史：カレッジの時代．I』The development of academic freedom in the United States. I. 東京大学出版会

Keynes, John Maynard.（1926）The End of laissez-faire". *London*（＝ケインズ, J, M. 山岡洋一（訳）（2010）「自由放任の終わり」,『ケインズ説得論集』日本経済新聞出版社，pp. 171-202）

OECD.（2008）*Tertiary Education for the Knowledge Society Summary in Japanese*.
    <https://www. oecd. org/education/skills-beyond-school/43879649. pdf>

UNESCO.（1997）*Recommendation concerning the Status of Higher-Education Teaching Personnel*.
    <http://portal. unesco. org/en/ev. php-URL_ID = 13144 & URL_DO = DO_TOPIC & URL_SECTION = 201. html>

UNESCO.（1998）*WORLD DECLARATION ON HIGHER EDUCATION FOR THE TWENTY-FIRST CENTURY：VISION AND ACTION*.
    <http://www. unesco. org/education/educprog/wche/declaration_eng. htm>

朝日新聞社（2014）「第三者委員会の報告書に対する朝日新聞社の見解と取り組み」
    <www. asahi. com/shimbun/3rd/2014122601. pdf>

安彦忠彦，新井郁男，飯長喜一郎，井口磯夫，木原孝博，児島邦宏，& 堀口秀嗣（2002）『新版現代学校教育大辞典 3』ぎょうせい

阿部謹也（1998）「大学の主体性と自治」,（今月のテーマ《問われる大学の主体性》）．*IDE*,（394）, pp. 11-15.

荒井英治郎（2011）「教育法制研究の課題と方法：静態的法制研究から動態的法制研究へ」, 教職研究,（4）, pp. 25-81.

蟻川恒正（2002）「国立大学法人論」（特集 日本国憲法と新世紀の航路）――（人権論の課題）ジュリスト,（1222）, pp. 60-67.

猪木武徳（2009）『大学の反省』NTT 出版

上田学（2009）「教育財政における「通説」の検討」,『日本と英国の私立学校』玉川大学出版部

内田晋（1980）「新聞編集権をめぐる法的諸問題」，レファレンス, 30（5）, pp. 4-36.

梅本大介（2009）「高等教育の制度設計にみる戦後教育改革期の意義――田中耕太郎の「教育権の独立」論に着目して」．早稲田大学大学院教育学研究科紀要 別冊,（17）, pp. 69-77.

海野敦史（2010）「マスメディアの表現の自由の現代的意義」. 経営と経済：長崎工業経営専門學校大東亞經濟研究所年報, 90（3）, pp. 95-182.

大崎仁（1998）「大学自治再構築の課題」（今月のテ-マ《問われる大学の主体性》）. IDE,（394）, pp. 52-58.

大南正瑛（1998）「世界のなかの大学を――大学の主体性と大学の自治に思う」（今月のテ-マ《問われる大学の主体性》）. IDE,（394）, pp. 16-21.

岡敬一郎（2001）「田中耕太郎の「教育権の独立」論の再検討：中央・地方教育行政と教師との関係に着目して」（II 研究報告）. 日本教育行政学会年報,（27）, pp. 83-94.

奥平康弘（1993）『憲法 III 憲法が保障する権利』有斐閣

岡部光明（2002）「コーポレート・ガバナンスの研究動向：展望」慶応義塾大学湘南藤沢学会『Keio SFC Journal』, 1（1）. pp. 194-204.

折出健二（2015）「新自由主義のポリティックスと大学自治の危機」（特集「大学改革」の対抗軸は何か）. 日本の科学者, 50（7）, pp. 350-355.

柏本仁＆東出浩教（2005）「スチュワードシップ理論に基づく NPO のマネジメントの検証」ノンプロフィット・レビュー, 5（1）, pp. 29-42.

加藤英太郎（2007）「メディア往来（31）『期待権』の乱用に抗し毅然と『編集の自由』を守れ――ある意図を『期待権』に潜入させるケースが増える」. 月刊テーミス, 16（4）, pp. 77.

兼子仁（1989）『教育法［新版］法律学全集 16-I』有斐閣

神谷義郎（1963）「大学自治と学問の自由――国立大学の管理運営をめぐって」. 学大法学,（8）, pp. 1-11.

小糸忠吾（1975）「編集権とその制約——先進諸国の活字媒体をめぐって」．ソフィア：西洋文化ならびに東西文化交流の研究, 24, pp. 41-64.

参議院（2003）「国立大学法人法の国会附帯決議」
  <http://www.mext.go.jp/b_menu/shingi/kokuritu/gijiroku/03110501/009/003.pdf>

渋谷才星（2005）「『編集権』の経営からの分離を——NHK放送現場職員のNHK改革案（特集『公共放送』の条件）」，世界, (738), pp. 213-220.

独立行政法人 大学改革支援・学位授与機構（2003）『新しい時代の大学の管理運営 英国大学に対する訪問調査報告書』
  <http://www.niad.ac.jp/sub_press/japan-uk/11_japan-uk.pdf>

高野敏樹（1995）「学問の自由と大学の自治：比較憲法的視点からみたその意義と課題」．調布日本文化, 5, pp. 185-208.

高橋宏, 毛利佳年雄, 浅川敏郎, 増子宏, 北澤宏一, & 井村裕夫（2004）「1A01 科学技術振興調整費プログラムオフィサーの役割と課題（科学技術政策）」．年次学術大会講演要旨集, 19, pp. 27-30.

高橋宏, 内田信裕, 佐藤雅裕, 干場静夫, & 北澤宏一（2005）「2J18 競争的資金によって異なるプログラムオフィサーの役割に関する考察（科学技術政策）」，第20回年次学術大会講演要旨集II）．年次学術大会講演要旨集, 20 (2), pp. 1004-1007.

高橋宏, 島田昌, 菅谷行宏, & 北澤宏一（2006）「2G09 科学技術振興機構におけるプログラムオフィサー資格認定制度創設の背景と考え（人材問題）」(3)．年次学術大会講演要旨集, 21 (2), pp. 800-803.

高橋宏, 小原英雄, 甲田彰, & 川上伸昭（2011）「科学技術振興機構における科学技術マネジメント人材育成制度」

高橋宏, 小長谷幸, & 甲田彰（2013）「研究開発プログラムのマネジメントに関する考察」

田中耕太郎（1948）『新憲法と文化』國立書院

田中耕太郎（1961）『教育基本法の理論』有斐閣

千葉恭嗣（2011）「日本企業のコーポレート・ガバナンスをめぐって：成果と課題」関西学院大学経営戦略研究 = Studies in business and accounting, (5), pp. 57-80.

寺崎昌男（1998）「日本における「大学の自治」——この言葉は死んだのだろうか」（今月のテーマ《問われる大学の主体性》）．IDE, (394), pp. 45-51.

戸崎賢二（2009）「「NHK番組改編事件」と「編集権」」（高垣忠一郎教授・津田正夫教授退任記念号）．立命館産業社會論集, 45 (1), pp. 107-116.

内閣府・総合科学技術会議（2003）「競争的研究資金制度改革について（意見）」

内閣府（2006）「第3期科学技術基本計画」

内閣府（2016）「平成28年度競争的資金制度一覧表（予算額）」

中富公一（2010）「国立大学法人化と大学自治の再構築：日米の比較法的検討を通して」（大平祐一教授 徐勝教授 中島茂樹教授 松井芳郎教授 水口憲人教授 退職記念論文集）．立命館法學, 2010 (5), pp. 2495-2523.

中村栄一（2005）「改革が進む科学研究費補助金制度」．化学と工業 = Chemistry and chemical industry 58. 5, pp. 601-602.

西剛広（2004）「パラドックス・アプローチに基づくスチュワードシップ理論とエージェンシー理論の統合可能性」明治大学商学研究論集 21巻, pp. 287-304.

西村幸雄（1950）「編集権・プレスコードをめぐる労働関係」，法律文化, 5 (1), pp. 46-52.

日本経済新聞（2015）「ＦＴ編集の独立維持 日経会長『真の世界メディアへ』」2015/7/24付．
  <http://www.nikkei.com/article/DGXLASDZ24I2K_U5A720C1MM8000/>

日本新聞協会（1948）「編集権声明」
  <http://www.pressnet.or.jp/statement/report/480316_107.html>

秦由美子（2001）『変わりゆくイギリスの大学』学文社

秦由美子（2010）「イギリス高等教育機関の財政的基盤」．大学論集, 41, pp. 129-148.

花田達朗（2005）「編集権『報道の自由』の徹底こそ」朝日新聞．2005年3月8日「私の視点」

東寿太郎（1998）「大学経営と大学自治」（今月のテーマ《問われる大学の主体性》）．IDE, (394), pp. 36-41.

桧森隆一（2007）「指定管理者制度の光と影──『民が担う公共』の可能性」，中川幾郎・松本茂章編著『指定管理者は今どうなっているのか』水曜社, pp. 234-267.
広田秀樹（2008）「基礎研究振興の中心的制度としての競争的研究資金制度（ICRG）の政策的課題──ICRG 先進国アメリカの制度設計との比較を中心として」．長岡大学生涯学習研究年報，(2)，pp. 33-48．
広田秀樹（2009）「政府研究開発と競争的研究資金制度──政府研究開発における競争的研究資金制度の位置・制度分類およびプログラムオフィサー配置の課題」．地域研究，(9)，pp. 109-124．
松井重男（1966）「私立学校の基本的性格」．東京私立中学高等学校振興協会『私学の性格についての研究』私学教育研究所
村田尚紀（2009）「放送局の番組編集権と取材対象者の期待（権）：NHK 番組改編訴訟最高裁判決」．關西大學法學論集, 58 (6), pp. 1117-1135.
毛利佳年雄（2006）「科学技術振興のための競争的研究資金の動向と研究の在り方：プログラムオフィサーの視点で研究者へアドバイス」．電気学会誌 = The journal of the Institute of Electrical Engineers of Japan 126. 2, pp. 88-91.
望月清司（1998）「私立大学の主体性と「大学の自治」を担保するもの」（今月のテーマ《問われる大学の主体性》）．IDE, (394), pp. 21-26.
文部科学省・国立大学等の独立行政法人化に関する調査検討会議（2002）『新しい「国立大学法人」像について（最終報告）』
    <http://www. obihiro. ac. jp/~houjin/doukou. htm>
文部科学省（2006）「改正前後の教育基本法の比較」．
    <http://www. mext. go. jp/b_menu/kihon/about/06121913/002. pdf>
文部科学省（2010）『国立大学法人化後の現状と課題について（中間まとめ）』．
    <http://www. mext. go. jp/a_menu/koutou/houjin/__icsFiles/afieldfile/2010/07/21/1295896_2. pdf>
文部科学省（2014）「学校教育法及び国立大学法人法の一部を改正する法律新旧対照表」
    <http://www. mext. go. jp/b_menu/houan/kakutei/detail/__icsFiles/afieldfile/2014/06/30/1349263_03_2. pdf
山崎智子（2012）「イギリスにおける大学補助金諮問委員会の大学ガバナンスに関する勧告の分析（1889～1901 年）」
山下博之（2008）「プログラムオフィサー制度の現状」．情報処理, 49 (10), pp. 1192.
山本明（1962）「新聞「編集権」の成立過程」．同志社大学人文科学研究所紀要, (5)．
山本眞一（2010）「大学自治とオートノミー：法人化以降の国立大学運営の課題」．大学論集, 41, pp. 1-13.
横山恵子（2005）「高等教育の「コーディネーション」の形態：イギリスと日本の比較研究」（有本章教授退職記念）．大学論集, 35, pp. 207-227．
吉田善明（2009）「大学法人（国立大学, 私立大学）の展開と大学の自治」．法律論叢, 81 (2), pp. 431-465.
劉文君（2015）「イギリスにおける高等教育改革の動向」．『イギリスにおける奨学制度等に関する調査報告書』独立行政法人日本学生支援機構
渡部蓊（2003）「Opinion 高等教育政策の展開とその特徴」．大学創造, (13), pp. 24-53.
和野内崇弘（1998）「大学の主体性と大学の自治──私立大学における体験から」（今月のテーマ《問われる大学の主体性》）．IDE, (394), pp. 26-31.

第7章

蟻川恒正（1997）「国家と文化」，岩村正彦ほか編『岩波講座 現代の法 1』, pp. 191-224.
伊藤愼一（1973）「新聞の編集権をめぐる諸問題」，内川芳美（Ed.）『講座現代の社会とコミュニケーション：言論の自由（Vol. 3）』東京大学出版会，pp. 155-121.
猪木武徳（2009）『大学の反省』NTT 出版
片山泰輔（1998）「米国州政府による芸術文化支援と政府間関係」（現代の潮流）．SRIC report 4. 1: pp. 70-80.

片山正夫（2012）「日本版アーツカウンシルと公的助成の諸問題」，伊藤裕夫&藤井慎太郎編『芸術と環境：劇場制度・国際交流・文化政策』論創社，pp. 84-95.

佐々木雅幸（1997）『創造都市の経済学』勁草書房

高橋宏，毛利佳年雄，浅川敏郎，増子宏，北澤宏一，& 井村裕夫（2004）「1A01 科学技術振興調整費プログラムオフィサーの役割と課題（科学技術政策）」. 年次学術大会講演要旨集, 19, pp. 27-30.

高橋宏，小原英雄，甲田彰，& 川上伸昭（2011）「科学技術振興機構における科学技術マネジメント人材育成制度」

中村栄一（2005）「改革が進む科学研究費補助金制度」. 化学と工業 = Chemistry and chemical industry 58. 5, pp. 601-602.

野地秩嘉（2013）『TOKYO オリンピック物語』小学館

独立行政法人日本芸術文化振興会（2015）『文化芸術活動への助成に係る新たな審査・評価等の仕組みの試行的取組に関する報告』

八戸市（2016）『八戸市新美術館整備基本構想（案）』

宮部光（1998）「大学経営と大学自治」(今月のテーマ《問われる大学の主体性》). IDE, (394), pp. 31-36.

毛利佳年雄（2006）「科学技術振興のための競争的研究資金の動向と研究の在り方：プログラムオフィサーの視点で研究者へアドバイス」. 電気学会誌 = The journal of the Institute of Electrical Engineers of Japan 126. 2, pp. 88-91.

索　引

団体・略称

ACE：Arts Council England（アーツカウンシル・イングランド）… 10, 11, 13, 15-19, 22-25, 46-47, 54, 68, 81
ACNI：Arts Council of Northern Ireland（アーツカウンシル・北アイルランド）……………………………10
ACW：Arts Council of Wales（アーツカウンシル・オブ・ウェールズ）………………………………………10
BME：Black　and Minority Ethnic（黒人及び少数民族）………………………………………………………17
CCNJ：Creative City Network Japan（創造都市ネットワーク日本）…………………………………………199
CEMA：Council for the Encouragement of Music and the Arts（音楽・芸術評議会 or 音楽・芸術奨励協議会）
……48, 72
CEP：Creative Economy Program（クリエイティブ・エコノミー・プログラム）…………………………55
CS：Creative Scotland（クリエイティブ・スコットランド）…………………………………………………10
DCMS：Department for Culture, Media and Sport（文化・メディア・スポーツ省）…………13, 50, 53-55, 75
DENI：Department of Education、Northern Ireland（北アイルランド教育省）………………………………163
DNH：Department of National Heritage（国家遺産省）…………………………………………………52, 75
EI：Education International（エデュケーション・インターナショナル）……………………………………165
ENQA：European Association for Quality Assurance in Higher Education（欧州高等教育質保障協会）…165
ESG：Standards and Guidelines for Quality Assurance in the European Higher. Education　Area（欧州高
等教育圏における質保証の基準とガイドライン）………………………………………………………………164
ESU：European Students' Union（欧州学生協会）………………………………………………………………165
EUA：European University Association（欧州大学協会）………………………………………………………165
EURASHE：European Association of Institutions in Higher Education（欧州高等教育機関協会）………165
FA：Funding Agency（ファンディングエージェンシー(研究資金の配分機関)）……………………182-183
FDP：Federal Demonstration Partnership（連邦政府デモンストレーションパートナーシップ）…………182
HEFCE：Higher Education Funding Councils for England（イングランド高等教育財政審議会）…………163
HEFCs：Higher Education Funding Councils（高等教育財政審議会）………………………………………163
HEFCW：Higher Education Funding Council for　Wales（ウェールズ高等教育財政審議会）……………163
ICRG：Institution for Competitive Research Grants（競争的研究資金制度）……………………………181-182
IFACCA：International Federation of Arts Councils and Culture Agencies
（国際アーツカウンシル・文化機関連盟）………………………………………………………………………10
IOC：The International Olympic Committee（国際オリンピック委員会）………………………………21-24
JICST：Japan Information Center for Science and Technology（日本科学技術情報センター）……………180
JRDC：Research Development Corporation of Japan（新技術事業団）………………………………………180
JST：Japan Science and Technology Agency（国立研究開発法人科学技術振興機構）…………………180-181
LGBT：Lesbian, Gay, Bisexual, Transgender（レズビアン、ゲイ、バイセクシュアル、トランスジェンダー）17
LOCOG：The London Organising Committee of the Olympic and Paralympic Games（ロンドンオリンピック・パラリンピック組織委員会）………………………………………………………………………………23-24, 81
MGS：Museums Galleries Scotland（スコットランド博物館・ギャラリー）…………………………………84
MSP：Member of the Scottish Parliament（スコットランド議会議員）………………………………………86
NDPB：Non Departmental Public Bodies（政府外公共機関）…………………………………………………46
NEA：The National Endowment for the Arts（全米芸術基金）……………………………………………198, 202
NIH：National Institutes of Health（米国国立健康研究所）……………………………………………………185
NPC：National Performing Companies（国立劇団）……………………………………………………78, 83-84
NPM：New Public Management（ニュー・パブリック・マネジメント）……………………………………54
NSF：National Science Foundation（米国国立科学財団）………………………………………………………185
NTS：National Theatre of Scotland（スコットランド国立劇場）…………………………………………83, 84
OCOG：The Organising Committees for the Olympic Games（オリンピック競技大会組織委員会）…………22
OECD：Organisation for Economic Co-operation and Development（経済協力開発機構）……………58, 164
OMB：Office of Management and Budget（大統領府行政管理予算局）……………………………………183
OSTP：Office of Science and Technology Policy（米国科学技術政策局）……………………………………183
PCFC：Polytechnics and Colleges Funding Council（ポリテクニク・カレッジ財政審議会）………………163

PLQIM：A Public Library Quality Improvement Matrix for Scotland（公立図書館品質改善マトリクス）....85
RFO：Regular Funded Organisations（レギュラー・ファンデッド・オーガニゼーション）.......................89
SAAs：States Arts Agencies（芸術文化支援の専門機関）..198
SHEFC：Scottish Higher Education Funding Council（スコットランド高等教育財政審議会）.................163
SII：Structural Impediments Initiative（日米構造協議）...112
SLIC：Scottish Library and Information Council（スコットランドの図書館及び情報推進協議会）..............85
SNP：Scottish National Party（スコットランド国民党／スコットランド民族党）..............78-80, 82, 84-85, 91
UFC：Universities Funding Council（大学財政審議会）..162-163
UGC：University Grants Committee（大学補助金委員会）..161-162, 194

人名

Bacon, F..161
Baumol, W. J..63
Blair, A. C. L....................................53, 75
Bonner. A..72
Bowen, W..63
Clark, K...49
Cottesloe, J. F..49
Crombie, S...87
Davis, J. H....................................174-175
Dixon, A...87
Donaldson, L..................................174-175
Dudamel, G. A..81
Fabiani, L..78
Ferguson, P...77
Forgan, D. E..47
Galbraith, S. L..76
Galloway, S...69
Glasgow, M...61
Hewison, R. A. P....................................52
Hillman-Chartrand, H..............................57
Jones, H. D..69
Hyslop, F. J.......................................78-80

Keynes, J. M......5, 10, 46-49, 58, 60-64, 149, 188
Landry, C...56
Madden, C...57
Matarasso, F...56
McAveety, F..77
McCabe, T...83
McCaughey, C.......................................57
McConnell, J. W................................76-77
Quinn, R-B. M.......................................48
Redcliffe-Maud, J. P...............................59
Rees-Mogg, W.......................................51
Renton, R. T..53
Rix, B. N. R...52
Russell, M. W..78
Ruth, M...25, 91
Schoorman, F. D............................174-175
Upchurch, A. R......................................58
Watson, M. G..76
Weiss, Roger W.....................................58
Williams, R..................................50-51, 59

一般項目

Contract...............................183-184, 197
Cooperative Agreement........183-184, 197
Glasgow 2014 Cultural Programme....81-82
Grant....................................183-184, 197
Implementation of the national cultural strategy
....89
INVESTING IN SCOTLAND'S CREATIVE
FUTURE..86
Local Government and Planning.............88
National Cultural Strategy................76, 89
National Performance Framework...........83
New Public Management........................82
PD・PO 制度......................179, 185, 196
PDCA......................26, 29, 182-183, 197
Scotland's Future..................................80

Scotland's London 2012 Cultural Programme..81
SUAC 芸術経営統計
..............................96, 102, 104, 106, 108, 114, 189
support without control / support but no control
....156-158, 162
transforming public services
THE NEXT PHASE OF REFORM................83
Unlocking Potential, Embracing Ambition......87

アーツカウンシル資料収蔵委員会...............16
アーツカウンシル東京.....4, 28-29, 46, 193, 199
アーツカウンシル新潟..................31-32, 193
アーツコミッション・ヨコハマ....................32
アーツ・コンソーシアム大分.......................34

アームズ・レングスの原則…3, 5, 20, 46, 52, 54, 57-60, 69, 78, 149-150, 157, 162, 188, 204
新しい生活文化の創造………………………106
インスパイヤー・プログラム………………23-25
英国博物館（大英博物館）……………………60
英国病…………………………………………51
営造物…………………………………………103
エージェント…………………………………173
エージェント型…………………………175-176
エージェント理論……………………………174
NHK番組改編事件…………………………168-169
欧州文化都市……………………………………89
大阪アーツカウンシル………………28, 30, 199
大阪府市文化振興会議………4, 28, 30, 40, 199
大阪文化振興研究会…………………………105
公の施設……………………102-104, 114, 128
公の支配………………………………………156
おかやま生き活き文化プログラム推進事業…34
おかやま文化芸術アソシエイツ………………34
沖縄県文化振興会……………………4, 28-29, 46
沖縄版アーツカウンシル…4, 28-29, 46, 193, 195
オックスフォード・ケンブリッジ大学設置法
………………………………………………161
オペラハウス…………………136, 140, 144, 190
開発地域………………………………………103
科学技術基本計画……………………………178
科学技術基本法………………………………178
科学技術創造立国……………………………178
科学研究費補助金〔科研費〕…………181, 184
学問の自由149-151, 154, 157-158, 160-165, 197
学校教育法及び国立大学法人法の一部を改正する法律…………………………………………159
環境・スポーツ・文化大臣……………………76
観光・文化・スポーツ大臣……………………77
観光政策………………………………………201
管理委託………………………………103-104, 106
企業メセナ協議会………………109, 185, 200
期待権…………………………………………170
キャリアパス…………………181, 193-194
教育・生涯学習大臣………………………78-79
教育改革法……………………………………162
教育機関の自治性……………………………164
教育基本法…………………………………150-151
教育権の独立…………………………………151-153
行政の文化的展開……………………………106
業績監査委員会…………………………………15
競争的資金…………………………………179-180
グラスゴーライフ………………………………89
クリエイティブ・プログラマー…………22-25
芸術家の自由……………………………60-61, 188
芸術と国家…………………………………61-62, 188
芸術文化行政基礎講座………………………105
芸術文化振興基金……………………………109
劇場法…………………………………………128

権限移譲……………………72, 75-76, 80, 82-83, 88
広域共同利用施設………………………104, 105
公益財団法人助成財団センター……………123
公益法人改革……………………………114, 116
高等教育教員の地位に関する勧告…………164
公募型の助成……………………………………19
公立文化施設技術職員研修会………………105
公立文化施設整備費補助金……………103-104
交流ネットワーク構想………………………110
国営宝くじ……………………13, 18-19, 53, 70-71, 82
国土形成計画（全国計画）………………116-117
国土総合開発法…………………………102, 106
国土庁…………………………………………105
国土利用計画法………………………………105
国民文化祭…………………………………34, 108
国立大学…………………………150, 153-155
国家指標…………………………………………85
財政危機回避のための改革プログラム……134
財政構造改革プログラム………………131, 134
財団雇用職員…………………………………119
財団法人……………………96, 100, 106, 144
サッチャリズム…………………………………51
サポーティング・パートナー…………………35
3種類のアンバランス……………………133, 190
滋賀県立芸術劇場びわ湖ホール→びわ湖ホール
自主事業……………………129, 132, 134, 136, 139
静岡県版アーツカウンシル……………………33
自治性……………………………………163-164
自治体出向職員………………………………119
自治体文化財団……………………………………5, 56, 96-97, 100-102, 104, 106, 108, 112, 114-121, 123-125, 145, 173-174, 176, 178, 189-190, 201
指定管理者制度………56, 103, 114, 116, 118-121, 123, 173, 199
指定管理料…………100-101, 103, 123, 134, 136
集中経済性主導モデル…………………………83
冗長性…………………………………………92, 189
助成事業…………………………4, 31, 96, 101, 123
助成認定制度…………………………………200
私立学校法解説………………………………157
知る権利…………………………169, 171-172
新聞界の三大争議……………………………167
スコットランド委員会……………………72, 74
スコットランド映画評議会……………………70
スコットランド行政府…………………76, 79, 82
スコットランド芸術評議会……………………70
スコットランド法……………………………76, 79
スコティッシュスクリーン……………………70
スチュワード……………………………174-175
スチュワードシップ理論…………74-78, 172-173
政策対話………………………178, 194, 195
1998年スコットランド法………………………76
全国総合開発計画………102-107, 110, 116, 190
戦略的委任………………………………………87

創造県おおいた……………………………34	プリンシパル ………………………173-175, 178
創造支援インフラストラクチャ………191, 192	プリンシパル・エージェンシー理論……173-174
創造支援システム……………………191, 192	プレカリアート………………………120-121
創造的な文化政策（創造都市政策）………92, 189,	プログラム・オフィサー……26-27, 172, 179-181,
創造都市ネットワーク日本………………43, 199	185, 192-193, 196, 199, 202-203
ソサエティ5.0 ………………………………43	プログラム・ディレクター…26-27, 172, 179-181,
大学自治………5, 149, 153-155, 157-159, 161, 191,	185, 192-193, 196, 199, 202-203
202	文化・欧州・対外関係大臣……………………78-79
大学の自治 ………………………………149	文化・スポーツ大臣………………………76-77
第三次全国総合開発計画……………106-107	文化行政……………56, 108, 105, 109-110, 124
代替性…………………………………92, 189	文化芸術振興基本法………………………115
第四次全国総合開発計画（四全総）…………110	文化芸術の振興に関する基本的な方針……26-27,
地域総合整備事業債……………………111-112	42, 206
地域版アーツカウンシル………4-5, 26, 28, 34-35,	文化財団 ………43, 56, 108, 118, 123, 128, 145
42-44, 68, 92, 96, 116-117, 124-125, 148-149,	文化財物納委員会…………………………16
153, 158, 170, 172-175, 178, 181, 184-185, 188-	文化振興公社………………………………77
189, 191-204	文化振興ビジョン……………………55, 203
地域メセナ ……………………………184, 200	文化政策………102, 104-106, 110, 112, 124-125,
地方の時代 ……………………106-107, 109	128, 140, 144-145, 148, 150, 158, 160, 176, 178,
中学校芸術鑑賞教室………………………108	181, 189-191, 183, 195-196, 203
勅許状（国王による勅許状）………10, 49-50, 55, 72	文化政策綱領…………………………………77
定住圏構想……………………………106, 108	文化の時代 ……………………………106, 109
東京都歴史文化財団 ……………4, 28-29, 46	文化の創造に関する施策 ……………………114
東京文化発信プロジェクト室 …………………29	文化のためのアジェンダ21………………………55
道州制のあり方に関する答申 …………………68	文化プログラム ……4-5, 21-26, 31, 33-34, 42-43,
東大ポポロ事件 …………………………151	68, 79-81, 91, 93, 148, 183, 188-189, 192, 196
独立運動……………75, 80, 88, 90-91, 189	文化力プロジェクト…………………………35
独立企業会計の原則 ………………………58	平成の大合併 ……………………………114, 116
独立行政法人化………………153-155, 180	編集権 ……………………………………165-171
長いアーム…………………………………57, 90	編集権声明………………………166-67, 170
ナショナル・カウンシル………………15-17	編集権に関する審議会 ………………………165
ナショナル・ロッタリー・プロジェクト……18-19	報酬委員会 ……………………………15-16
新潟市芸術文化振興財団 ………………31	マイルズベター・キャンペーン…………88-89
21世紀の国土のグランドデザイン …………114	短いアーム…………………………………57, 90
21世紀へ向けてのユネスコ高等教育世界宣言：	未来投資戦略2017 ……………………43-44
展望と行動 ……………………………163	横浜市芸術文化振興財団 ………………32
2008年3月問題（事件）………128, 131-141, 190	読売新聞第二次争議 ……………………167
日本版DMO…………………………………201	利用料金制度………………………………114
日本版アーツカウンシル………26-28, 42, 46 117,	リレーションシップ・マネージャー……………11
193, 198-199	レギュラー・ファンディング…………………71
日本列島改造論 …………………………105	ローテーター制度 ……………………181, 194
ニューラナーク ……………………………77	
半自治的組織 ……………………………60-61	
半自治的組織 ……………………149, 188	
半独立的組織 ……………………………60	
反駁権 ……………………………………170	
美術館基準認定委員会…………………15-16	
美術館等指定制度委員会………………15-16	
非正規雇用の専門職 ………………………121	
表現の自由 ………………169, 171-172, 191	
兵庫パンフ…………………………………106	
びわ湖ホール ………………5, 128-145, 176, 190	
普及事業 ……………………129-130, 139, 145	
ふじのくに文化振興基本計画 …………………33	

索引

太下 義之（おおした・よしゆき）

三菱UFJリサーチ&コンサルティング 芸術・文化政策センター長。独立行政法人国立美術館理事。1962年、東京生まれ。専門は文化政策。博士（芸術学）。公益社団法人日展理事、公益社団法人企業メセナ協議会監事、公益財団法人静岡県舞台芸術センター評議員。文化経済学会＜日本＞監事、文化政策学会理事、政策分析ネットワーク共同副代表。観光庁「世界に誇れる広域観光周遊ルート検討委員会」委員。東京芸術文化評議会委員、オリンピック・パラリンピック文化プログラム静岡県推進委員会副委員長。京都市「東アジア文化都市2017実行委員会」委員、鶴岡市食文化創造都市アドバイザー。

アーツカウンシル
―― アームズ・レングスの現実を超えて

発行日	2017年12月1日　初版第一刷発行
著　者	太下 義之
発行人	仙道 弘生
発行所	株式会社 水曜社
	〒160-0022 東京都新宿区新宿1-14-12
	TEL03-3351-8768　FAX 03-5362-7279
	URL suiyosha.hondana.jp/
本文DTP	小田 純子
装　幀	大場 君人
印　刷	日本ハイコム 株式会社

©OSHITA Yoshiyuki 2017, Printed in Japan
ISBN 978-4-88065-428-7 C0036

本書の無断複製（コピー）は、著作権法上の例外を除き、著作権侵害となります。
定価はカバーに表示してあります。落丁・乱丁本はお取り替えいたします。